Digest of Criteria for Judgment and Measures for Justice

Cases Excerpted from Gazettes of the Supreme People's Court of P.R. China

人民法院审判观点汇纂

最高人民法院公报宪法、行政法、刑法、诉讼法、经济法、社会法案例

（1985—2010）

周伟 编著

北京大学出版社
PEKING UNIVERSITY PRESS

图书在版编目(CIP)数据

人民法院审判观点汇纂.最高人民法院公报宪法、行政法、刑法、诉讼法、经济法、社会法案例:1985—2010/周伟编著.—北京:北京大学出版社,2012.11

ISBN 978-7-301-21443-5

Ⅰ.①人… Ⅱ.①周… Ⅲ.①审判-案例-汇编-中国-1985—2010 Ⅳ.①D920.5

中国版本图书馆CIP数据核字(2012)第245971号

书　　名:人民法院审判观点汇纂:
最高人民法院公报宪法、行政法、刑法、诉讼法、经济法、社会法案例(1985—2010)
著作责任者:周　伟　编著
责 任 编 辑:朱梅全　王业龙
标 准 书 号:ISBN 978-7-301-21443-5/D·3196
出 版 发 行:北京大学出版社
地　　址:北京市海淀区成府路205号　100871
网　　址:http://www.pup.cn　电子信箱:law@pup.pku.edu.cn
电　　话:邮购部62752015　发行部62750672　编辑部62752027
出版部62754962
印　刷　者:北京大学印刷厂
经　销　者:新华书店
730毫米×980毫米　16开本　17.25印张　328千字
2012年11月第1版　2012年11月第1版
定　　价:38.00元

序　言

国家最高审判机构发布的案例,既是现实生活中活法的标杆,也是社会预测其行为的可能结果的依据。无论是法学理论研究,抑或法律实务,都离不开以国家最高审判机构发布的案例为对象或参照,积累法律经验,总结法律理论,发现法律发展。

1985 年,最高人民法院开始出版官方刊物《最高人民法院公报》,发布"典型案例",并以此作为与司法解释并列的两个指导审判工作的法律工具。2000 年开始,又增加发布"裁判文书",在此基础上形成既有别于普通法国家的"先例",又区别于大陆法国家案例法的指导性案例,在朝着中国法律渊源的发展过程中获得理论界的关注,也受到法官和律师们前所未有的重视。

《最高人民法院公报》上刊登的案例,选自于全国各地的基层、中级人民法院,或高级人民法院和最高人民法院,但都经过最高人民法院的审核、修订并认可,体现了最高人民法院表达的法律见解、倾向性态度和司法尺度。这些案例大体分为五种类型:(1) 社会广泛关注的;(2) 法律规定比较原则的;(3) 具有典型性的;(4) 疑难复杂或者新类型的;(5) 其他具有指导作用的案例(《最高人民法院关于案例指导工作的规定》第 2 条)。既然它们在法律上已经明确了在人民法院审理类似案件应当予以参照的法律性质,那么总结其中的裁判标准与审判观点,乃是法律职业实务和理论研究的重中之重。

2010 年 11 月 26 日,最高人民法院颁布并施行《最高人民法院关于案例指导工作的规定》,明确了《最高人民法院公报》发布的案例,具有法官断案应当予以参照的法律约束力。对于《最高人民法院公报》从 1985 年到 2010 年发布的几百个案例,人民法院如何参照适用、参照的重点和方法、参照的内容和技术,都需要从案例本身中去总结、去发现和去确定。本书是对公报 26 年间发布的案例阐明的法律见解与审判观点的汇编,以期对法学理论研究和法律实务运用有所助益。

周　伟

2011 年 4 月 18 日

凡　　例

一、编排

1. 本书收录1985年到2010年《中华人民共和国最高人民法院公报》(以下简称《公报》)799个案例中诉讼法、宪法、行政法以及刑法等的审判观点。

2. 条目内容按现行法律的立法体系分类编排。

3. 条目关键词按照内容编排索引,并按现行法律部门及法条体系顺序排列。诉讼法编包括民事诉讼法、海事诉讼特别程序法、刑事诉讼法、行政诉讼法,宪法、行政法编包括宪法、国家赔偿法、行政复议法、行政处罚法、矿产资源法,刑法编包括刑法,经济法编包括反不正当竞争法、消费者权益保护法、产品质量法、商业银行法、税收征收管理法、土地管理法、城市房地产管理法、植物新品种保护条例,社会法编包括劳动法、劳动合同法、工伤保险条例和环境保护法。

二、条目

4. 关键词按其所指代的内容所属法律部门及法律条文,分别置于各具体法律的章节之下,同一章节下的关键词按《公报》的年份排列,例如,《民事诉讼法》第一编第一章任务、适用范围和基本原则,下列【诉的选择】、【责令书面保证】等多个关键词,依据其载于《公报》的时间顺序进行排列,余类推。

5. 页码按关键词所在的页数进行设定,可按照需查找条目所属法律部门,缩小至下设法典章节及条文,定位关键词,并以关键词指代的页数的方法进行索引。

三、释文

6. 条目释文分为三个部分:第一部分为条目所列关键词,即索引关键词。关键词后增加释义关键词句,具体解释此关键词指代的审判观点。第二部分为审判观点,为案例阐明的司法尺度与裁判标准,或对审判工作中具体应用法律问题的解释。第三部分为法官阐释,为法院裁判文书中"本院认为"的原文,便于读者援引对照。

7. 案例简称与检索编号置于条目释文第二部分后,是案例名称及载于《公报》上的时间的简称。例如:"兴利公司等诉印度国贸公司等案,法案例(1991)1-44",是指《公报》1991年第1期第44页上的案例选登。

8. 案例全称和其索引置于条目释文第三部分后,如"兴利公司、广澳公司与印度国贸公司、马来西亚巴拉普尔公司、库帕克公司、纳林公司货物所有权争议上诉案,1991年第1期第44页",是指该案例载于《公报》的全称、年份、期数和页码。

9. “案例选登”与“裁判文书选登”的指代。条目释文第二、第三部分后缀案名与案件编号、页数分“案例选登”与“裁判文书选登”两种情况排列。

“案例选登”中的案例的编写分简称、全称，如“兴利公司等诉印度国贸公司等案，法案例(1991)1-44”，是指该案及其索引的简称；“兴利公司、广澳公司与印度国贸公司、马来西亚巴拉普尔公司、库帕克公司、纳林公司货物所有权争议上诉案，1991年第1期第44页”，是指该案及其索引的全称。

“裁判文书选登”是指最高人民法院裁判并公布的案例的时间、公布的编号和索引，如“农业发展银行青海分行营业部诉青海农牧总公司案，法公字(2004)第8-11号”，是指该案及其索引的简称；“农业发展银行青海分行营业部诉青海农牧总公司担保合同纠纷案，【2003】民二终字第83号，2004年第8期第11页”，是指该案及其索引的全称。

10. 条目内容所依据的是法院裁判时有效的法律、法规、司法解释等规范性文件，其中有的已经失效或被现行法律、法规或司法解释等所吸收，引用时需参阅现行的法律规定。

目　　录

诉讼法编

民事诉讼法

第一编　总　　则

第二编　审判程序

行政诉讼法

宪法、行政法编

宪　法

国家赔偿法

行政复议法

行政处罚法

矿产资源法

刑　法　编

刑　　法

第一编　总　　则

第二编　分　　则

经济法编

反不正当竞争法

消费者权益保护法

产品质量法

商业银行法

税收征收管理法

土地管理法

城市房地产管理法

植物新品种保护条例

社会法编

劳　动　法

诉讼法编 / 民事诉讼法

第一编　总　　则

第一章　任务、适用范围和基本原则

1 **【所有权争议】**【货物被他人占有的提单持有人有权提起确认货物所有权和返还货物之诉】

提单项下货物被他人占有时,提单的持有人有权对占有人提起确认货物所有权和返还货物之诉。(兴利公司等诉印度国贸公司等案,法案例(1991)1-44)

提单是一种物权凭证,提单的持有人就是提单项下货物的所有权人。当提单项下货物被他人占有时,提单的持有人有权对占有人提起确认货物所有权和返还货物之诉。(兴利公司、广澳公司与印度国贸公司、马来西亚巴拉普尔公司、库帕克公司、纳林公司货物所有权争议上诉案,1991 年第 1 期第 44 页)

2 **【责令书面保证】**【责令书面保证不侵权的请求不属于民事判决应当解决的内容】

责令书面保证不侵权的请求不属于民事判决应当解决的内容。(二十世纪福克斯电影公司诉北京市文化艺术出版社音像大世界案,法案例(1997)3-100)

原告的诉讼请求中有不属于民事判决应当解决的责令被告书面保证不侵权等内容,法院不予支持。(二十世纪福克斯电影公司诉北京市文化艺术出版社音像大世界侵犯著作权纠纷案,1997 年第 3 期第 100 页)

3 **【施行之日】**【司法解释从施行之日起对审判工作发生法律效力】

司法解释是最高人民法院在审判过程中具体应用法律、法令的问题所作的解释,从施行日起对各级人民法院的审判工作发生法律效力。发生在司法解释施行前的行为,人民法院审理案件时应当适用该司法解释。(王安涛侵犯著作权案,法案例(1999)5-169)

证人肖海勇、任曙、孟金根等人的证言及泓瀚公司的来往账目已经证明,从事侵权软件的复制和销售,是王安涛的公司设立后的主要活动,王安涛关于公司设立后有大量合法业务的辩解不能成立。依照法释〔1999〕14号文第二条的规定,对王安涛以公司的名义实施的侵犯著作权行为,不以单位犯罪论处。王安涛的辩护人提出,法释〔1999〕14号文是1999年6月25日公告,7月3日才开始施行。本案指控王安涛的行为,发生在这个司法解释公告施行之前,不应对本案适用。本院认为,司法解释只是最高人民法院对于在审判过程中如何具体应用法律、法令的问题所作的解释,它从施行之日起就对各级人民法院的审判工作发生法律效力。因此,法律〔1999〕14号文对本案应当适用。(王安涛侵犯著作权案,1999年第5期第169页)

4 **【未登记软件著作权】**【软件著作权人未办理权属登记的仍可以提起民事诉讼】

《计算机软件保护条例》第23条规定,软件著作权人可向软件登记管理机构办理登记申请,未要求必须登记。权利人未办理软件著作权登记的,可以提起民事诉讼。(王安涛侵犯著作权案,法案例(1999)5-169)

王安涛的辩护人还提出,附带民事诉讼的原告人天利公司没有给自己的软件办理软件著作权登记,无权提起民事诉讼的意见。对此,《计算机软件保护条例》第二十三条的规定是软件著作权人"可向软件登记管理机构办理登记申请",并非必须登记,更没有不登记就无权提起民事诉讼的规定。辩护人的这一意见不予采纳。(王安涛侵犯著作权案,1999年第5期第169页)

5 **【参考审计结果】**【参考审计结果并综合全案情况确定赔偿数额更为合理】

侵犯技术秘密的,可按照侵权人的生产能力推算其获得的利润确定赔偿数额。但是,以根据侵权人的账目进行审计得出的审计结果为参考,并综合全案情况来确定赔偿数额更为合理。(罗定市林产化工厂等诉株洲选矿药剂厂案,法案例(2000)3-98)

……株洲厂要求按照罗定厂的生产能力推算其获得的利润,认为罗定厂提供的产品销售账目总账与明细账对不上，利润数字不可靠，审计事务所按照这样的账目进行审计，在此基础上的审计结论也不可取的意见虽有一定道理，但相对其“按照罗定厂的生产能力推算利润”的要求来说，以参考审计结果并综合全案情况来确定赔偿数额更为合理。（罗定市林产化工厂、刘显驰与株洲选矿药剂厂技术秘密侵权纠纷上诉案，2000 年第 3 期第 98 页）

6　**【责任选择不明】**【未明确选择违约和侵权的，酌情处理】

对于发生违约和侵权民事责任竞合的情形，当事人未明确选择违约和侵权的，法院应当在全面审理后按照有利于权利人的原则酌情处理。（李萍等诉五月花公司案，法案例(2002)2-61）

纵观上诉人李萍、龚念在一、二审提出的诉讼主张，既认为被上诉人五月花公司违约，又认为五月花公司侵权，并且还认为存在民事责任竞合的情形，但一直没有在违约和侵权两者中作出明确选择。依照该条法律规定，法院只能在全面审理后按照有利于权利人的原则酌情处理。（李萍、龚念诉五月花公司人身伤害赔偿纠纷案，2002 年第 2 期第 61 页）

7　**【选择适用的法律规范】**【在请求权法律规范竞合情形下，请求权人有权选择适用的法律规范】

消费者在饭店中就餐，接受经营者的有偿服务，同时形成消费服务法律关系和合同法律关系，发生请求权法律规范的竞合，消费者有权选择以何种诉由起诉，并有权选择适用的法律规范。（李彬诉陆仙芹等案，法案例(2002)4-139）

原告李彬在被告陆仙芹、陆选凤、朱海泉经营的饭店中就餐，接受陆仙芹、陆选凤、朱海泉的有偿服务，应属消费者权益保护法调整的生活消费行为。李彬是消费者权益保护法所指的消费者，陆仙芹、陆选凤、朱海泉是该法所指的经营者，双方当事人之间存在的是消费服务法律关系。同时，由于李彬接受的是陆仙芹、陆选凤、朱海泉提供的有偿服务，双方当事人之间还存在着要约与承诺的合同法律关系。这种情况属于请求权法律规范的竞合，请求权人有权选择适用的法律规范。李彬选择以消费者权益保护法为其起诉的依据，故本案应适用消费者权益保护法来确定双方的权利与义务。（李彬诉陆仙芹、陆选凤、朱海泉人身损害赔偿纠纷案，2002 年第 4 期第 139 页）

8　**【法律事实】**【案件的法律事实，是依照法律程序和规定认定的客观事实】

案件的法律事实，是法庭依照法律程序和规定所认定的客观事实。法庭认定案件事实时，只能以双方当事人提交的证据和发表的质证意见为基础。（中国建设

银行石林县支行诉杨富斌案，法案例（2003）6-24）

在民事诉讼过程中，法庭只能对各当事人提交证据所反映的情况进行综合评判，从而确认案件的法律事实，并以所确认的法律事实为前提，适用相关的法律规定作出裁判。这里必须强调的是，案件的法律事实，只能是法庭依照法律程序和规定所认定的客观事实。法庭认定案件事实时，只能以双方当事人提交的证据和发表的质证意见为基础。如果当事人具有举证责任却无法充分、有效地举证证明其主张，那么该当事人主张的事实，就不能被认定为案件的法律事实。（中国建设银行石林县支行诉杨富斌不当得利纠纷案，2003 年第 6 期第 24 页）

9 【诉讼欺诈】【当事人应当为诉讼欺诈行为承担不利的后果】

双方当事人恶意串通，隐瞒事实、编织理由进行诉讼，以达到非法目的的，是诉讼欺诈行为，应当承担不利的后果。（勋怡公司诉瑞申公司案，法案例（2004）3-30）

本案一审时，对上诉人勋怡公司的诉请，被上诉人瑞申公司起初还宣称要通过查账解决，继而就确认勋怡公司的诉请，表现出双方当事人不存在利益冲突，根本无需诉讼。在一审法院主持证据交换和庭审时，双方当事人都未提及涉案财产已被宝山法院查封的事实。直至原审法院得知查封情况后，双方当事人才不得不承认。双方当事人恶意串通，隐瞒事实、编织理由进行诉讼，企图通过法院的确权来对抗法院的查封，是诉讼欺诈行为，违反了民法通则第四条关于民事活动应当遵循诚实信用原则的规定。正是由于当事人不诚信的表现，引起和加重了原审法院对当事人诉称事实的合理怀疑。双方当事人应当为其恶意串通进行诉讼欺诈的行为承担不利的后果。（勋怡公司诉瑞申公司财产权属纠纷案，2004 年第 3 期第 30 页）

10 【重复处罚】【法院制裁与行政处罚，不是重复处罚】

法院对在审理民事案件中发现的违法行为有权进行制裁，这是其依法行使法律赋予的职权的表现，与当事人的诉讼理由和诉讼请求无关。当事人的违法行为已经行政机关处罚的，只要法院制裁决定与处罚决定基于的事实不同，不是重复处罚。（中国药科大学诉福瑞科技公司案，法案例（2005）6-32）

根据查明的事实，南京市工商行政管理局建邺分局只对被制裁人福瑞科技公司的工作人员在南京市建邺区南湖路散发印刷品广告的行为进行过处罚，并未对福瑞科技公司的侵犯中国药科大学名称权和进行虚假宣传的不正当竞争行为立案查处。由于一审制裁决定与南京市工商局建邺分局处罚决定所基于的事实不同，故一审制裁决定不是对福瑞科技公司的重复处罚。

被制裁人福瑞科技公司以非专利产品冒充专利产品，违反了《中华人民共和国专利法》第五十九条的规定。一审对在审理民事案件中发现的违法行为进行制裁，是依法行使法律赋予的职权，与当事人的诉讼理由和诉讼请求无关。福瑞科技公司关于一审超过当事人的诉讼请求作出处罚不合法的理由，不能成立。（中国药科大学诉福瑞科技公司不正当竞争纠纷案，2005 年第 6 期第 32 页）

11 【**投资差额损失计算方法**】【只要符合法律规定，使用何种方法计算投资人的投资差额损失，法律可自由裁量】

由于证券交易的复杂性，有多种方法可用于计算投资人的投资差额损失，只要符合《证券赔偿案件规定》第 30—32 条确定的原则，结果公平合理，使用哪种方法计算，属于法院自由裁量权范围。（陈丽华等 23 名投资人诉大庆联谊公司等案，法案例（2005）11-30）

关于第六点。经查，原判计算买入证券平均价格的方法是：以实际交易每次买进价格和数量计算出投资人买进股票总成本，再减去投资人此间所有已卖出股票收回资金的余额，除以投资人尚持有的股票数量。按此种方法计算，不排除个别投资人买入证券的平均价格高于股票历史最高价的可能。这只是计算投资人投资差额损失过程中可能出现的一个数据，而且这个数据在很大程度上取决于投资人在揭露日前后的股票持有量。这个数据不等于投资人购买股票时实际成交的价格，其与大庆联谊公司股票历史最高价之间没有可比性。由于证券交易的复杂性，目前用于计算投资人投资差额损失的方法有多种。只要这些方法符合《证券赔偿案件规定》第三十条、第三十一条、第三十二条确定的原则，结果公平合理，使用哪种方法计算，就在法院的自由裁量范围之内。原判采用的计算方法符合《证券赔偿案件规定》，有利于保护多数投资人的利益，故不予变更。上诉人大庆联谊公司关于原判确定的损失赔偿数额不当的上诉理由，不予采纳，同时由于《证券赔偿案件规定》第三十条第二款已明确规定，虚假陈述行为人在证券交易市场承担民事赔偿责任的范围包括利息，即所涉资金利息自买入至卖出证券日或者基准日，按银行同期活期存款利率计算，故对大庆联谊公司不同意给付投资差额损失部分利息的上诉主张，也不予支持。（陈丽华等 23 名投资人诉大庆联谊公司等虚假陈述侵权赔偿纠纷案，2005 年第 11 期第 30 页）

12 【**选择侵权对象**】【当事人有选择侵权对象提起诉讼的权利】

在有多个侵权对象存在的情况下，当事人有权选择其中一个或多个提起诉讼，这是其诉权的合理内容。（南京雪中彩影公司诉上海雪中彩影公司等案，法案例（2006）5-31）

关于争议焦点四。在全国各地有多家婚纱摄影企业以“雪中彩影”命名的情况下，作为“雪中彩影”商标和字号的所有人，原告南京雪中彩影公司有选择侵权对象提起诉讼的权利。南京雪中彩影公司只对被告上海雪中彩影公司、江宁雪中彩影分公司提起诉讼，是其行使诉权的结果，与公平原则无关。（南京雪中彩影公司诉上海雪中彩影公司及其分公司商标侵权、不正当竞争纠纷案，2006 年第 5 期第 31 页）

13 【超越请求裁判】【在特殊情形下法院可超越诉讼请求裁判】

法院应当根据当事人的诉讼请求作出裁判。但是，为避免当事人的讼累，并有利于公平合理地解决纠纷的情况下，法院可超越当事人的诉讼请求进行裁判。（新宇公司诉冯玉梅案，法案例(2006)6-37）

考虑到上诉人冯玉梅在商铺买卖合同的履行过程中没有任何违约行为，一审在判决解除商铺买卖合同后，一并判决被上诉人新宇公司向冯玉梅返还商铺价款、赔偿商铺增值款，并向冯玉梅给付违约金及赔偿其他经济损失。这虽然不是应冯玉梅请求作出的判决，但此举有利于公平合理地解决纠纷，也使当事人避免了讼累，并无不当。在二审中，新宇公司表示其愿给冯玉梅增加 20 万元赔偿款，应当允许。（新宇公司诉冯玉梅商铺买卖合同纠纷案，2006 年第 6 期第 37 页）

14 【选择起诉对象】【旅客追究实际承运人所承运航程的责任时，可以选择起诉对象】

在航空旅客运输法律关系中，不同航空公司实际承运各自航程，且不是航空法上的连续运输关系的情形下，旅客追究实际承运人所承运航程的责任时，可以选择起诉对象。被起诉的航空公司申请追加其他航空公司参加诉讼的，法院可以根据审理案件的实际需要、诉讼成本、旅客维权的便捷性等因素决定是否准许。（阿卜杜勒·瓦希德诉东方航空公司案，法案例(2006)10-37）

根据本案所使用的国际公约规定，由一家航空公司出票并实际承运部分航程、另一家航空公司实际承运另一部分航程的航空旅客运输，该两家航空公司并非航空法上的连续运输关系。旅客追究实际承运人所承运航程的责任时，可以选择起诉对象。被起诉的一家航空公司申请追加另一家航空公司参加诉讼的，法院可以根据审理案件的实际需要、诉讼成本、旅客维权的便捷性等因素决定是否准许。（阿卜杜勒·瓦希德诉东方航空公司国际航空旅客运输合同纠纷案，2006 年第 10 期第 37 页）

15 【限制诉讼权利】【律师不得限制当事人的诉讼权利】

委托人授权代理人处理相关事务，并不意味着放弃自己在代理权所涉范围发出或受领意思表示的能力，其仍享有自行处分的权利，并可以随时终止代理权。律师等代理人应出于维护委托人合法权益的考虑提供法律意见，而不能为实现自身利益的最大化，通过合同条款限制委托人的诉讼权利。（上海市弘正律师事务所诉中国船舶及海洋工程设计研究院案，法案例(2009)12-39）

律师的职业责任是接受当事人的委托，为当事人提供法律服务，维护当事人的合法权益，维护法律的正确实施，维护社会的公平正义。在执业过程中，律师应维护社会秩序、促进纠纷解决、消除社会冲突、促进社会和谐，应在调解、和解中发挥积极作用。律师为当事人提供法律服务，可以收取相应的费用，但律师服务收费应当遵循公开公平、自愿有偿、诚实信用的原则。如律师为获取自身利益的最大化，限制当事人依法享有的诉讼权利，其行为不受法律保护。

本案所涉代理内容为诉讼代理。代理的概念系委托人将相关事项授权于代理人，由代理人处理委托事务，代理结果归于委托人。因此，从代理的目的和结果归属而言，委托人对代理人权利的授予并不意味着放弃自己在代理权所涉范围发出或受领意思表示的能力，即委托人对委托事项仍享有自行处分的权利并可以随时终止代理权。代理人的义务为运用法律专业知识搜集、提供证据、参加诉讼、提出法律意见等，其目的是通过律师的服务尽量使当事人增加胜诉几率，以保护当事人的合法权益。

当事人在诉讼过程中自愿接受调解、和解，是对自身权益的处分，是当事人依法享有的诉讼权利。调解、和解有利于纠纷的迅速解决和彻底解决，有利于减少当事人的诉讼成本，更有利于减少社会矛盾，构建和谐社会。律师事务所及其律师作为法律服务者，在接受当事人委托代理诉讼事务中，应当尊重委托人关于接受调解、和解的自主选择，即使认为委托人的选择不妥，也应当出于维护委托人合法权益的考虑提供法律意见，而不能为实现自身利益的最大化，基于多收代理费的目的，通过与委托人约定相关合同条款限制委托人接受调解、和解。上述行为不仅侵犯委托人的诉讼权利，加重委托人的诉讼风险，同时也不利于促进社会和谐，违反社会公共利益。（上海市弘正律师事务所诉中国船舶及海洋工程设计研究院服务合同纠纷案，2009 年第 12 期第 39 页）

16 **【破产程序终结】**【破产程序终结后债权人可以就未受清偿的部分向保证人主张权利】

在保证债务的诉讼时效期间内，主债务人被宣告破产，债权人可以先向法院申报债权。债权人在破产程序中不能全额受偿的，对于未受偿部分，债权人应当在破产程序终结后六个月内向保证人主张权利。（农业发展银行青海分行营业部诉青海农牧总公司案，法公字(2004)第8-11号）

在该 300 万元贷款的保证债务的诉讼时效期间内，本案主债务人羊毛公司被宣告破产，农发行营业部依法向人民法院申报了债权，在破产程序终结前，农发行营业部对其能得以分配的破产财产数额不能确定，其无法同时就其未受清偿的部分向保证人农牧公司主张担保权利，只有在破产程序终结后，其才能就其未受清偿的部分向保证人主张权利。因此，本案中，在主债务人羊毛公司破产案件的破产程序终结后六个月内，农发行营业部就其未受清偿的部分再向保证人农牧公司主张权利，符合最高人民法院《关于适用〈中华人民共和国担保法〉若干问题的解释》第四十四条的规定。（农业发展银行青海分行营业部诉青海农牧总公司担保合同纠纷案，【2003】民二终字第83号，2004年第8期第11页）

17 【选择诉由】【证券投资者账户内的证券或资金被证券营业部挪用后，有权选择违约或侵权诉由起诉】

客户在证券公司营业部开户投资后，其资金账户内的证券或资金被证券营业部挪用的，有权选择违约或侵权诉由提起民事诉讼。（世纪证券有限责任公司诉天津市住房公积金管理中心等案，法公字(2006)第5-17号）

客户在证券公司营业部开户投资，证券公司及其营业部对客户资金账户内的资金和证券，不仅负有合同约定的妥善保管义务，而且负有法定妥善保管义务。当客户账户内证券或资金被证券营业部挪用后，根据《中华人民共和国合同法》第一百二十二条“因当事人一方的违约行为，侵害对方人身、财产权益的，受损害方有权选择依照本法要求其承担违约责任或者依照其他法律要求其承担侵权责任”的规定，客户有权选择违约或侵权诉由提起民事诉讼。本案住房公积金因在中旅营业部资金账户内的国债被挪用，以侵权为由对中旅营业部等相关被告向中旅营业部所在地的天津市高级人民法院提起民事诉讼，根据民事诉讼法第二十九条“因侵权行为提起的诉讼，由侵权行为地或者被告住所地人民法院管辖”的规定，天津市高级人民法院对本案享有管辖权。世纪证券上诉称本案属于委托理财引起的纠纷，但未能提供相关证据证明，其关于将本案移送广东省深圳市中级人民法院管辖的上诉请求，因无事实和法律依据，本院不予支持。（世纪证券有限责任公司与天津市住房公积金管理中心、世纪证券有限责任公司天津世纪大道营业部、中国旅游国际信托投资有限公司天津证券交易营业部、中国旅游国际信托投资有限公司侵权纠纷案，【2005】民二终字第207号，2006年第5期第17页）

18 【酌情判令】【侵权人的侵权产品数量和所获利润难以查清的，法院可酌情判令赔偿损失】

侵权人复制、销售盗版软件实际数量和所获利润难以查清的，法院可以根据该软件的开发成本、市场销售价格及侵权人实施侵权行为的主观过错程度等因素，酌

情判令侵权人赔偿受害人一定金额的损失。(北大方正公司等诉高术天力公司等案,法公字(2006)第11-25号)

关于复制、销售盗版软件数量和损害赔偿数额问题。根据公证证明的内容,高术天力公司的员工陈述除向北大方正公司销售了盗版软件外,还向后浪公司、宝蕾元公司等客户销售了"兼容的"同类盗版软件并提供了"客户名单",对此,高术天力公司、高术公司未提供相反证据予以推翻。其中,向后浪公司、宝蕾元公司销售同类盗版软件的事实,也为北大方正公司在二审判决后的维权行动所印证。虽然一审、二审法院没有对审计报告中涉及的高术天力公司、高术公司销售激光照排机82套、单独销售13套RIP软件的事实进行质证,但前述事实足以证明,高术天力公司、高术公司销售盗版软件的数量并非一套。一审法院以高术天力公司、高术公司复制、销售盗版软件实际数量和所获利润均难以查清,根据北大方正公司、红楼研究所软件的开发成本、市场销售价格及高术天力公司、高术公司实施侵权行为的主观过错程度等因素,依据当时著作权法的规定,酌情判令高术天力公司、高术公司赔偿北大方正公司、红楼研究所损失60万元并无明显不当。二审法院只支持北大方正公司、红楼研究所一套正版软件的赔偿数额13万元没有依据。(北大方正公司、红楼研究所与高术天力公司、高术公司计算机软件著作权侵权纠纷案,【2006】民三提字第1号,2006年第11期第25页)

19 【形成之诉】【合同的解除,需通过独立的诉讼请求予以实现】

解除权在实体方面属于形成权,在程序方面表现为形成之诉。当事人未提出解除权诉讼请求的,人民法院不能依职权径行裁判。国有土地使用权出让合同的解除,当事人需通过提出具体的诉讼请求来实现。未提出相应诉讼请求的,法院不予审理。(崂山国土局诉南太置业公司案,法公字(2007)第3-27号)

根据有关法律规定精神,解除权在实体方面属于形成权,在程序方面则表现为形成之诉,在没有当事人依法提出该诉讼请求的情况下,人民法院不能依职权径行裁判。该《国有土地使用权出让合同》的解除或者权利义务终止及其法律责任承担问题,需通过独立的诉讼请求予以保护。本案中,南太公司始终未就此问题提出诉讼请求。限于本案当事人的诉讼请求和二审案件的审理范围,本院对此问题不予审理。(崂山国土局与南太置业公司国有土地使用权出让合同纠纷案,【2004】民一终字第106号,2007年第3期第27页)

20 【程序问题】【涉外案件的程序问题适用《民事诉讼法》】

管辖权异议属于程序问题,解决涉外案件的程序问题应当适用法院地法。(德国亚欧交流有限责任公司诉绥芬河市青云经贸有限公司案,法公字(2007)第6-28号)

本案纠纷为管辖权异议，属于程序问题，解决案件的程序问题应适用法院地法即《中华人民共和国民事诉讼法》。对此，《中华人民共和国民事诉讼法》第三条有明确规定，即"人民法院受理公民之间、法人之间、其他组织之间以及他们相互之间因财产关系和人身关系提起的民事诉讼，适用本法的规定"。（德国亚欧交流有限责任公司与绥芬河市青云经贸有限公司合作协议纠纷案，【2006】民四终字第8号，2007年第6期第28页）

21 **【权利保护要求不同】**【不同的权利法律保护要求不同，不能以对某一权利的审查判断直接适用于对另一权利法律保护的认定】

知名商品的特有包装、装潢与外观设计专利的法律保护要求不同，不能以专利复审委员会对外观设计专利的无效宣告，来判断相关商品使用的包装、装潢是否具有特有性。（意大利费列罗公司诉蒙特莎（张家港）食品有限公司等案，法公字（2008）第6-24号）

知名商品的特有包装、装潢与外观设计专利的法律保护要求也不同，蒙特莎公司提交的国家知识产权局专利复审委员会对费列罗公司外观设计专利无效宣告请求审查决定与判断FERRERO ROCHER巧克力使用的包装、装潢是否具有特有性亦无直接关联。蒙特莎公司提交的我国台湾地区"最高行政法院"的裁定以及费列罗公司提交的国外法院的判决等亦与本案所涉相关市场不具有关联性，不能作为本案认定事实的依据。（意大利费列罗公司与蒙特莎（张家港）食品有限公司、天津经济技术开发区正元行销有限公司不正当竞争纠纷案，【2006】民三提字第3号，2008年第6期第24页）

22 **【诉讼请求具体化】**【诉讼请求的具体化，不是增加新的诉讼请求】

起诉时诉讼请求应当具体、明确。诉讼标的额是概数、约数的，应当予以明确。开庭时对诉讼请求的具体化，不是增加新的诉讼请求。（李显志诉长春建工集团案，法公字（2005）第10-10号）

关于李显志在发回重审中增加一千多万元的诉讼请求是否已经超过诉讼时效问题。李显志于1998年在该院最初告诉的起诉状中诉讼请求是"判令被告建工集团返还原告李显志的财产，价值不少于1000万元"，其诉讼标的额不明确，原审合议庭亦未要求李显志将该诉讼请求予以明确。该次重审中，李显志重新整理起诉状，明确要求建工集团返还其财产总计20017853.88元，系李显志对诉讼请求的具体化，并非增加新的诉讼请求。（李显志诉长春建工集团界定产权、返还财产纠纷案，【2004】民二终字第190号，2005年第10期第10页）

23 **【清算责任】**【主管机关未组织清算，侵权之诉的当事人主张追究其清算责任的，法院应一并处理清算责任】

未改制的企业被工商行政管理机关吊销企业法人营业执照后，应由其主管机关组织清算组进行清算，并办理工商注销登记手续。主管机关未组织清算的，侵权之诉的被侵权人诉请追究主管机关的清算责任的，法院应一案处理，并根据被侵权人的请求，以清算的财产承担相应的民事责任。（中国光大银行诉内蒙包头华达合资卧具装饰厂等案，法公字（2010）第2-39号）

华达装饰厂已经被工商行政管理机关吊销企业法人营业执照，自由路办事处庭审中亦表示华达装饰厂目前处于自动解散状态。吊销企业法人营业执照，是工商行政管理机关依据国家工商行政法规对违法的企业法人做出的一种行政处罚。根据《中华人民共和国民法通则》第四十条“法人终止，应当依法进行清算，停止清算范围外的活动”、第四十六条“企业法人终止，应当向登记机关办理注销登记并公告”、第四十七条“企业法人解散，应当成立清算组织，进行清算”的规定，企业法人被吊销营业执照的，应当依法进行清算，并办理工商注销登记后，该企业法人才归于消灭。本院《关于贯彻执行若干问题的意见（试行）》第59条规定，企业法人解散或者被撤销的，应当由其主管机关组织清算小组进行清算。华达装饰厂为集体所有制企业，未进行改制，由于经营不善，自1998年即停止生产，在被工商行政管理机关吊销企业法人营业执照，企业处于解散的状态下，自由路办事处作为华达装饰厂现在的主管部门，应依法对其进行清算。本案中，虽然光大银行提起的是侵权之诉，但其亦提出了自由路办事处应当对华达装饰厂承担清算责任的诉讼请求，根据民事诉讼法中关于诉的合并原理以及节约当事人的诉讼成本原则，对自由路办事处的清算责任问题应在本案中一并处理。故光大银行提出的自由路办事处应当对华达装饰厂承担清算责任，并以清算的财产承担民事责任的上诉请求符合法律规定，本院予以支持。（中国光大银行与内蒙包头华达合资卧具装饰厂、中国农业银行包头市青山区支行、包头市青山区人民政府自由路办事处侵权纠纷案，2010年第2期第39页）

24 **【平等主体】**【不是平等主体之间的民事行为不宜作为民事案件审理】

纳税人缴纳税收和向行政机关缴纳规费不是平等主体之间的民事行为，不宜作为民事案件审理，当事人可向有关行政机关主张权利或以行政案件起诉。（成都鹏伟实业有限公司诉江西省永修县人民政府等案，法公字（2010）第4-36号）

鹏伟公司一审请求采砂办退还其多支付的拍卖成交款4727万元，该项诉讼请求实际包含两项内容，即要求采砂办退还部分采砂权出让价款，同时退还其多缴纳的各种税费。纳税人缴纳税收及向行政机关缴纳规费不是平等主体之间的民事行为，不宜作为民事案件审理，故对鹏伟公司要求采砂办退还部分采砂税费的诉讼请求本案不予审理，鹏伟公司可向有关行政机关另行主张权利或作为行政案件另行起诉。（成都鹏伟实业有限公司与江西省永修县人民政府、永修县鄱阳湖采砂管理工作领导小组办公室采矿权纠纷案，2010 年第 4 期第 36 页）

第二章 管 辖

25 **【合同欺诈】**【利用合同形式欺诈构成侵权，法院享有管辖权】

利用合同形式进行欺诈，不属于履行合同的范围，由此产生的纠纷非合同权利义务的争议，而是侵权损害赔偿纠纷。当事人据此提起侵权之诉，不受合同中仲裁条款的约束，人民法院有管辖权。（中国技术进出口总公司诉瑞士工业资源公司案，法案例(1989)1-26）

上诉人利用合同形式，进行欺诈，已超出履行合同的范围，不仅破坏了合同，而且构成了侵权。双方当事人的纠纷，已非合同权利义务的争议，而是侵权损害赔偿纠纷。被上诉人有权向法院提起侵权之诉，而不受双方所订立的仲裁条款的约束。因本案侵权行为地在上海，依照民事诉讼法（试行）第二十二条关于"因侵权行为提起诉讼的，由侵权行为地人民法院管辖"的规定，以及该法第一百八十五条、第一百五十六条的规定，上海市中级人民法院对本案具有管辖权。上诉人提出的中国已加入《承认及执行外国仲裁裁决公约》，当事人签订的合同又有仲裁条款，中国法院无管辖权，其理由不能成立。（中国技术进出口总公司诉瑞士工业资源公司侵权损害赔偿纠纷上诉案，1989 第 1 期第 26 页）

26 **【不方便法院规则】**【是否适用不方便法院规则，受案法院应根据个案自由裁量】

不方便法院规则，是指在国际民事诉讼中，受案法院与他国法院都具有管辖权，但依照本国法律或国际条约规定，受案法院实际行使管辖权将给当事人和法院的工作带来种种不便，无法保障司法公正，不能使争议得到迅速有效的解决，因而可以自身属于不方便法院为由，依职权或者根据当事人的请求，裁定拒绝行使管辖权。通常受案法院能否以自身是不方便法院为由拒绝行使管辖权需考虑以下因素：(1) 原告选择该法院起诉的理由；(2) 被告到该法院应诉是否方便；(3) 争议行为或交易的发生地位于何处；(4) 证据可否取得；(5) 适用法律的查明是否方便；(6) 可否完成对所有当事人的送达；(7) 判决可否执行；(8) 语言交流是否方便；(9) 法院案件积压情况等。

然而，即便符合不方便法院规则，受案法院是否适用，仍应根据案件的具体情况，从及时、有效和最大限度地保护当事人合法权益出发自由裁量。（郭叶律师行

诉厦门华洋彩印公司案,法案例(2004)7-32)

不方便法院的问题,是指依照本国法律或国际条约规定,受案法院对某一国际民事诉讼享有管辖权,但该管辖权的实际行使,将给当事人和法院的工作带来种种不便,无法保障司法公正,也不能使争议得到迅速有效的解决,当别国法院对这一诉讼同样享有管辖权时,受案法院即可以自身属不方便法院为由,依职权或者根据被告的请求,裁定拒绝行使管辖权。这说明,这种国际民事诉讼不仅受案法院享有管辖权,还应当有一个以上可替代受案法院的别国法院同样享有管辖权。受案法院能否以自身是不方便法院为由拒绝行使管辖权,通常考虑的因素有:(1) 原告选择该法院起诉的理由;(2) 被告到该法院应诉是否方便;(3) 争议行为或交易的发生地位于何处;(4) 证据可否取得;(5) 适用法律的查明是否方便;(6) 可否完成对所有当事人的送达;(7) 判决可否执行;(8) 语言交流是否方便;(9) 本院案件积压情况;等等。还应当指出,尽管被告有权以"不方便法院"为由抗辩原告的起诉,但受案法院是否采纳,应当由受案法院根据案件的具体情况,从及时、有效和最大限度地保护当事人合法权益出发,自由裁量。

《中华人民共和国民事诉讼法》第二百三十七条规定:"在中华人民共和国领域内进行涉外民事诉讼,适用本编规定。本编没有规定的,适用本法其他有关规定。"第二十四条规定:"因合同纠纷提起的诉讼,由被告住所地或者合同履行地人民法院管辖。"本案被告华洋彩印公司的住所地在厦门,原告郭叶律师行以华洋彩印公司为被告,在厦门市中级人民法院提起的代理合同纠纷诉讼,厦门市中级人民法院有权管辖。本案合同履行地在香港,双方当事人在合同上约定了适用香港法律并由香港法院行使非排他性的管辖权,香港法院当然也有权管辖。解决内地与香港法院的管辖权冲突与解决其他涉外案件一样,既要维护内地法院的司法管辖权,也要加强双方的互助与合作。本案是代理合同纠纷之诉,若由香港法院审理本案,一旦判决华洋彩印公司承担义务,由于华洋彩印公司的住所和财产均在内地,当事人只有在内地重新诉讼,才有可能使生效判决得到执行。为避免当事人重复诉讼,及时有效地保障当事人的合法权益,本案由厦门市中级人民法院审理最为合适,厦门市中级人民法院不能以自身是不方便法院为由拒绝行使管辖权。(郭叶律师行诉厦门华洋彩印公司代理合同纠纷管辖权异议案,2004 年第 7 期第 32 页)

27 【协议管辖】【合同当事人发生纠纷后可向各自住所地人民法院起诉的约定,属有效协议管辖约定】

合同双方当事人在合同中约定,如发生纠纷双方可向各自住所地人民法院起诉,符合《民事诉讼法》有关协议管辖的规定,不属于选择两个以上人民法院管辖的情形。(阿拉山口公司诉宁夏秦毅公司买卖合同纠纷管辖权异议案,法公字(2005)第8-13号)

本院经审查认为，按照本案合同中有关“合同在执行中如发生纠纷，双方可向各自住所地人民法院起诉”的约定，虽然双方均有权提起诉讼，其住所地的人民法院亦分别享有管辖权，但根据最高人民法院《关于适用〈中华人民共和国民事诉讼法〉若干问题的意见》第33条的规定，任何一方提起诉讼且为其住所地法院立案受理后，另一方住所地的人民法院便不得再重复立案，从而排斥了另一方住所地人民法院的管辖。故该项约定的实质是选择原告住所地人民法院管辖。该项约定不但不属于“选择民事诉讼法第二十五条规定的人民法院中的两个以上人民法院管辖”的情况，而且完全符合民事诉讼法有关协议管辖的规定，应当认定有效并据以确定本案的管辖。（阿拉山口公司诉宁夏秦毅公司买卖合同纠纷管辖权异议案，【2005】民二终字第94号，2005年第8期第13页）

28 **【专利纠纷最低审级】**【高级人民法院可以行使一定专利纠纷案件的一审管辖权】

《最高人民法院关于审理专利纠纷案件适用法律问题的若干规定》第2条关于“专利纠纷第一审案件，由各省、自治区、直辖市人民政府所在地的中级人民法院和最高人民法院指定的中级人民法院管辖”的规定，是指专利纠纷案件的最低审级应当是这些指定的中级人民法院，并未排除高级人民法院依法行使一审专利纠纷案件的管辖权。高级人民法院作出的有关一定诉讼标的的知识产权民事纠纷案件（含涉外纠纷案件）由高级人民法院管辖的规定是合法、有效的，可以作为确定案件级别管辖的依据。（河北新凯汽车制造有限公司等诉（日本）本田技研工业株式会社等案，法公字（2006）第9-20号）

关于北京市高级人民法院对本案行使级别管辖权是否违法。《最高人民法院关于审理专利纠纷案件适用法律问题的若干规定》第二条规定：“专利纠纷第一审案件，由各省、自治区、直辖市人民政府所在地的中级人民法院和最高人民法院指定的中级人民法院管辖。”本条规定的本意在于专利纠纷案件的最低审级应当是这些指定的中级人民法院，并未排除高级人民法院依法行使一审专利纠纷案件管辖权。北京市高级人民法院于2002年12月17日制定的《关于北京市各级人民法院受理第一审知识产权民事纠纷案件级别管辖的规定》中规定，争议金额1亿元以上的知识产权民事纠纷案件（含涉外纠纷案件）由高级人民法院管辖。该规定内容符合民事诉讼法及本院司法解释的有关规定，可以作为确定本案级别管辖的依据。本案原告起诉请求的赔偿额为1亿元人民币，北京市高级人民法院对本案具有级别管辖权。两上诉人关于高级人民法院不能管辖第一审专利纠纷案件和北京市高级人民法院制定的关于一审知识产权民事案件级别管辖的有关规定违法的上诉理由均不能成立。但原审法院对两上诉人的此管辖权异议理由未作评判，亦有所缺憾。

(河北新凯汽车制造有限公司、高碑店新凯汽车制造有限公司与(日本)本田技研工业株式会社、东风本田汽车(武汉)有限公司、北京鑫升百利汽车贸易有限公司侵犯外观设计专利权纠纷管辖权异议案,【2005】民三终字第2号,2006年第9期第20页)

29 【原始管辖约定未排除】【主债权经过多次转让,但相关当事人未约定新的管辖法院的,原始约定的纠纷解决方式仍然有效】

在原始借款合同和最高额保证合同均约定了纠纷的解决方式的情形下,主债权虽经过多次转让,但相关的债权转让合同当事人均未与主债务人和保证人约定新的管辖法院,也未排除各借款合同和最高额保证合同中对管辖权的约定的,约定的纠纷解决方式对合同当事人仍然有效。(中国昊华化工(集团)总公司诉中企国际投资有限公司案,法公字(2007)第2-25号)

中企国际主张的债权受让自长城资产管理公司郑州办事处,该办事处又受让自工行宜阳县支行。本案所涉各原始借款合同和最高额保证合同均约定,如发生纠纷由工行宜阳县支行所在地法院通过诉讼方式解决。本案所涉主债权经过两次转让,相关的债权转让合同当事人均未与主债务人和保证人约定新的管辖法院,也没有排除各借款合同和最高额保证合同中对管辖权的约定。根据最高人民法院法释[2001]12号《关于审理涉及金融资产管理公司收购、管理、处置国有银行不良贷款形成的资产的案件适用法律若干问题的规定》第三条第二款"原债权银行与债务人有协议管辖约定的,如不违反法律规定,该约定继续有效"之规定以及最高人民法院法[2005]62号《关于金融资产管理公司收购、处置银行不良资产有关问题的补充通知》第一条"金融资产管理公司受让不良贷款后,通过债权转让方式处置不良资产的,可以适用本院发布的上述规定"之规定,可认定各原始借款合同和最高额保证合同约定的纠纷解决方式对本案双方当事人仍然有效。另外,审理昊华化工集团与中企国投之间因保证合同产生的纠纷,应当以相关的借款关系为基础,而原债权人工行宜阳县支行与主债务人洛阳中昊化学工业有限公司的住所地均在河南省,由河南省的有关法院审理本案便于查清案件事实。根据最高人民法院《关于各高级人民法院受理第一审民事、经济纠纷案件问题的通知》的有关规定,本案争议金额达到河南省高级人民法院受理第一审经济纠纷案件的争议金额标准,故本案应当由河南省高级人民法院审理。综上,昊华化工集团的上诉理由成立,本院予以采纳。原审裁定驳回昊华化工集团对本案的管辖权异议不当,应予撤销。(中国昊华化工(集团)总公司与中企国际投资有限公司借款合同纠纷案,【2006】民二终字第186号,2007年第2期第25页)

30 **【被告是否适格】**【在管辖权确定后被告是否适格，不影响案件的实体审理】

管辖权异议应当在一审答辩期内提出，不服一审裁定的，当事人还可提出上诉通过二审程序主张。当事人未在一审答辩期间内提出管辖权异议的，案件进入实体审理阶段后，被告是否适格不影响法院的审理。（北京智扬伟博科技发展有限公司诉创思生物技术工程（东莞）有限公司等案，法公字（2009）第7-38号）

本案一审原告智扬公司起诉时，将创思公司和开封城管局均列为被告，符合民事诉讼法规定的被告明确性要求。因开封城管局住所地在开封市中级人民法院辖区内，开封市中级人民法院受理本案时依据被告住所地确定管辖权并无不妥。创思公司如认为开封市中级人民法院对本案没有管辖权，有权在一审答辩期内提出管辖权异议，不服一审裁定的，还可提出上诉通过二审程序主张。但经本院审阅一审卷宗，申请再审人创思公司在一审答辩期间未提出管辖权异议。在案件进入实体审理阶段后，因管辖权已经确定，开封城管局是否为适格被告并不影响一审法院对于本案的审理。即使人民法院查明开封城管局不是本案适格被告，裁定驳回了智扬公司对开封城管局的起诉，亦不影响已经开始的实体审理程序，不需再移送案件。（北京智扬伟博科技发展有限公司诉创思生物技术工程（东莞）有限公司等合同纠纷案，【2008】民申字第1364号，2009年第7期第38页）

第五章　诉讼参加人

第一节　当　事　人

31　**【境外公司与境内子公司】**【境外公司与其境内的子公司是两个独立的法人】

境外注册的公司与其在境内注册的子公司是两个独立的法人。在侵犯商标权案件中，境外注册的公司应当以其所受实际损失或者侵权人在侵权期间因侵权所获利润为依据计算赔偿额，而不能以其在境内注册的子公司的销售情况为依据计算其因侵权所遭受的损失。（艾格福公司诉南京第一农药厂案，法案例(2001)2-71）

最高人民法院法(经)复〔1985〕53号“关于侵犯商标专用权如何计算损失赔偿额和侵权期间问题的批复”第一条规定：“在侵犯商标权案件中，被侵权人可以按其所受的实际损失额请求赔偿，也可以请求将侵权人在侵权期间因侵权所获的利润(指除成本和税金外的所有利润)作为赔偿额。对于以上两种计算方法，被侵权人有选择权。”对被告南京一农厂的侵权行为给原告艾格福公司造成的经济损失，艾格福公司以天津协通会计事务所的审计报告为证，请求判令南京一农厂赔偿其经济损失人民币300万元。经查艾格福公司是在法国注册的法人，而艾格福天津有限公司是艾格福公司的一个子公司，与艾格福公司是两个独立的法人。天津协通会计事务所的报告，是对艾格福天津有限公司的销售情况进行审计得出的结论，这不能代表被侵权人艾格福公司因侵权所遭受的损失。艾格福公司以审计报告为证要求赔偿，除此以外再不能提交其他证据证明自己因被侵权而遭受的经济损失，属证据不足。故本案不能以被侵权人提出的损失额解决赔偿问题。（艾格福公司诉南京第一农药厂商标侵权纠纷案，2001年第2期第71页）

32　**【第三人】**【通知谁为第三人参加诉讼，是法院酌情决定的权力】

案外人作为第三人进入诉讼，须经自己提起、申请或由法院通知。是否通知案外人作为第三人参加诉讼，属于法院酌情决定的权力。只有在认为诉讼结果可能会让案外人承担民事责任的情况下，法院才会通知其为第三人参加诉讼。（勋怡公司诉瑞申公司案，法案例(2004)3-30）

三、原审不存在遗漏当事人的程序错误

原审作为定案依据的证据，确实是案外人宝山交行在票据纠纷案中提交给法院的。但就本案而言，这些证据是人民法院依照民事诉讼法第六十四条赋予的职权，到其他案件中收集的证据。依照民事诉讼法第六十六条的规定，这些证据在法庭上出示并由当事人质证后，法院有权作出认定，没必要让宝山交行到庭。

民事诉讼法第五十六条规定："对当事人双方的诉讼标的，第三人认为有独立请求权的，有权提起诉讼。""对当事人双方的诉讼标的，第三人虽然没有独立请求权，但案件处理结果同他有法律上的利害关系的，可以申请参加诉讼，或者由人民法院通知他参加诉讼。"从此条规定可以看出，第三人进入诉讼，是经自己提起、申请，或者由人民法院通知。通知谁为第三人参加诉讼，属于人民法院酌情决定的权力。通常只有在认为诉讼结果可能会让案外人承担民事责任的情况下，人民法院才会通知其为第三人参加诉讼。就本案而言，无论判决结果如何，均不会由案外人宝山交行承担民事责任，故原审不通知宝山交行为第三人参加诉讼，不是遗漏重要当事人的程序错误。（勋怡公司诉瑞申公司财产权属纠纷案，2004 年第 3 期第 30 页）

33 **【不是必须参加的主体】**【当事人未起诉的被告的实际控制人，不是必须参加诉讼的主体】

虚假陈述行为是由公司设立人以上市公司名义实施的，上市公司的设立人是虚假陈述行为人。在虚假陈述侵权赔偿纠纷中，仅起诉上市公司而未起诉上市公司的设立人的，上市公司设立人不是必须参加诉讼的主体。上市公司在先行承担赔偿责任后，可向设立人追偿。（陈丽华等 23 名投资人诉大庆联谊公司等案，法案例(2005)11-30）

关于第四点。经查，本案所涉虚假陈述行为，确实是在上诉人大庆联谊公司成立之前，由联谊石化总厂以大庆联谊公司名义实施的。大庆联谊公司是联谊石化总厂以其部分下属企业组建成立的公司。因此，联谊石化总厂不仅是虚假陈述行为人，也是上市公司大庆联谊公司的实际控制人。被上诉人在一审中仅起诉了大庆联谊公司和上诉人申银证券公司，未起诉联谊石化总厂，故联谊石化总厂不是必须参加诉讼的主体。作为上市公司，大庆联谊公司可以在先行承担赔偿责任后，再根据《证券赔偿案件规定》第二十二条的规定向实际控制人联谊石化总厂追偿。大庆联谊公司与其实际控制人联谊石化总厂之间的责任分配或转承关系，属另一法律关系，不在本案审理范围。（陈丽华等 23 名投资人诉大庆联谊公司等虚假陈述侵权赔偿纠纷案，2005 年第 11 期第 30 页）

34 【推定实际承运人】【航空公司虽与旅客无直接的旅客运输合同关系,但完成机票确定的承运段运输任务的推定是实际承运人】

在国际航空旅客运输合同纠纷中,旅客所持机票是由境外航空公司出票,国际航空旅客运输合同关系是在旅客与境外航空公司之间设立,境外航空公司是订约承运人。其他航空公司根据境外航空公司的授权完成机票确定的承运段的运输任务的,推定是实际承运人,其应为在该承运段发生的航班延误承担责任。(阿卜杜勒·瓦希德诉东方航空公司案,法案例(2006)10-37)

原告阿卜杜勒所持机票,是由香港国泰航空公司出票,故国际航空旅客运输合同关系是在阿卜杜勒与香港国泰航空公司之间设立,香港国泰航空公司是订约承运人。被告东方航空公司与阿卜杜勒之间不存在直接的国际航空旅客运输合同关系,也不是连续承运人,只是推定其根据香港国泰航空公司的授权,完成该机票确定的上海至香港间运输任务的实际承运人。阿卜杜勒有权选择香港国泰航空公司或者东方航空公司或者两者同时为被告提起责任诉讼;在阿卜杜勒只选择东方航空公司为被告提起的责任诉讼中,东方航空公司虽然有权要求香港国泰航空公司参加诉讼,但由于阿卜杜勒追究的航班延误责任发生在东方航空公司承运的上海至香港段航程中,与香港国泰航空公司无关,故根据本案案情,衡量诉讼成本,无需追加香港国泰航空公司为本案的当事人共同参加诉讼。(阿卜杜勒·瓦希德诉东方航空公司国际航空旅客运输合同纠纷案,2006 年第 10 期 37 页)

35 【公司作为第三人】【公司高管等损害公司及其他股东利益的,其他股东可列高管为被告,并将公司作为第三人】

公司董事、高管或控股股东违反法律、行政法规或者公司章程的规定,侵害公司利益,使公司不能或怠于以公司的名义主张权利,导致公司利益及其他股东利益受到损害的,其他股东有权以公司董事、高管或控股股东为被告,并将公司作为第三人,向人民法院提起诉讼。(吴林祥等诉翟晓明案,法案例(2008)1-32)

根据上述规定,公司董事、高级管理人员或控股股东等人员违反法律、行政法规或者公司章程的规定,侵害公司利益,而公司在上述人员控制之下不能或怠于以自己的名义主张权利,导致其他股东利益受到损害的,其他股东为维护自身合法权益以及公司的利益,有权向人民法院提起诉讼。本案中,原告吴林祥、陈华南及被告翟晓明均为第三人一匙通公司的股东,被告身为该公司的执行董事、总经理,实际掌控该公司。两原告认为,被告侵犯一匙通公司的专利申请权,而在被告的实际控制之下,该公司不能以自己的名义主张相关权利,导致公司利益和两原告的股东利益受到损害。在此情形之下,两原告向人民法院提起本案诉讼,主张被告所申请的专利技术方案应属一匙通公司所有，并将一匙通公司作为第三人，符合法律规定。故被告关于两原告不具备诉讼主体资格、不是本案适格原告的答辩理由不能成立，不予采纳。（吴林祥、陈华南诉翟晓明专利权纠纷案，2008 年第 1 期第 32 页）

36　**【分支机构】**【公司分支机构可以作为民事诉讼的当事人】

证券公司营业部是证券公司的分支机构，虽不是法人，但依法设立并领有工商营业执照，具有一定的运营资金和在核准的经营范围内开展证券交易等业务的行为能力，属于《民事诉讼法》规定的其他组织，可以作为民事诉讼的当事人。（天同证券公司诉健康元公司等案，法公字（2006）第 6-24 号）

天同证券深圳营业部系天同证券的分支机构，虽不是法人，但其依法设立并领有工商营业执照，具有一定的运营资金和在核准的经营范围内开展证券交易等业务的行为能力，属于《中华人民共和国民事诉讼法》规定的其他组织，可以作为民事诉讼的当事人。天同证券深圳营业部作为本案合同纠纷的合同一方当事人，是本案原告起诉承担直接民事责任的被告，且其工商登记住所地为广东省深圳市，广东省高级人民法院对本案依法享有管辖权。原审裁定认定事实清楚，适用法律并无不当；上诉人的上诉主张没有法律依据，本院不予支持。（天同证券公司与健康元公司、天同证券深圳营业部证券合同纠纷管辖权异议案，【2005】民二终字第 160 号，2006 年第 6 期第 24 页）

37　**【客体合并】**【因客体合并审理的共同诉讼，法律未规定须以当事人的同意为前提条件】

主体合并要求当事人一方或者双方主体必须为二人以上，且须经当事人同意人民法院才可以合并审理。对于客体合并，法律未规定须以当事人的同意为前提条件，法院可根据当事人的诉请将多项主张合并审理。（吉庆公司等诉农行西藏分行营业部案，法公字（2006）第 8-22 号）

虽然农行西藏分行营业部本案中所主张的 4700 万元债务原系两份借款合同形成，但鉴于其向西藏自治区高级人民法院提起诉讼时，该两笔借款均已到期，其一并提起诉讼并不违反法律强制性规定。《中华人民共和国民事诉讼法》第五十三条规定的须经当事人同意人民法院尚可合并审理的共同诉讼系指主体合并的情形，其前提是当事人一方或者双方主体必须为二人以上。而本案当事人一方或者双方主体均为一人，故不存在主体合并的问题，而应是事实上的客体合并。因我国法律并未规定因客体合并审理的共同诉讼亦须以当事人同意为前提条件，故原审法院根据农行西藏分行营业部的诉请将基于两个合同形成的债务合并审理并做出一份判决并无不当。吉庆公司关于原审法院违反法定程序应当发回重审的上诉请求，本院不予支持。（吉庆公司、华鼎公司与农行西藏分行营业部抵押借款合同纠纷案，【2005】民二终字第186号，2006年第8期第22页）

第二节　诉讼代理人

38　【代为起诉】【律师在起诉状上签字盖章，视为提起诉讼的代理行为】

律师应当在代理权限内以委托人的名义实施民事法律行为。委托人已授权律师参加与案件相关的全部诉讼程序，包括代为起诉、代为签署相关的法律文件（包括起诉书）等，律师在委托人的诉状上签字盖章的行为，是以委托人的名义代为提起诉讼的代理行为，具有法律效力。（雷茨饭店有限公司诉上海黄浦丽池休闲健身有限公司案，法案例（2009）3-30）

最后，对于被上诉人的诉状只有律师签章能否代表被上诉人起诉的问题，根据我国民法通则第六十三条第一款和第二款的规定，法人可以通过代理人实施民事法律行为，而代理人在代理权限内，以被代理人的名义实施民事法律行为。被代理人对代理人的代理行为，承担民事责任。本案被上诉人已于2007年10月31日授权律师孟霆、赵天娟参加与商标侵权相关的全部诉讼程序，包括代为起诉、代为签署任何相关的法律文件（包括起诉书）等，而上海雷曼律师事务所北京分所也出具了律师事务所函，证实上述委托关系。因此，该两位律师在2007年12月25日对上诉人起诉的诉状上签字盖章的行为，系以被上诉人的名义代为提起诉讼的代理行为，具有法律效力。上诉人认为一审查明事实不清、认定有误的上诉理由，不予支持。（雷茨饭店有限公司诉上海黄浦丽池休闲健身有限公司侵权纠纷案，2009年第3期第30页）

39　【律师代理费】【当事人就通过诉讼方式解决争议产生的律师代理费等由违约方承担的约定有效】

债权人与债务人约定，债权人因债务人违约而采取诉讼方式实现债权的，其支付的律师费、差旅费及其他实现债权的费用由债务人承担的，因属当事人真实意思表示，且不违反法律禁止性规定，应为有效。（吉庆公司等诉农行西藏分行营业部案，法公字（2006）第8-22号）

关于律师代理费、差旅费及其他实现债权费用的负担问题，因农行西藏分行营业部和吉庆公司签订的《借款合同》第五条明确做出了关于“因借款人违约致使贷款人采取诉讼方式实现债权的，借款人应当承担贷款人为此支付的律师费、差旅费及其他实现债权的费用”的约定，该约定系双方当事人真实意思表示，且不违反法律禁止性规定,应为有效,人民法院对于农行西藏分行营业部为实现该笔债权所实际支付的律师费、差旅费及其他实现债权的费用应当依法予以保护。本案债权人农行西藏分行营业部向西藏自治区高级人民法院提起诉讼时,虽然已经聘请了雪域律师事务所的律师参加诉讼活动,但是因其并未与雪域律师事务所就代理事项签订代理合同,更未实际支付律师代理费,故原审法院认定吉庆公司依据借款合同的约定承担农行西藏分行营业部为实现债权所支付的一审案件代理费尚缺乏相应的事实依据。律师代理费用的数额应当依据委托人与律师事务所的合意来确定,原审法院在委托人农行西藏分行营业部与雪域律师事务所没有约定的情况下,自行依据《西藏自治区律师收费标准(试行)》作出认定,缺乏法律依据,本院对此不予认可。且从雪域律师事务所与农行西藏分行营业部签订的有效期自 2004 年 9 月 5 日至 2007 年 9 月 4 日的《聘请常年法律顾问合同》载明的"农行西藏分行营业部委托法律顾问代理诉讼、参与调解、仲裁活动应另行收费。收费必须严格遵守体现风险代理原则。风险代理的范围扩大为所有的案件,实行风险代理的案件,律师的代理工作应负责至案件执行终结或债权的受偿为止。风险代理的案件律师费计算方式为:已收回或挽回的财产额乘以本级收费比例(收费比例详见《律师职业收费标准》)"内容看,双方通常情况下应是以最终案件执行终结或债权受偿时已收回或挽回的财产额作为基数计算律师代理费用的。鉴于本案尚在二审审理期间,对于农行西藏分行营业部最终能够收回的财产额尚未最终确定,律师代理费认定尚无有效依据,且其他差旅费和实现债权的费用因案件并未最终审结以及执行完毕,尚可能继续发生,故本案仅就借款法律关系予以认定,至于律师费、差旅费及其他实现债权的费用,待案件最终执行完毕后,由农行西藏分行营业部根据实际发生情况另行主张,本案对此不做认定。(吉庆公司、华鼎公司与农行西藏分行营业部抵押借款合同纠纷案,【2005】民二终字第 186 号,2006 年第 8 期第 22 页)

第六章　证　　据

40 **【诉前证据保全】**【情况紧急，证据可能灭失或以后难以取得的，可以进行诉前证据保全】

《民事诉讼法》虽未规定当事人可否在诉讼开始以前申请人民法院采取证据保全措施，但其关于诉讼开始以后证据保全的规定精神可以适用于诉讼前保全证据。对于情况紧急，证据可能灭失或者以后难以取得，从而影响当事人向法院提起诉讼的，经当事人申请，法院可以在诉前进行证据保全。（厦门特区锦江贸易公司申请诉前证据保全案，法案例（1993）2-65）

厦门海事法院接到申请人的证据保全申请后，经审查申请人提供的有关资料，认为其怀疑“大丰”轮倒签提单是有依据的。对于诉讼开始以前，当事人可否申请人民法院采取证据保全措施，《中华人民共和国民事诉讼法》虽然没有明确规定，但该法第七十四条关于诉讼开始以后证据保全的规定精神可以适用诉讼前保全证据。鉴于该案情况紧急，如不及时对“大丰”轮的航海资料采取证据保全措施，有关证据可能灭失或者以后难以取得，影响当事人向法院提起诉讼。（厦门特区锦江贸易公司申请诉前证据保全案，1993 年第 2 期第 65 页）

41 **【鉴定结论】**【鉴定结论可以作为认定案件事实、采纳证据和划分责任的依据】

一定的机构经过调查研究，并听取有关专家的意见等作出的鉴定机构，因具有审慎认真、客观全面、科学公正等特性，可以作为法院认定案件事实、采纳证据和划分责任的依据。（西庄村委会诉长岛县海运公司案，法案例（1997）3-103）

一审法院认为，科学院海洋所是我国海洋科学研究的权威性机构，其指派的鉴定人员均具有鉴定能力，且人员构成合理；鉴定人员在鉴定过程中对原、被告双方举证的调查报告及所依据的资料进行了认真的研究和审查，听取了有关专家的意见，因此，其做出的结论审慎认真、客观全面、科学公正，可以作为本案认定事实、采纳证据和划分责任的依据。（西庄村委会诉长岛县海运公司浅滩采砂侵权损害赔偿纠纷上诉案，1997 年第 3 期第 103 页）

42 【航空货运单】【航空货运单的效力】

航空货运单通常是订立合同、接受货物和承运条件的证明，除非有相反的证据。（湖州市汇泰制衣有限公司诉大连华迅国际空运有限公司宁波分公司案，法案例（1998）3-110）

按照意大利代理商陈伟明与汇泰公司商定的贸易条件，订立运输合同并支付运费是买方的义务。据此，陈伟明与I.F.C米兰公司签订了《委托运输合同》，合同内容表明I.F.C公司是本案7票货的缔约承运人、陈伟明是托运人。由于I.F.C公司在出口国中国不具备经营国际货运代理业务的资格，为确保本案货物能及时向航空公司订舱发运，并按照陈伟明的指示货物经布鲁塞尔转运到米兰，I.F.C公司必须委托中国上海和比利时布鲁塞尔的国际货运代理协助完成在当地的运输事宜。本案航空主运单上记载的托运人华迅公司、收货人GONDRAND公司。GONDRAND公司即为I.F.C委托的所在国的发货代理和中转代理。根据GONDRAND公司的证言，该公司是按照I.F.C公司的委托办理本案货物经布鲁塞尔转运到米兰的运输，发生的费用包括关税、税务代理费、航空提货费、单证费、卡车运费都是由I.F.C负责向该公司支付，从不和货主直接联系，所有指令都来自I.F.C公司。该公司与I.F.C间的财务问题已全部结清。关于中方运费问题与该公司无关，应与意大利I.F.C公司解决。GONDRAND公司接受I.F.C公司委托事宜并与I.F.C结算费用是各国国际航空货运代理行业相互委托办理FOB(FCA)货物运输的惯例。作为I.F.C公司发货代理的华迅公司向航空公司支付的空运费亦应向I.F.C收取。虽然本案汇泰公司将货物送到华迅公司在上海虹桥机场的仓库，其名称亦被填入航空分运单托运人栏内，但不能因此认为双方构成委托运输关系。按照本案《委托运输合同》的约定，汇泰公司应向I.F.C公司交付货物。汇泰公司将货物送到华迅公司仓库是按照I.F.C公司要求将货物送到指定地点的行为，并非向华迅公司托运，汇泰公司只是按照陈伟明的指示向I.F.C公司交货的付货人。华迅公司接受货物，填制航空货运单并不是接受汇泰公司的委托，而是作为I.F.C公司的发货代理将I.F.C公司收到的货物向航空公司托运的行为。根据我国参加的《统一国际航空运输某些规则的公约》（即华沙公约）第十一条(1)项规定："在没有相反的证据时，航空货运单是订立合同、接受货物和承运条件的证明"。本案作为东航销售代理的华迅公司虽然签发了航空货运单，但本案有陈伟明与I.F.C米兰公司按照《委托运输合同》履行支付空运费交付货物的事实的相反证据，从而否定了航空分运单作为合同的证明效力。该分运单只是作为证明I.F.C公司收到并发运本案货物的收据。而且华迅公司在1993年5月至9月间陆续发送货物后，一直未将作为运输合同凭证的航空分运单正本托运人联交给汇泰公司，15至21个月后才向汇泰公司主张运费。这种违反华沙公约有关规定和不符合国际航空货运代理行业惯例的做法亦说明华迅公司不认为与汇泰公司之间存在委托运输关系。（湖州市汇泰制衣有限公司与大连华迅国际空运有限公司宁波分公司国际航空货物运输运费纠纷再审案，1998 年第 3 期第 110 页）

43 【举证责任倒置】【期货经纪人应对是否按客户指令入市操作负举证责任】

期货交易的行业特性决定了期货经纪人掌握了期货交易的充分信息，客户与经纪人之间具有信息不对称。对于是否按客户指令入市操作，经纪人负举证责任。（王会文诉珠海市鑫光期货经纪有限公司案，法案例（1999）1-29）

由于该行业的特殊性，客户一般只能通过经纪人了解自己的交易进行的真实情况。因此，当客户怀疑经纪人是否按指令入市操作时，应当由经纪人负举证责任；经纪人提供不出相应的证据时，应当认定其没有入市交易。这里不适用“谁主张、谁举证”的原则。王会文诉称鑫光公司未按其指令入市交易，私下对冲、对赌，对此鑫光公司负有举证责任。（王会文诉珠海市鑫光期货经纪有限公司期货代理纠纷案，1999 年第 1 期第 29 页）

44 【专家的分析意见】【专家的分析意见不是法院判案的依据】

鉴定结论和审计报告是专家的分析意见，可以作为法院判案的参考，但不是依据。是否可以作为证据使用，法院应根据具体情况进行判断。（富士宝家用电器有限公司诉家乐仕电器有限公司案，法案例（1999）2-66）

原审法院事先经过双方当事人的同意委托专家进行鉴定，事后又通知双方当事人对鉴定结论和审计报告进行认证，上诉人家乐仕公司还对上述两份文书分别提出书面意见。鉴定结论和审计报告是专家的分析意见，法院只能将其作为判案的参考，而非依据。家乐仕公司认为法院接受这两份材料不符合法定程序，与事实不符，不予采纳。况且《审计报告》是根据家乐仕公司进货单记载的数量减去被法院查封的产品数量推算出家乐仕公司的销售数量，进而以销售数量乘以每销售一个产品的纯利润得出家乐仕公司的非法利润。这种计算方法比单纯计算家乐仕公司的利润低，对家乐仕公司并无不利，审计结果是合理的。家乐仕公司认为如此计算该公司无利润可言，缺乏证据支持，不予采纳。家乐仕公司自己委托会计审计的结果，是在资料不完整，无法按照正常程序进行审计的情况下得出来的，法院不能作为证据使用。（富士宝家用电器有限公司诉家乐仕电器有限公司专利侵权及侵犯商业秘密纠纷案，1999 年第 2 期第 66 页）

45 【公章】【无法否认公章的真实性且不申请鉴定的，视为公章真实】

担保人虽然否认出具过担保函，但又无法否认其加盖在担保函上的单位公章的真实性，且不申请对公章进行鉴定的，法院应当认定担保人出具过担保函。（东方国际集团上海市对外贸易有限公司诉兰州金城旅游服务（集团）有限责任公司案，法案例（1999）3-102）

最高人民法院认为：本案涉及上海外贸与豪克公司以及上海外贸与金城公司之间两个不同法律关系。关于上海外贸与豪克公司之间的国际货物买卖合同纠纷，业经上海仲裁分会作出（97）沪贸仲字第505号裁决，豪克公司应承担给付上海外贸货款及赔偿损失的民事责任，即主合同债务人债务范围已经确定。因上海仲裁分会的裁决不能涉及仲裁协议之外的当事人，即从合同中的保证人金城公司。上海外贸有权以金城公司为被告，单独就本案保证合同关系向原审法院提起诉讼，要求确认上海外贸与金城公司之间存在保证合同关系并判令金城公司对主债务人豪克公司的债务承担赔偿责任。原审判决业已查明：1995年4月20日的担保函系金城公司出具，金城公司对此未提起上诉，亦未对原审认定的事实提出异议。在本院二审期间，虽然金城公司称该公司未出具担保函，但又对加盖在担保函上的单位公章是否为真实不能作出肯定的回答，且该公司也不申请对此公章进行鉴定，故应认定该担保函系金城公司所出具。关于被保证人豪克公司的名称问题，豪克公司虽有多个中文名称，但均使用同一枚印章，法定代表人亦同为田丰年一人，且金城公司不能举证证明其在匈牙利还开办了第二家豪克公司，应认定担保函上所称被保证人匈牙利金城企业集团欧洲豪克公司即为主合同的债务人豪克公司。上海外贸与金城公司之间已形成保证合同关系，该合同系当事人真实意思表示且不违法，应认定为有效。因此，金城公司的上述辩称均无事实和法律根据，其辩解的理由不予采纳。原审判决认定事实部分不清，适用法律不当，应予纠正。上海外贸的上诉理由成立，应予支持。鉴于本案所涉保函没有约定保证人承担何种保证责任，且该担保行为发生于《中华人民共和国担保法》施行之前，依照本院《关于审理经济合同纠纷案件有关保证的若干问题的规定》第7条关于"保证合同没有约定保证人承担何种保证责任，或者约定不明确的，视为保证人承担赔偿责任"的规定，金城公司应对被保证人豪克公司给付货款及赔偿损失的债务承担赔偿责任。（东方国际集团上海市对外贸易有限公司与兰州金城旅游服务（集团）有限责任公司保证合同关系确认纠纷上诉案，1999年第3期第102页）

46 【间接证据】【间接证据能够相互印证的，才能作为认定事实的根据】

间接证据只有能够相互印证，才能作为认定事实的根据。相互矛盾的间接证

据，不能认定。（巴拿马易发航运公司诉钟孝源等案，法案例(2000)5-171）

本案中关于“汕尾12138”船与“易发”轮发生碰撞的证据，都是间接证据。间接证据只有能够相互印证，才能作为认定事实的根据；相互矛盾的间接证据，不能认定。

国家海洋局南海海洋信息中心关于1992年11月25日发生海事海域的潮流证明，与中、英版海图、潮汐资料、英国海军“PEACOCK”号舰长的证词等证据相互印证，该潮流证明是科学和客观的，当事人各方对此证据从未提出异议，应予采信。原终审判决中提到的“局部海流情况复杂”，缺乏认定根据。

美国军舰“STARLING”号是救助人，其报告救起落水人员的位置为北纬22°09′.3、东经114°33′.1，是第一手原始证据。美舰在约25分钟时间内救起15名落水人员，说明落水人员相距不远，与落水武警战士的证词一致。原终审判决对救起落水人员位置的认定正确。根据参与搜救的英国海军“PEACOCK”号舰长的证词，该舰搜寻新沉船的方法是科学的和客观的；当日及发生本次海事前，没有其他船舶在该水域沉没。因而可以认定“PEACOCK”号舰长指明北纬22°09′.4、东经114°34′.1有一沉船，即为“汕尾12138”船。（巴拿马易发航运公司与钟孝源等船舶碰撞损害赔偿纠纷再审案，2000年第5期第171页）

47 【失去检验条件】【法定鉴定部门在失去检验条件下作出的分析结论无证明力】

非法定鉴定部门的机构作出的鉴定报告不受法院采信。即便属法定鉴定部门，但在被鉴定对象已失去检验条件的情况下作出的推断性分析结论，缺乏证明力。（陈梅金等诉日本三菱汽车工业株式会社案，法案例(2001)2-59）

《中华人民共和国民事诉讼法》第六十四条规定：“当事人对自己提出的主张，有责任提供证据。”上诉人陈梅金、林德鑫主张林志圻是在乘坐被上诉人三菱公司生产的三菱吉普车时，因前挡风玻璃在行驶途中突然爆裂而被震伤致猝死。为此，陈梅金、林德鑫提交了医院诊断、尸表检查结论、事故通知书等证据。这些证据排除了钝器击伤或汽车追尾等外力因素，证实林志圻是在前挡风玻璃突然爆破后因爆震伤死亡，满足产品产生了问题、造成人身伤害、损害事实与产品发生的问题之间存在必然因果关系等三个要件，足以支持陈梅金、林德鑫的主张。

前挡风玻璃突然爆破是否属于该产品的缺陷，是本案双方当事人诉争的焦点。根据产品质量法第二十九条的立法原意，对这一问题的举证责任，应当由生产者承担。生产者如不能证明前挡风玻璃没有缺陷，而是受某一其他特定原因的作用发生爆破，就要承担产品责任。被上诉人三菱公司在本案中提交了前挡风玻璃生产厂家日本旭硝子株式会社出具的两份鉴定报告。由于旭硝子株式会社不是《中华人民共和国民事诉讼法》第七十二条所指的法定鉴定部门，且该单位与鉴定结果存在着利害关系，因此这两份鉴定报告不予采信。国家质检中心虽然是莆田车购办委托的法定鉴定部门，但是国家质检中心出具的报告，是在前挡风玻璃从日本运回中国后已失去检验条件的情况下，仅凭照片和相当破碎的玻璃实物得出的推断性分析结论，并且没有说明致前挡风玻璃突然爆破的外力是什么，对本案事实没有证明力，故也不予采信。（陈梅金、林德鑫诉日本三菱汽车工业株式会社损害赔偿纠纷案，2001 年第 2 期第 59 页）

48 **【种类物】**【不能将对种类物的鉴定结论，作为对特定物鉴定的证据使用】

种类物不能与特定物完全等同，不能以对种类物的鉴定结论等同于对特定物的鉴定结论。（陈梅金等诉日本三菱汽车工业株式会社案，法案例(2001)2-59）

本案唯一证明产品是否存在缺陷的物证——爆破后的前挡风玻璃，莆田车购办在与被上诉人三菱公司约定封存后，曾数次提出要交国家质检中心检验鉴定。三菱公司承诺后，却不经莆田车购办许可，擅自将玻璃运往日本；后虽然运回中国，但三菱公司无法证明运回的是原物，且玻璃此时已破碎得无法检验。三菱公司主张将与事故玻璃同期、同批号生产出来的玻璃提交给国家质检中心进行实物鉴定，遭上诉人陈梅金、林德鑫的反对。由于种类物确实不能与特定物完全等同，陈梅金、林德鑫的反对理由成立。在此情况下，举证不能的败诉责任理应由三菱公司承担。（陈梅金、林德鑫诉日本三菱汽车工业株式会社损害赔偿纠纷案，2001 年第 2 期第 59 页）

49 **【被保险人的举证责任】**【被保险人证明保险事故客观存在，即完成了举证责任】

保险事故发生后，被保险人举出证据证明保险事故客观存在，即完成了举证责任。法律无特别要求被保险人从何处取得证据。（中国抽纱公司上海进出口公司诉中国太平洋保险公司上海分公司案，法案例(2001)3-105）

保险事故发生后，被保险人只要以所举证据证明保险事故客观存在，就完成了举证责任。至于被保险人从何处取得证据，法律没有特别规定。上诉人保险公司认为被上诉人抽纱公司必须提交责任方出具的证明才能索赔，其理由不能成立。（中国抽纱公司上海进出口公司诉中国太平洋保险公司上海分公司海上货物运输保险合同纠纷案，2001 年第 3 期第 105 页）

50 **【身份信息】**【身份证号码和股东代码不是绝密信息】

自然人的身份证号码和股东代码不是他人无法知晓的绝密信息。因此，即使在向证券公司办理大额取款预约手续时填写的预约单和取款凭条上的身份证号码、股东代码与自然人使用的一致，也不能证明填写预约单和取款的行为是该自然人所为。对于为什么上述号码会一致，应由证券公司举证。（王高武诉云集路证券营业部案，法案例(2001)5-167）

即使身份证和股东代码卡从未丢失，身份证号码和股东代码也不是除本人以外其他人无法知晓的绝密信息。因此取款预约单和取款凭条上填写的号码与王高武使用的一致，不能证明"是王高武所为"。云集路营业部要以此为由来反驳对方，还需提交确凿的证据。这个问题不是王高武的主张，不能倒置由王高武承担"为什么一致"的举证责任。云集路营业部没有充分的证据来证明"是王高武所为"，只能认定其主张不成立。（王高武诉云集路证券营业部股票纠纷案，2001 年第 5 期第 167 页）

51 **【诉讼时效起算点】**【出版物侵犯名誉权的，法院应根据具体情况确定诉讼时效的起算点】

出版物侵犯名誉权的，诉讼时效起算点应当根据具体情况进行判断，不必然以出版物的出版发行时间作为计算诉讼时效的起算点。（彭家惠诉《中国故事》杂志社案，法案例(2002)6-196）

1998 年第 4 期《中国故事》虽然于当年 7 月 1 日起在四川省成都市正式发行，但刊物的影响和发行范围是有限的，不能认为刊物出版后，社会公众都应该知道所刊载的内容，从而把刊物的出版发行时间作为计算诉讼时效的起算点。由于被告杂志社无法证明彭家惠在 1999 年 7 月以前已经知道小说《祸祟》的内容，原告举证是在 2000 年 4 月其他亲属接到一封读者来信后才知道小说《祸祟》的内容，鉴于彭家惠当时已年过九旬，又没有文化，她的主张更符合情理，应予认定。原告彭家惠在其亲属与被告杂志社协商未果的情况下，于 2001 年 7 月向法院提起诉讼，符合法律规定的诉讼时效期限。（彭家惠诉《中国故事》杂志社名誉权纠纷案，2002 年第 6 期第 196 页）

52 **【现金清点】**【银行支付给储户的现金以当面清点的金额为准】

储户在银行取款，银行工作人员应当当面清点现金，并以当面清点的金额为准。银行有关每把纸币为 100 张的规定，仅是银行内部对收入现金进行清点及封存的标准，是银行系统的内部规定。银行向储户支付现金，不能以"把"数为计量单位。（中国建设银行石林县支行诉杨富斌案，法案例(2003)6-24）

在本案中，双方争议的焦点是取款的数额问题。直接决定取款数额的，是纸币的种类及数量。双方当事人均认可当日取款时有 10 张零散的 100 元面额纸币，4

把打着封条的纸币，只是对其中两把100元面额的纸币，每把应有多少张存在争议。这个争议决定着上诉人杨富斌是否多领取1万元现金。被上诉人石林建行既然起诉主张杨富斌多领取了1万元现金，就要对杨富斌领取的两把100元面额纸币每把肯定是100张负举证责任。石林建行根据《全国银行出纳基本制度》中对成把纸币张数的规定，主张杨富斌领取的100元面额纸币每把也是100张。该出纳制度的第八条规定："付出现金要当面点交清楚，银行封签（包括原封新票币）对外无效"，第十条也规定："凡收入的现金，必须进行复点整理，未经复点不得对外支付和解缴人民银行发行库。"这些说明，每把纸币为100张的规定，仅是银行内部对收入现金进行清点及封存的标准，是银行系统的内部规定，只对银行系统内部的出纳工作具有规范作用。虽然双方当事人对领取纸币的把数无异议，但银行向储户支付现金，不能以"把"数为计量单位。对支付给储户的现金，必须当面清点，并以当面清点的金额为准。石林建行的举证，虽然能够证实储蓄所的工作人员给杨富斌支付了4把封好的现金，却不能确切地证实所支付现金每把都是100张，故无法证实当时杨富斌领取的现金是3.1万元。另外，从当日杨富斌取款所填写的取款凭条及储蓄所内部记录的流水账中，均只能证实杨富斌的取款金额是2.1万元。所以，石林建行认为杨富斌取走了3.1万元，主张其获得1万元的不当得利，该主张没有充分的证据，故依法不予支持。原审法院认定事实不清，适用法律不当，应依法改判。（中国建设银行石林县支行诉杨富斌不当得利纠纷案，2003年第6期第24页）

53 【与常理相悖】【不能采信与常理相悖的证言】

证人证言与常理相悖的，不予采信。（周培栋诉江东农行案，法案例（2006）2-44）

最高人民法院《关于民事诉讼证据的若干规定》第七十三条第一款规定："双方当事人对同一事实分别举出相反的证据，但都没有足够的依据否定对方证据的，人民法院应当结合案件情况，判断一方提供证据的证明力是否明显大于另一方提供证据的证明力，并对证明力较大的证据予以确认。"证人万孝喜证实，被上诉人周培栋发现借记卡被他人调包后，立即向上诉人江东农行的营业员提出挂失，营业员要求周培栋持与借记卡配套的存折去原开户行进行挂失，这是造成迟延挂失的原因。而江东农行以证人彭小玲的证言予以反驳。彭小玲的证言称，其已及时提醒周培栋在该分理处办理挂失手续，周培栋予以拒绝，因此迟延挂失。证人万孝喜是周培栋雇用的摩托车司机，证人彭小玲则是江东农行的营业员，与江东农行存在利害关系。结合周培栋于19日13时20分离开火车站分理处，13时47分即赶到乐群里分理处口头挂失的事实，分析两位证人的证言，在借记卡被盗，卡内存款随时有丢失风险的情况下，如果彭小玲的证言属实，周培栋何必舍近求远地办理挂失手续？故不能采信这个与常理相悖的证言。而对于证人万孝喜关于迟延挂失的原因是“营业员要求周培栋持与借记卡配套的存折去原开户行进行挂失”的证言，应当予以确认。在周培栋能提供身份证和个人密码的情况下，江东农行营业员没有按照《中国农业银行金穗借记卡章程》第九条规定及时给其办理电话挂失，是造成周培栋卡内存款被盗取的主要原因。（周培栋诉江东农行储蓄合同纠纷案，2006 年第 2 期第 44 页）

54 【新证据】【新证据是一审中无法调取、二审才有条件调取的证据】

当事人在二审期间提交的证据，客观上不存在一审中无法调取、二审才有条件调取的情况的，不应作为新的证据来认定。（吴文景等诉厦门市康健旅行社有限公司等案，法案例（2006）6-28）

上诉人牛姆林公司在二审期间提交的证据，均系向专业单位调取的证明，这些证明客观上不存在一审中无法调取、二审才有条件调取的情况，根据最高人民法院《关于民事诉讼证据的若干规定》第四十一条第一款第二项的规定，不应作为本案新的证据，被上诉人吴文景等对这些证据也不予确认。另外，厦门市气象台的证明只能说明飑线在永春境内的出入时间，并没有确定飑线到达本案事故发生地的准确时间；永春县气象局的说明和福建省气象台的证明虽然都证实厦门市气象台拥有全省最先进的雷达系统，主张应以厦门市气象台的气象记录为准，但对厦门市气象台的服务范围能否涵盖永春县却没有证据加以证明，且福建省气象台的证明内容也与厦门市公证处就事故现场证据保全作出的公证书内容存在矛盾，故均不足以推翻一审判决对事实的认定；至于福建闽林司法鉴定中心出具的［2005］林鉴字第 57 号鉴定意见书，因该鉴定机构未经双方当事人认可，鉴定的时间、地点、样品等事项也未经双方当事人确认，故其鉴定结论也不能作为本案的证据。（吴文景、张恺逸、吴彩娟诉厦门市康健旅行社有限公司、福建省永春牛姆林旅游发展服务有限公司人身损害赔偿纠纷案，2006 年第 6 期 28 页）

55 【理论学说】【与法律相悖的理论、学说，不能作为断案的依据】

人民法院审理案件，应当以事实为依据，以法律为准绳。与法律相悖的理论、学说，不能作为人民法院裁判的依据。（李思佳诉西陵人保公司案，法案例（2006）7-38）

人民法院审理案件，严格遵守“以事实为依据，以法律为准绳”的原则，与法律相悖的理论、学说，不能作为断案的依据。（李思佳诉西陵人保公司人身保险合同纠纷案，2006 年第 7 期 38 页）

56 **【医疗费票据复印件】**【不能以医疗费票据复印件不是有效票据不予理赔】

在处理人身保险赔偿时，被保险人提供的证据能够确认保险事故及相关费用已经发生的，保险人应当按照保险合同履行给付保险金的义务，不应以被保险人是否出具相关费用单据原件为必备条件。保险人对保险责任范围内的索赔，只有在法律和保险合同有明确规定的情况下，才能予以拒赔。（李思佳诉西陵人保公司案，法案例(2006)7-38）

四、关于上诉人能否以医疗费票据复印件不是有效票据为由拒绝理赔

上诉人西陵人保公司在一审提出，要求被保险人提供医疗费原始凭证，是为了确认被保险人的损失是否已经获得赔偿，从而对重复理赔行为加以控制。根据保险法第二十三条第一款的规定，保险事故发生后，依照保险合同请求保险人赔偿或给付保险金时，投保人、被保险人或者受害人应当向保险人提供其所能提供的与确认保险事故性质、原因、损失程度等有关的证明和资料。因此，在处理人身保险赔偿事宜时，只要被保险人提供的有关证明和资料能够确认保险事故及相关费用已经发生，保险公司就应按照保险合同履行给付保险金的义务，而不应以被保险人是否出具相关费用单据原件为必备条件。对于保险责任范围内的索赔，保险公司只有在相关法律和保险合同有明确规定的情况下，才能予以拒赔。本案保险人对于被保险人发生保险事故的事实并不否认，而以医疗费票据复印件不是有效票据为由不予理赔，没有法律依据，且如前所述，本案中意外伤害医疗保险属于人身保险，法律并不禁止在该种保险中重复投保，重复理赔，被告不能举证证明自己对投保人明确说明第三人已经赔偿或理赔是免责事由，而以要求被保险人提供医疗费用单据原件的方法对重复理赔加以控制，没有法律依据，不予支持。（李思佳诉西陵人保公司人身保险合同纠纷案，2006 年第 7 期 38 页）

57 **【传真】**【提交了传真已成功发送的证明，完成了举证义务】

当事人称其向对方当事人发送了传真，并提交了传真已成功发送的证明的，即完成了自己的举证义务。对方当事人无法证明存在未收到传真的客观原因，或者证明收到的传真与该当事人主张的传真内容不同的，应当认定其已接收上述传真。（连云港外代公司诉连云港港务局等案，法案例(2006)7-42）

上诉人连云港外代公司主张，为防止货物在没有正本提单的情形下被提取，其向被上诉人连云港港务局发出过传真，但连云港港务局对该传真置之不理，以至酿成无单放货，连云港港务局未尽到特别注意义务，主观上存在过错。连云港港务局不承认收到连云港外代公司发送的传真，认为即便其收到过该传真，也不能用来对

抗盖有海关同意放行章的提货单效力。对连云港外代公司的传真是否发送到连云港港务局，连云港外代公司提交了该传真已成功发送的证明，完成了自己的举证义务；连云港港务局虽然不承认收到过该传真，但不能以证据证明存在着未收到的客观原因，或者证明收到的传真与连云港外代公司主张的传真内容不同，故应当认定该传真已由连云港港务局接收。连云港外代公司的传真内容为“恳请贵司在未接到我司的书面指示下，请不予放货给收货人”，其中“书面指示”一词指代不明，任何书面指令（包括本案的提货单），都可以被看作是连云港外代公司的“书面指示”。鉴于在传真中，连云港外代公司并未明确指示其签发的涉案提货单不能用于提货，故连云港港务局依据该提货单放行货物，不违背传真所能表达的意思，并无过错。连云港外代公司欲以其发出的传真来加重连云港港务局的审核义务，理由不能成立。（连云港外代公司诉连云港港务局、港明实业公司、港明贸易公司无单放货侵权赔偿纠纷案，2006 年第 7 期 42 页）

58 **【举证不能】**【销售者对其行为不构成欺诈举证不能的，应当承担不利后果】

消费者主张销售者的行为构成欺诈并提交了相应的证据，销售者有异议的，应当就其行为不构成欺诈承担举证责任。销售者无法举证的，应承担举证不能的不利后果。（张志强诉徐州苏宁电器有限公司案，法案例（2006）10-32）

根据消费者权益保护法第一条的规定，该法的立法目的是为保护消费者的合法权益，维护社会经济秩序，促进社会主义市场经济健康发展。再审申请人张志强主张被申请人苏宁公司的行为构成欺诈、应当承担惩罚性赔偿责任，并提交了相应的证据，苏宁公司如有异议，应就其行为不构成欺诈承担举证责任。苏宁公司提供的第二台冰箱的储存单、提货单及送货人的证言，仅表明其送货的过程，并不能证明第二台冰箱为全新的机器，其提交的证据缺乏证明力，应承担举证不能的不利后果。二审判决确有错误，依法应予改判。（张志强诉徐州苏宁电器有限公司侵犯消费者权益纠纷案，2006 年第 10 期第 32 页）

59 **【在境外采集的证据】**【境外采集的证据经公证、认证的，应予认可】

当事人在我国境外采集的证据，应当履行公证、认证手续。（星源公司等诉上海星巴克等案，法案例（2007）6-35）

……2. 对数量众多的文件进行公证时，当事人出于便利或根据特殊需要可以对被公证文件进行分册装订，但应符合公证的程序要求。由于本案被公证文件数量众多，星源公司在进行公证时，对被公证文件进行了分别装订。对于分别装订的文件，公证书中列有清单。经审查，清单所列文件名称与被公证文件一一对应，也办理了认证手续，因此，上述公证文件符合程序要求；3. 根据最高人民法院《关于民事诉讼证据的若干规定》（以下简称民事诉讼证据规则）第十一条的规定："当事人向人民法院提供的证据系在中华人民共和国领域外形成的，该证据应当经所在国公证机关予以证明，并经中华人民共和国驻该国使领馆予以认证，或者履行中华人民共和国与该所在国订立的有关条约中规定的证明手续。当事人向人民法院提供的证据是在香港、澳门、台湾地区形成的，应当履行相关的证明手续。"本案中，鉴于"STARBUCKS"商标最早在美国注册，星源公司又是在美国注册的公司，其商业经营及商标管理中心均在美国，原告在美国收集商标权利相应证据并无不妥。原告对在美国、香港采集的证据均履行了公证、认证手续，应予认可。对于在中国境内通过因特网采集的源自境外网站的信息证据，原告在中国通过公证的形式加以固定，符合民事诉讼证据规则的规定。综上，被告上海星巴克、上海星巴克分公司关于原告提供的部分证据的真实性的异议不能成立。（星源公司、统一星巴克诉上海星巴克、上海星巴克分公司商标侵权及不正当竞争纠纷案，2007 年第 6 期第 35 页）

60 **【视为举证不能】**【侵权人无正当理由拒绝提供软件源程序以供比对的，视为举证不能】

在计算机软件侵权纠纷中，被侵权人要求比对软件源程序，侵权人无正当理由拒绝提供软件源程序以供直接比对，在有鉴定结论称侵权的软件源程序与被侵权的软件源程序实质性相同的情况下，侵权人应当承担举证不能的不利后果。（石鸿林诉泰州市华仁电子资讯有限公司案，法案例(2009)3-41）

本案的核心问题在于比对涉案 HR-Z 型控制器计算机软件是否侵犯上诉人石鸿林享有著作权的 S 系列软件著作权。鉴于被上诉人华仁公司无正当理由拒绝提供软件源程序以供直接比对，因此石鸿林有关比对双方软件是否存在共同缺陷及运行特征的请求应予采纳。根据本案二审查明的事实，上诉人提供的 HX-Z 软件属于其对 S 系列软件的改版，而根据中国版权保护中心版权鉴定委员会作出的 HX-Z 软件源程序与 S 系列软件源程序实质性相同的鉴定结论，可以证明这两个系统软件本身也构成实质性相同，故 HX-Z 软件源程序可以作为石鸿林主张著作权的依据与被控侵权的 HR-Z 软件进行比对。

……在上诉人石鸿林提供了初步证据证明其诉讼主张的情形下，完全可以证明被上诉人华仁公司持有但拒不提供的源程序的内容不利于华仁公司，经法院反复释明，华仁公司最终仍不提供被控侵权的 HR-Z 软件源程序以供比对，故依法应当承担举证不能的不利后果。（石鸿林诉泰州市华仁电子资讯有限公司著作权侵权纠纷案，2009 年第 3 期第 41 页）

61 【司法鉴定】【申请司法鉴定，应当提交书面申请并预交相应鉴定费用】

当事人申请司法鉴定的，应当在一定期限内向法院提交书面申请并预交相应鉴定费用，否则视为放弃司法鉴定申请。（香港新建业有限公司等诉上海新建业有限公司等案，法公字(2004)第1-20号）

二审庭审时，上海新建业公司当庭口头申请对“说明(一)”中代表伟成公司的李琛签字的真实性进行司法鉴定，但上海新建业公司未能在其承诺的期限内向本院提交书面申请以及预交相应鉴定费用，应认定其放弃司法鉴定申请。（香港新建业有限公司等诉上海新建业有限公司等欠款担保纠纷案，【2001】民四终字第13号，2004年第1期第20页）

62 【法院调查收集的证据】【漏瞒报影片票房收入，不属于应当由人民法院调查收集的证据】

当事人及其诉讼代理人因客观原因不能自行收集的证据，或者人民法院认为审理案件需要的证据，人民法院应当调查收集。电影票房收入的漏瞒报情况，不属于上述应当由人民法院调查收集的证据。（国际华侨公司诉长江影业公司案，法公字(2004)第5-14号）

本案中举证责任主体的确定是查明案件事实的前提。投资公司向本院提出对江苏全省放映《下》片的票房收入进行全面调查取证的请求，本院不予采纳。首先，涉及该事实的证据不属于当事人因客观原因无法自行收集的证据。投资公司已经向法院提交了1095份证明漏瞒报情况的调查表，说明该证据并非其无法收集，只是因调查范围广，欲全面、准确收集存在困难。而投资公司举证的困难，是其在与长江公司签订合同时应当预见到的。其次，该证据亦非属于人民法院因审理案件需要而必须自行收集的证据。合同明确约定，长江公司对投资公司查出漏瞒报数额承担10倍赔偿责任，投资公司依照合同约定可以获得10倍经济赔偿。根据权利义务对等原则，投资公司亦应当按照合同约定承担举证责任。人民法院应当对投资公司所提交的证明漏瞒报数额的证据予以审查核实，而不是代替投资公司履行举证义务。原审法院已经就投资公司所提供的一千余份调查表的真实性进行了审查核实，如果由二审法院调查收集投资公司举证范围之外的其他证据，实际上是代替投资公司履行举证义务，不仅违背了当事人之间的约定，也有悖于法院作为司法机关的中立地位，对另一方当事人亦不公平。第三，根据本案具体情况和当事人之间的约定，全面、准确查清漏瞒报数额不仅难以实现，而且由于10倍赔偿责任的约定已经使投资公司在不能全面查清漏瞒报数额的情况下，仍可以较大程度地弥补其经济损失，故也不是审理本案所必须的。因此，本案关于证明《下》片票房收入漏瞒报事实的证据,不属于《中华人民共和国民事诉讼法》第六十四条第二款所规定的应当由人民法院调查收集的证据,本院对投资公司请求本院调查取证的申请不予支持。(国际华侨公司诉长江影业公司影片发行权许可合同纠纷案,【2001】民三终字第3号,2004年第5期第14页)

63 **【涉密的证据】**【要求保密的工艺方法等证据资料,应当予以质证】

专利侵权纠纷案中,涉及专利或有关产品制造方法等的证据材料应当按照法律规定进行质证。但是,为保护当事人的合法权益,法院应当根据当事人的申请采取不公平审理的方式,并要求相关诉讼参加人承担保密义务。(伊莱利利公司诉豪森制药公司案,法公字(2004)第6-9号)

根据《中华人民共和国专利法》第五十七条第二款的规定,被上诉人豪森公司应当提供其盐酸吉西他滨产品制造方法不同于专利方法的证明。《中华人民共和国民事诉讼法》第六十六条规定:"证据应当在法庭上出示,并由当事人互相质证","对涉及国家秘密、商业秘密和个人隐私的证据应当保密,需要在法庭出示的,不得在公开开庭时出示"。上述法律规定,在程序上给予上诉人伊莱利利公司要求被控侵权方有效披露完整的涉及该新产品制造方法的证据材料并进行质证的权利,给予被上诉人要求上诉人对披露的证据中涉及商业秘密的内容进行保密的权利;在实体上对当事人在诉讼中披露商业秘密可能受到的损害也充分给予了考虑,在保障当事人合法诉讼权利的同时对当事人的实体民事权益提供有效保护。

对被上诉人豪森公司提交的要求保密的制备盐酸吉西他滨产品的工艺方法资料,也应当依照上述法律规定进行质证。只有在双方当事人对证据进行质证的基础上,才能够对被控侵权方法与专利方法是相同、等同还是不同作出正确的判断。因此,本院在审理本案过程中,根据被上诉人豪森公司的申请采取不公开审理的方式,并要求上诉人伊莱利利公司法定代表人、委托代理人以及其他参与诉讼的人员承担保密义务,不得将通过诉讼程序获得的属于豪森公司商业秘密的技术信息用于诉讼以外的商业用途,否则将追究其法律责任。上述庭审质证方式,既能保障上诉人伊莱利利公司依法获得涉及被控侵权方法的证据材料进行质证的诉讼权利,同时也能避免被上诉人豪森公司所称其商业秘密因诉讼程序而泄露,保护豪森公司的合法利益。但是本院在二审中的努力,仍不能弥补一审在程序上的缺陷。(伊莱利利公司诉豪森制药公司专利侵权纠纷案,【2002】民三终字第8号,2004年第6期第9页)

64 【质证】【不能举证推翻他方出具的证据，又放弃对该证据进行鉴定审计的，可以将其作为认定案件事实的证据】

证据应当经当事人质证。当事人在一审时放弃对某证据进行质证的权利，二审期间对证据内容的真实性表示质疑，但未能提供反证，且又放弃对该证据进行鉴定审计的，法院可以确认该证据作为认定案件事实的证据。（西能科技公司诉国泰君安证券公司案，法公字（2004）第8-16号）

西能公司在一审中已放弃对该股票对账单进行质证的权利，在二审庭审中对上述对账单的内容的真实性虽表示质疑，但其不能提供反证推翻国泰君安公司所出具的证据，又放弃了对上述证据进行鉴定审计的诉讼权利，故，本院确认该股票对账单可以作为认定本案事实即《资产管理委托协议书》终止时委托资产余额的证据。原审法院对本案证据的质证活动，符合证据规则，西能公司关于原审庭审质证违反证据规则的主张没有事实依据，本院不予采信。（西能科技公司诉国泰君安证券公司委托管理资产合同纠纷案，【2003】民二终字第182号，2004年第8期第16页）

65 【二审证据】【当事人在二审中提供的证据，法院可以根据个案情况予以审查和采信】

对于当事人在二审中提供的证据材料，法院可以根据个案情况决定主持质证。另一方当事人以已超过举证期限为由不同意质证的，不影响法院根据个案情况对证据材料予以审查和采信。（东方公司广州办事处诉中山市工业原材料公司等案，法公字（2005）第6-11号）

关于建设总公司应否对上述325万美元承担担保责任问题。原审判决判令建设总公司对上述借款不承担担保责任的理由就是债权人没有在保证期间内向其主张权利。二审质证时，广州办事处向本院提交了两份载明时间为1998年6月16日，催款金额分别为1611031.25美元和325万美元的《催收通知书》，以此证明其向主债务人原材料公司和保证人建设总公司主张权利没有超过二年诉讼时效和二年保证期间。虽然原材料公司和建设总公司不同意对上述证据材料进行质证，但也认可其曾分别以借款人和保证人的身份在该《催收通知书》上签字盖章。本院认为，由于本案系二审，对于当事人在二审中提供的证据材料，本院可以根据个案情况决定主持质证。原材料公司和建设总公司以广州办事处直至二审期间才提供上述证据材料，已超过举证期限为由，不同意质证，并不影响本院根据个案情况对上述证据材料予以审查和采信。因原材料公司和建设总公司对其在《催收通知书》上加盖公章一事予以认可，故应当认定该《催收通知书》是真实的。广州办事处向主债务人原材料公司和保证人建设总公司主张权利没有超过二年诉讼时效和二年保证期间。建设总公司应当对上述325万美元的借款本息承担连带责任。(东方公司广州办事处诉中山市工业原材料公司等借款担保合同纠纷案,【2004】民二终字第207号,2005年第6期第11页)

66 **【间接证据】**【间接证据形成证据链条,能够证明案件事实】

虽无直接证据,但相关间接证据已经形成证据链条的,可以认定案件事实,并据此要求当事人承担相应责任。(东方公司广州办事处诉中山市工业原材料公司等案,法公字(2005)第6-11号)

关于1611031.25美元借款是否已经发放以及建设总公司应否承担担保责任问题。本案虽没有直接证据证明中山中行直接或通过案外人汕尾建行向原材料公司发放了150万美元贷款(后包括利息表述为1611031.25美元),但根据本院二审查明的事实,即原材料公司向中山中行申请贷款的报告、中山中行与汕尾建行签订的《拆借合同》、《中山中行的报告》、中山中行向汕尾建行的还款凭证以及中山中行多次向原材料公司和建设总公司发出的《催收通知书》,上述间接证据已经环环相扣,形成了一个证据链条,足以证明中山中行已经发放了该笔贷款并享有该笔债权。故原材料公司应当对该笔贷款承担偿还责任,建设总公司应当承担连带责任。(东方公司广州办事处诉中山市工业原材料公司等借款担保合同纠纷案,【2004】民二终字第207号,2005年第6期第11页)

67 **【证明力的削弱】**【削弱他方证据的证明力,不必然能作出有利于已方的认定】

双方当事人对同一事实分别举出相反的证据,但都没有依据否定对方证据的,由对案件事实负有举证责任的一方承担举证不力的责任。(君信创业公司诉绿谷伟业公司等案,法公字(2005)第6-19号)

被上诉人提供了其与宁夏绿谷药业公司之间的《兑账单》、公司登记管理机关备案的相关验资报告、被上诉人向第三人的出资凭证、收据和由第三人各方股东共同委托的中介机构出具的审计报告等证据证明其完全真实足额地履行了增资义务。上诉人对被上诉人所提供的证据的证明力不予认可,认为该等文件系由被上诉人及由其控股的公司单方制作或单方委托中介机构出具,均可以伪造或按照被上诉人的意志出具,并请求被上诉人提供其原始的财务账目。针对被上诉人拒不提供其原始账目的行为,上诉人主张适用推定规则,认为上诉人应当提供其财务账目,但其拒不提供,说明该财务账目对其不利,应当推定上诉人主张成立。为此,本院认为,上诉人对被上诉人系列证据证明力的否认以及被上诉人拒不提供原始财务账目的行为，在一定程度上削弱了被上诉人提供的证据的证明力，但并不能必然推导出被上诉人虚假出资的结论。

本院认为，双方当事人对同一事实分别举出相反的证据，但均没有足够的依据否定对方证据，因证据的证明力有限，不能作出对上诉人有利的认定，且君信公司在一、二审中均未对绿谷伟业公司是否构成瑕疵出资申请委托审计，亦未进一步举出对己方有利的证据，故其上诉理由与请求不能成立，本院予以驳回。原审法院认定事实与本院所查明事实基本吻合，且适用法律正确，原审判决应予维持。根据本院《关于民事诉讼证据的若干规定》第七十三条、第二条的规定，应由对本案事实负有举证责任的上诉人君信公司承担举证不力的责任。（君信创业公司诉绿谷伟业公司等出资合同纠纷案，【2004】民二终字第260号，2005年第6期第19页）

68 【随机单证】【随机单证具有不可替换性】

随机单证是商品的身份证明，与商品一一对应，具有不可替换性。商家在出售商品时应当提供相应的随机单证。未提供亦未能在法院审理期间出示该随机单证的，商家应当承担不利的后果。（张志强诉徐州苏宁电器有限公司案，法案例(2006)10-32）

对此法院认为，随机单证是商品的身份证明，与商品一一对应，具有不可替换性。苏宁公司的上述主张既不符合常理，也与商品单证的特性不符，且苏宁公司在本案一审、二审乃至再审期间始终未出示该随机单证，不能确定第二台冰箱是否附有随机单证，亦即不能确定第二台冰箱是未经使用过的新机器，故对苏宁公司的抗辩主张不予支持。（张志强诉徐州苏宁电器有限公司侵犯消费者权益纠纷案，2006年第10期第32页）

69 【取证方式】【违法取证方式所获取的证据，不予认定】

采取的取证方式本身违法，即使其为公证方式所证明，所获取的证据亦不能作为认定案件事实的依据。非法证据因其为公证所证明而取得合法性，不利于制止违法取证行为和保护他人合法权益。

由于社会关系的广泛性和利益关系的复杂性，除另有明文规定外，法律对于违法行为不采取穷尽式的列举规定，而存在较多的空间根据利益衡量、价值取向来解决。对于法律没有明文禁止的行为，主要根据该行为实质上的正当性进行判断。

计算机软件著作权侵权行为具有隐蔽性较强、取证难度大等特点，采取公证取证方式，有利于解决此类案件取证难问题，起到威慑和遏制侵权行为的作用，符合依法加强知识产权保护的法律精神，取证方式合法有效。（北大方正公司等诉高术天力公司等案，法公字(2006)第11-25号）

关于本案涉及的取证方式是否合法问题根据民事诉讼法第六十七条的规定，经过公证程序证明的法律事实，除有相反证据足以推翻的外，人民法院应当作为认定事实的根据。高术天力公司安装盗版方正软件是本案公证证明的事实，因高术公司、高术天力公司无相反证据足以推翻，对于该事实的真实性应予认定。以何种方式获取的公证证明的事实，涉及取证方式本身是否违法，如果采取的取证方式本身违法，即使其为公证方式所证明，所获取的证据亦不能作为认定案件事实的依据。因为，如果非法证据因其为公证所证明而取得合法性，那就既不符合公证机关需审查公证事项合法性的公证规则，也不利于制止违法取证行为和保护他人合法权益。二审法院在否定北大方正公司取证方式合法性的同时，又以该方式获取的法律事实经过公证证明而作为认定案件事实的依据，是不妥当的。在民事诉讼中，尽管法律对于违法行为作出了较多的明文规定，但由于社会关系的广泛性和利益关系的复杂性，除另有明文规定外，法律对于违法行为不采取穷尽式的列举规定，而存在较多的空间根据利益衡量、价值取向来解决，故对于法律没有明文禁止的行为，主要根据该行为实质上的正当性进行判断。就本案而言，北大方正公司通过公证取证方式，不仅取得了高术天力公司现场安装盗版方正软件的证据，而且获取了其向其他客户销售盗版软件，实施同类侵权行为的证据和证据线索，其目的并无不正当性，其行为并未损害社会公共利益和他人合法权益。加之计算机软件著作权侵权行为具有隐蔽性较强、取证难度大等特点，采取该取证方式，有利于解决此类案件取证难问题，起到威慑和遏制侵权行为的作用，也符合依法加强知识产权保护的法律精神。此外，北大方正公司采取的取证方式亦未侵犯高术公司、高术天力公司的合法权益。北大方正公司、红楼研究所申请再审的理由正当，应予支持。据此，本案涉及的取证方式合法有效，对其获取证据所证明的事实应作为定案根据。二审法院关于“此种取证方式并非获取侵权证据的唯一方式，且有违公平原则，一旦被广泛利用，将对正常的市场秩序造成破坏”的认定不当。（北大方正公司、红楼研究所与高术天力公司、高术公司计算机软件著作权侵权纠纷案，【2006】民三提字第 1 号，2006 年第 11 期第 25 页）

70 **【工程款数额】**【不同意承包人以竣工结算文件作为确认工程款数额的基础的，发包人应提出相反证据或进行鉴定】

在建设工程施工合同纠纷中，承包人向发包人报送竣工结算文件，并以其作为确认工程款数额基础，发包人未在法院指定的举证期限内提出相反的证据或者申请鉴定，在法院同意就与工程款有关的问题进行鉴定后，未在法院负责对外委托鉴定工作的部门指定的期限内交纳鉴定费，致使鉴定工作未能进行的，应承担举证不能的后果。（江西圳业房地产开发有限公司诉江西省国利建筑工程有限公司案，法

公字(2007)第6-21号)

关于一审判决适用最高人民法院《关于审理建设工程施工合同纠纷案件适用法律问题的解释》第二十条之规定是否正确的问题。适用本条司法解释的前提条件是，当事人之间约定了发包人收到竣工结算文件后，在约定的期限内不予答复，则视为认可竣工结算文件。本案当事人只是选择适用了建设部制定的建设工程施工合同格式文本，并没有对发生上述情况下是否以承包人报送的竣工结算文件作为工程款结算依据一事作出特别约定。因此，不能以该格式合同文本中的通用条款第33条第3款之规定为据，简单地推定出发包人认可以承包人报送的竣工结算文件为确定工程款数额的依据。

之所以维持一审判决以国利公司向圳业公司报送的竣工结算文件作为确认工程款数额基础的结论，是因为在一审诉讼中，国利公司将该竣工结算文件作为确定工程款数额的证据提交后，圳业公司没有在一审法院指定的举证期限内提出相反的证据，亦未在这一期限内申请鉴定。在一审法院同意就与工程款有关的问题进行鉴定后，圳业公司以不同意一审法院确定的鉴定范围为由，未在一审法院负责对外委托鉴定工作的部门指定的期限内交纳鉴定费，致使鉴定工作未能进行，应承担举证不能的后果。（江西圳业房地产开发有限公司与江西省国利建筑工程有限公司建设工程施工合同纠纷案，【2006】民一终字第52号，2007年第6期第21页）

71 **【约定的标准】**【法院可以采信按当事人约定的标准进行鉴定的结论】

当事人同意就工程造价按约定的定额标准进行鉴定，意味着如无充分证据足以否定鉴定结论，法院应当采信该鉴定结论。（金坛市建筑安装工程公司诉大庆市庆龙房地产开发有限公司案，法公字(2007)第7-17号)

(2) 关于工程所用材料价格如何确定问题。庆龙公司主张，金坛公司在供料单上签字，意味着其对供料单载明价格、数量等的认可，是对原材料按定额计价约定条款的变更，故材料总价款应根据双方签字认可的供料单计算。而且一审庭审时金坛公司自认领取3600万元土建部分材料总价也高于3200万元的鉴定结论，判决不应简单地按照鉴定结论加以认定。金坛公司认为双方关于材料价格明确约定按定额计算，后来对此问题未作任何改变，供料单仅能证明材料数量的交付，不能据此认定材料价格。双方对材料价格认识不一致，金坛公司的主张符合双方约定，应予采信。金坛公司一审庭审时虽然有过承认领取3600万元材料的意思表示，但同时亦表示材料问题愿意通过鉴定解决。庆龙公司既然也同意就工程造价按约定的定额标准进行鉴定，意味着如无充分证据足以否定鉴定结论，一审判决对鉴定结论予以采信是正当的。另外，庆龙公司主张双方约定工程造价下浮并不包含下浮材料价格，一审判决认定材料价格下浮，损害了庆龙公司的合法权益。双方约定扣除计划利润、管理费、税金后，工程造价高层下浮9%，裙房下浮8%。因双方约定工程造价下浮前予以扣除的项目并不包含材料价款，且材料价款为工程造价重要组成部分，故工程造价整体下浮，材料价款亦应下浮。一审法院采信由鉴定机构作出下浮后的材料价格进行材料退价分析，是正确的。（金坛市建筑安装工程公司与大庆市庆龙房地产开发有限公司建设工程结算纠纷案，【2004】民一终字第118号，2007年第7期第17页）

72　**【举证责任】**【不是全船属于修理厂控制范围内发生火灾的，船方负举证责任】

船舶在修理厂进行修理，但并非全船都在修理。在船员始终保持全编在岗状态情况下发生的火灾，船方主张修理厂对火灾损失承担违约责任的，应当对以下问题承担举证责任：（1）起火点位于船舶修理合同范围之内；（2）修理厂存在不履行合同或不按约定履行合同的违约行为；（3）火灾损失的存在以及修理厂的违约行为与火灾损失的发生之间存在因果关系。（荷属安的列斯·东方航运有限公司诉中国·澄西船舶修造厂案，法公字（2008）第12-24号）

“东方项目”轮虽然在澄西船厂修理，但并非全船属于澄西船厂的修理范围，船员一直保持全编在岗状态。作为船舶修理合同纠纷，东方航运就火灾损失向澄西船厂主张违约责任时，首先应举证证明起火点位于船舶修理合同范围之内，其次应证明澄西船厂存在不履行合同或者履行合同义务不符合约定的违约行为，再次应证明火灾损失的存在以及澄西船厂的违约行为与火灾的发生之间存在因果关系。（荷属安的列斯·东方航运有限公司与中国·澄西船舶修造厂船舶修理合同纠纷案，【2007】民四监字第27号，2008年第12期第24页）

73　**【真实出资情况】**【工商登记备案资料未能反映真实出资情况的，不予采信】

动产物权的设立和转让，自交付时发生效力。动产所有权的转移以实际交付为准。股东以实物出资的，承诺出资的实物未实际交付给公司，应当认定股东未能实际履行承诺，相关出资没有实际到位。即使会计师事务所出具的《验资报告》和公司相关工商登记备案资料显示该股东已出资，但因未能反映真实出资情况，法院不予采信。（中国长城资产管理公司乌鲁木齐办事处诉新疆华电工贸有限责任公司等案，法公字（2009）第2-30号）

但至本案诉前，上述设备未实际交付工贸公司，仍由股东单位占有使用，工贸公司出具的实物交接手续未能反映本案真实情况。上述设备属于动产，根据《中华人民共和国物权法》第二十三条的规定，动产物权的设立和转让，自交付时发生效力。动产所有权的转移以实际交付为准。本案上述股东承诺出资的相关设备并未实际交付给工贸公司,应当认定上述股东未能实际履行实物出资承诺,相关出资没有实际到位。新疆宏昌有限责任会计师事务所出具的(2006)8-074号《验资报告》以及工贸公司补足出资的相关工商登记备案资料未能反映真实出资情况,本院不予采信。(中国长城资产管理公司乌鲁木齐办事处诉新疆华电工贸有限责任公司等借款合同纠纷案,【2008】民二终字第79号,2009年第2期第30页)

第七章　期间、送达

第二节　送　　达

74　**【法定代表人为同一人】**【法院通过向法定代表人为同一人的两个企业中的一个送达法律文件后转交另一企业或留置送达，不影响当事人的诉讼权利】

两个企业的法定代表人为同一人，其法定职权与义务基本相同，人民法院通过向其中一个企业送达开庭传票等法律文书后转交另一个企业或者留置送达，不影响当事人的诉讼权利，亦未损害当事人的实体权利。（中国长城资产管理公司昆明办事处诉昆明新人人海鲜酒楼有限责任公司等案，法公字(2008)第9-29号）

海鲜酒楼与金实酒楼的法定代表人为同一人，两个公司法定代表人的法定职权与义务基本相同。因此，原审法院通过向海鲜酒楼送达开庭传票等法律文书后转交金实酒楼或者留置送达，并不影响当事人的诉讼权利，更未造成当事人实体权利的损害，上诉人关于"审判程序违法"的上诉理由不能成立，本院予以驳回。（中国长城资产管理公司昆明办事处与昆明新人人海鲜酒楼有限责任公司、昆明新人人金实酒楼有限责任公司借款合同纠纷案，【2007】民二终字第210号，2008年第9期第29页）

第九章 财产保全和先予执行

75 **【担保形式的财产保全】**【以担保形式实施的财产保全，当事人未在法定期限内起诉的，法院应当解除财产保全】

海事请求人可在起诉前申请财产保全，申请法院扣押船舶。相对方按海事法院裁定提供担保后，经海事法院许可，或者请求人因正当理由申请解除扣船命令的，法院应当及时发布解除扣船命令。这在扣船请求人和相对方之间形成担保关系。因为有担保，被扣押的船舶才得以释放。即以担保形式实施的财产保全代替了以扣船形式实施的财产保全。对此，扣船请求人须在法律规定的期限内提起诉讼。逾期不起诉的，以担保形式实施的财产保全应当依法解除。（中国太平洋保险公司诉大连扬帆船务有限公司案，法案例(1999)1-36）

《中华人民共和国民事诉讼法》第二百五十一条第二款规定，涉外案件的利害关系人可以在起诉前向人民法院申请财产保全。诉讼前扣押船舶，是海事法院根据海事请求人的申请采取的诉前财产保全措施。最高人民法院1994年7月6日发布的《关于海事法院诉讼前扣押船舶的规定》(以下简称1994年扣船规定)第四条第(四)项规定："被申请人按海事法院裁定提供担保后，经海事法院认可，或者申请人因正当理由申请解除扣船命令的，海事法院应当及时发布解除扣船命令。"由此可以看出，扣押船舶申请人与被申请人之间的担保关系，是在国家强制力干预下形成的。民事诉讼法第二百五十二条规定："人民法院裁定准许诉前财产保全后，申请人应当在三十日内提起诉讼。逾期不起诉的，人民法院应当解除财产保全。"对方当事人扬帆公司是在1994年2月8日申请扣船，当即得到大连海事法院的准许，但是该公司直至同年7月7日才提起诉讼，已经超过期限。依照法律的规定，应当解除此案的财产保全。

大连海事法院按照1994年扣船规定第四条第(四)项发布的解除扣船命令，并非民事诉讼法第二百五十二条规定的解除财产保全。由于有在案的担保函代替了被扣押的船舶，船舶才被释放。此时，以扣船形式实施的财产保全虽然解除了，但是以担保形式实施的财产保全并未解除。扣船申请人要想保持以担保形式实施的财产保全的效力，就必须在法律规定的期限内提起诉讼。逾期不起诉的，以担保形式实施的财产保全也应当依法解除，担保函应当发还担保人。（中国太平洋保险公司与大连扬帆船务有限公司发还担保纠纷再审案，1999年第1期第36页）

第十章　对妨害民事诉讼的强制措施

76 【妨害民事诉讼活动】【严重妨害民事诉讼活动正常进行情节严重的，予以制裁】

行为人非法阻碍司法工作人员执行职务，妨害民事诉讼活动正常进行，情节严重的，经人民法院院长批准，可以决定对其予以拘留、罚款。（杨元璋等阻碍司法工作人员执行职务案，法案例(1987)1-17）

杨元璋、谢冠臣、谢开林非法阻碍司法工作人员执行职务，妨害民事诉讼活动正常进行，情节严重，影响很坏。1986年12月14日，卫东区人民法院依照民事诉讼法(试行)第77条、78条、79条的规定，经院长批准，决定：对杨元璋拘留10天，罚款200元；对谢冠臣罚款200元；对谢开林罚款100元。当日，卫东区人民法院向杨元璋、谢冠臣、谢开林宣布了上述决定，并当即将杨元璋交平顶山市公安局依法执行拘留。（杨元璋、谢冠臣、谢开林阻碍司法工作人员执行职务被罚款、拘留案，1987年第1期第17页）

77 【搜查】【拒不执行法院判决并隐匿财产的，依法搜查】

当事人拒不执行法院判决并隐匿财产的，人民法院经院长签发搜查令，可对当事人及其住所进行搜查。对搜查出的财产，法院可予以扣押，并责令当事人限期履行判决所确认的义务。（李文通拒不执行法院判决并隐匿财产案，法案例(1991)4-21）

由于被申请人李文通拒不执行法院判决，并隐匿财产，蓟县人民法院依照1991年4月9日公布施行的《中华人民共和国民事诉讼法》第二百二十七条的规定，经院长签发，1991年4月26日发出搜查令，对李文通及其住所进行了搜查，共搜查出存款单9张，计1.2万元，现金180元，国库券30元。执行人员当即对搜查出的这些财产予以扣押，并责令李文通限期履行判决所确认的义务。李文通同意将搜查出的存款及利息用于归还贷款，并对尚欠的贷款做出了分期归还计划。（李文通拒不执行法院判决并隐匿财产被搜查案，1991年第4期第21页）

78 **【变卖房屋】**【当事人不履行生效裁判,且有规避法律行为,法院可以变卖被查封的房屋】

当事人不履行法院生效的裁判,甚至转移已被法院查封的房屋,规避法律的,法院可以变卖该房屋,以变卖款履行法院裁判。(林锦璋拒不履行法院判决案,法案例(1991)4-22)

武夷山市人民法院依法决定对五案共计23112元标的的判决和调解协议合并执行。执行前,执行员先后多次找林锦璋,说服其主动履行判决和调解协议,林锦璋不听劝告。在此期间,林锦璋的丈夫伊辉隐瞒事实真相,将被法院查封的登记在林锦璋名下的房屋,登记在自己名下(后被注销),转移产权,规避法律。

1990年10月26日,武夷山市人民法院依照《中华人民共和国民事诉讼法(试行)》第一百七十五条的规定,贴出公告,变卖被查封的被执行人林锦璋的房屋。在此期间,执行员继续劝告林锦璋自觉履行法院的判决和调解协议,并根据其请求,给予一定期限,准予自行卖房。逾期,林锦璋仍既不履行判决和调解协议,又没有卖房。为了维护债权人的合法权益,武夷山市人民法院决定变卖被查封的林锦璋的房屋。1990年12月22日,将林锦璋被查封的房屋以1.86万元变卖。之后,武夷山市人民法院根据申请人债权的多少,将变卖所得款按比例予以分配。(林锦璋拒不履行法院判决被强制变卖房产执行案,1991年第4期22页)

79 **【提前解除拘留】**【被执行人排除执行干扰后,法院可提前解除对其的司法拘留】

执行过程中,被执行人擅自转移法院扣押的财产,属于严重妨害民事诉讼的行为,经院长批准,法院可对被执行人处以拘留十五天的制裁措施。被执行人承认错误,表示愿意执行法院判决的,在排除干扰后,法院可决定提前解除对被执行人的司法拘留。(密山市皮鞋厂负责人妨害民事诉讼案,法案例(1993)3-110)

进入执行程序后,龙井市人民法院院长于4月23日带领执行人员前往密山市执行。执行人员进现场后发现,被告已擅自把查封的库房封条撕掉,将扣押的汽车转移。针对被告这种严重妨害民事诉讼的行为,该院依据民事诉讼法第一百零二条第一款第(三)、(六)项,第二款和第一百零五条的规定,经院长批准,决定对密山市皮鞋厂厂长迟德文、副厂长史建波各拘留十五天,并将被拘留人送交当地公安机关看管。迟德文、史建波在法律的威慑下,承认了错误,表示愿意执行法院判决,并向执行人员提供了车辆隐匿的地址。排除干扰后,龙井市人民法院于4月24日作出决定,提前解除对迟德文、史建波的司法拘留。随后,原告和被告达成执行协议:被告向原告支付现金70000元,其余欠款全部以物抵债。(密山市皮鞋厂负责人妨

害民事诉讼被司法拘留案,1993 年第 3 期 110 页)

80 **【被查封的财产】**【出卖被查封的财产构成犯罪的,追究刑事责任】

民事诉讼中的查封,是民事诉讼法律制度中的一项临时性强制措施。人民法院一旦依法对当事人的财产采取了查封的强制措施,即具有法律约束力。非经法院依法定程序解除查封,任何组织或者个人不得以任何理由处置该被查封的财产。隐藏、转移、变卖、故意毁损被查封、扣押、冻结的财产,情节严重的,将追究刑责。(李志强非法处置查封财产案,法案例(2001)4-134)

霍城林场起诉请求判令被告人李志强偿付拖欠的木材款是近 3 万元,克拉玛依区人民法院在收到权利人为申请查封提供的相应担保后,查封了李志强价值 3 万余元的财产。若通过审理,既使霍城林场的诉讼请求不能成立,李志强的合法权益也不会因查封而受到损害。李志强辩称查封财产超出了其负债数额,因此其出售超出部分的木材是合理的,既不符合事实,更违背法律的规定,理由不能成立。

查封是法律赋予人民法院的一项职权。人民法院一旦依法对当事人的财产采取了查封的强制措施,即具有法律约束力。非经人民法院依法定程序解除查封,任何组织(包括非查封的人民法院)或者个人不得以任何理由处置被人民法院查封的财产。被告人李志强辩称因别的法院也要来查封这批木材,其变卖木材是想将价款交到克拉玛依区人民法院,与事实和法律不符,显系狡辩。

民事诉讼中的查封,是民事诉讼法律制度中的一项临时性强制措施。人民法院通过采取查封措施迫使义务人履行义务,以保证申请人的权利能够实现。从维护国家法律秩序的角度看,查封是一项重要的措施。《中华人民共和国刑法》第三百一十四条规定:"隐藏、转移、变卖、故意毁损已被司法机关查封、扣押、冻结的财产,情节严重的,处三年以下有期徒刑、拘役或者罚金。"刑法将破坏查封情节严重的行为规定为非法处置查封财产罪,有利于确保法律的尊严得以实现。被告人李志强在经济活动中拖欠货款不还,当被权利人起诉到人民法院后,又无视国家法律制度,竟敢将被人民法院依法查封的财产出卖了大部分,其行为破坏了国家的司法制度,扰乱了民事诉讼活动,情节严重。如果对李志强的行为不以罪论处,公民对国家法律的信仰就会落空,法律的尊严地位将会动摇。(李志强非法处置查封财产案,2001 年第 4 期第 134 页)

81 **【法定的协助义务】**【根据法院的裁定和通知划款,是履行法定的协助义务】

金融机构债务人将欠款存入债权人在其处开设的存款账户内,即应当视为其已经履行了付款义务。该款项后被冻结并最终被扣划到他人的账户,以抵偿债权人欠他人的债务，是债务人根据人民法院的裁定和通知，履行法定协助的义务，不应认定债务人未履行付款义务，须承担违约责任。（交通银行南昌分行诉赛格信托公司江西证券交易部案，法公字(2004)第8-21号）

本院认为，海南赛格江西证交部在南昌交行下属青化分理处开立一般存款账户，并存入款项用于结算，双方已经形成真实的存款关系。存款纠纷引起原因系南昌交行青化分理处主任等人挪用部分存款，南昌交行拒付存款引起纠纷，双方在解决纠纷中于2000年2月17日自愿达成“存款支付协议”，该协议系双方真实意思表示，内容不违反法律，应认定有效。2000年5月31日，南昌交行将1000万元本金及102428.43元利息划入海南赛格江西证交部在南昌交行青化分理处的存款账户内，有进账单、对账单、计付存款利息清单、分户账为凭，应当认定南昌交行已经履行了向海南赛格江西证交部1000万元本息的付款义务。该笔款项被冻结并最终被扣划1000万元到武汉交行的账户，以抵偿海南赛格江西证交部的总公司海南赛格公司所欠的武汉交行的债务，是南昌交行根据人民法院的裁定和通知，履行法定协助的义务。南昌交行既已完成了向海南赛格江西证交部的付款义务，不应再向海南赛格江西证交部支付1000万元，南昌交行再审申请理由成立，本院应予支持。海南赛格江西证交部关于南昌交行未履行付款义务，应承担未付款的违约责任的抗辩理由，不能成立。二审判决查明南昌交行将1000万元本金和102428.43元利息划入海南赛格江西证交部的存款账户，但未予认定南昌交行履行了1000万元的付款义务显属适用法律错误，应予纠正。海南赛格江西证交部答辩认为南昌交行伪造进账单和收款通知，构成重大欺诈，未能举出相应证据予以证明，本院不予支持。另，海南赛格江西证交部答辩认为被执行的款项系股民保证金一节亦无证据证明，本院亦不予支持。（交通银行南昌分行诉赛格信托公司江西证券交易部存款支付纠纷案，【2001】民二提字第7号，2004年第8期第21页）

第十一章 诉讼费用

82 【不当行为】【有不当行为的人负担较多的案件受理费】

当事人的部分诉讼请求被法院支持的，根据诉讼费负担的一般原则，案件受理费应当由当事人双方负担。当事人的不当行为引起纠纷发生的，应当由其负担较多的案件受理费。（曾意龙诉江西金马拍卖有限公司等案，法公字（2006）第1-25号）

本院支持了曾意龙的部分上诉请求，根据诉讼费负担的一般原则，本案的案件受理费应当由曾意龙和金马公司负担。但是，本案的纠纷是由金马公司不当的行为引起的，主要责任在金马公司，故金马公司应当负担较多的案件受理费。

……一审案件受理费143 510元，由曾意龙负担28702元，江西金马拍卖有限公司负担114808元。二审案件受理费143510元，由上诉人曾意龙负担28702元，被上诉人江西金马拍卖有限公司负担114808元。（曾意龙与江西金马拍卖有限公司、中国银行股份有限公司上饶市分行、徐声炬拍卖纠纷案，【2005】民一终字第43号，2006年第1期第25页）

第二编　审 判 程 序

第十二章　第一审普通程序

第一节　起诉和受理

83 【**权属诉讼**】【商标权的权属诉讼属于民事确认之诉】

法律对商标权的取得、期限、转让等方面有特殊的规定，未将商标权属的确认权授予行政机关确认。商标权的权属诉讼属于民事确认之诉，属于人民法院民事诉讼收案范围。（广东省轻工业品进出口集团公司诉TMT贸易有限公司案，法案例(2000)4-130）

商标权是一项民事财产权，虽然法律对商标权的取得、期限、转让等方面有特殊的规定，但未将权属的确认权授予行政机关。从商标权的性质看，权属诉讼属于民事确认之诉，应当属于人民法院民事诉讼收案范围。上诉人轻工业品公司关于商标权属纠纷不属于人民法院收案范围的上诉理由不能成立。TMT等文字加菱形图案的组合商标是本案各项争议商标的核心商标，与出口商品上使用的商标以及TMT公司对外宣传的商标相一致。……本案争议商标是由轻工业品公司基于东明公司的委托和要求而在国内办理注册的。轻工业品公司是相关商标的名义上的权利人，TMT公司是相关商标的实质上的权利人，在轻工业品公司请求查扣TMT公司出口产品的情况下，TMT公司以委托人的身份请求将TMT商标归还该公司，有充分的事实依据。原审法院根据民法通则的有关规定判决将商标仅返还TMT公司是正确的，但原审判决认定存在委托关系，未考虑该商标是以被委托人名义注册并管理的这一事实，未认定存在信托关系，所作认定欠当。……（广东省轻工业品进出口集团公司与TMT贸易有限公司商标权属纠纷上诉案，2000年第4期第130页）

84 【**放弃仲裁**】【仲裁条款约定不明提起诉讼的，视为放弃仲裁的愿望】

合同的仲裁条款不明确的、无法执行的，需要双方当事人重新协商。但是，重新协商不是双方的义务。一方当事人采取诉讼的方法解决争议的，视为其放弃了

仲裁的愿望。人民法院对当事人的起诉应予受理。（韩国新湖商社诉四川省欧亚经贸总公司等案，法案例(2001)3-97）

原审原告欧亚公司向原审法院起诉的诉讼请求是宣告信用证无效，起诉的被告为信用证的受益人——基础交易买卖合同的卖方新湖商社，诉由是基础交易欺诈。由于两方之间最直接的法律关系是买卖合同，是该合同中约定的支付手段，欧亚公司是信用证开证申请人，新湖商社是信用证受益人，欧亚公司起诉新湖商社信用证欺诈的基础是称其利用伪造单据以图骗取信用证项下的货款。一审裁定认为其审理的仅仅是信用证关系，脱离了欧亚公司的起诉，是不妥当的。新湖商社与欧亚公司之间买卖合同中的仲裁条款是一个不明确的、无法执行的仲裁条款，需要当事人重新协商，但是欧亚公司已经采取了诉讼的方法解决本案的争议，表明其放弃了仲裁的愿望，新湖商社称重新协商既是当事人的权利又是当事人的义务并无事实和法律上的依据，对此一审法院的认定是正确的。根据最高人民法院《关于适用〈中华人民共和国民事诉讼法〉若干问题的意见》第 145 条的规定："依照民事诉讼法第一百一十一条第(二)项的规定，当事人在书面合同中订有仲裁条款，或者在发生纠纷后达成书面仲裁协议，一方向人民法院起诉的，人民法院裁定不予受理，告知原告向仲裁机构申请仲裁。但仲裁条款、仲裁协议无效、失效或者内容不明确无法执行的除外。"由于原销售合同中的仲裁条款没有约定仲裁的方式和机构属内容不明确，无法执行，因此原审人民法院对欧亚公司的起诉应予受理。（韩国新湖商社与四川省欧亚经贸总公司等借信用证欺诈纠纷管辖权异议案，2001 年第 3 期第 97 页）

85　**【不同的法律事实】**【因不同的法律事实产生的经济纠纷和经济犯罪嫌疑案件，应当分开审理】

同一公民、法人或其他经济组织因不同的法律事实，分别涉及经济纠纷和经济犯罪嫌疑的，经济纠纷案件和经济犯罪嫌疑案件应当分开审理。已经审理经济纠纷案件的法院可以继续审理，不应裁定驳回当事人的起诉。（华埠经济贸易公司诉中国外运山东威海公司等案，法案例(2002)3-101）

本院认为，山东省高级人民法院再审裁定认定本案当事人涉嫌犯罪根据不足。即使涉案人员有犯罪嫌疑，也不影响华埠公司依据合法有效的合同法律关系维护自己的合法权益，对威海外运和原木材公司提起诉讼。依据最高人民法院《关于在审理经济纠纷案件中涉及经济犯罪嫌疑若干问题的规定》第一条"同一公民、法人或其他经济组织因不同的法律事实，分别涉及经济纠纷和经济犯罪嫌疑的，经济纠纷案件和经济犯罪嫌疑案件应当分开审理"规定，人民法院对本案民事纠纷仍然可以审理。原审法院再审裁定适用法律错误，裁定驳回华埠公司的起诉，将本案全案移送公安机关不当。该院(1997)鲁经终字第236号民事判决虽然对本案部分事实未予认定并对部分事实认定欠当,但是基本事实认定清楚,法律适用正确,判决结果得当,应予维持。(华埠经济贸易公司与中国外运山东威海公司等船舶进口代理合同、废钢船买卖合同纠纷案,2002年第3期101页)

86 【储蓄合同违约之诉】【当事人银行账户内的存款被盗取,即使存款不属于他,也有权以原告资格起诉银行储蓄合同违约】

当事人银行账户内的存款虽然是他人汇入的,并将交付其单位的,但因在其账户内被盗取,对于储蓄合同违约纠纷,该当事人有权以原告资格提起诉讼。(周培栋诉江东农行案,法案例(2006)2-44)

周培栋金穗借记卡账户内的存款,是其为客户向单位提供担保、出具欠条后,由客户汇到其账户上,周培栋负责将该款交付单位,并非私存公款。该款在周培栋账户内被盗取,应当由周培栋向其单位承担相应的赔偿责任,周培栋有权以原告资格提起储蓄合同违约之诉。根据合同相对性原则,周培栋因该款与其单位及客户之间发生的结算关系,与江东农行无关,也不在本案审理范围。(周培栋诉江东农行储蓄合同纠纷案,2006年第2期第44页)

87 【民族乡政府】【民族乡政府可以作为该民族部分群体公共利益的代表】

民族乡人民政府是依据我国宪法和法律的规定在少数民族聚居区内设立的乡级地方国家政权,可以作为该民族部分群体公共利益的代表,在符合我国宪法规定的基本原则、不违反法律禁止性规定的前提下,可以以自己的名义对侵犯少数民族民间文学艺术作品合法权益的行为提起诉讼。(饶河县四排赫哲族乡政府诉郭颂等案,法案例(2004)7-26)

赫哲族乡政府是依据我国宪法和法律的规定在少数民族聚居区内设立的乡级地方国家政权,可以作为赫哲族部分群体公共利益的代表。故在符合我国宪法规定的基本原则、不违反法律禁止性规定的前提下,赫哲族乡政府为维护本区域内的赫哲族公众的权益,可以以自己的名义对侵犯赫哲族民间文学艺术作品合法权益的行为提起诉讼。(饶河县四排赫哲族乡政府诉郭颂等侵犯民间文学艺术作品著作权纠纷案,2004年第7期第26页)

88 【平行诉讼】【只要法律规定有管辖权,就不影响人民法院对案件的管辖】

平行诉讼是指相同当事人之间就同一标的在两个或两个以上国家或地区的法院进行诉讼,即一事两诉。对民事诉讼行使司法管辖权,是国家主权在民事诉讼领域的体现。在国际民事诉讼中,平行诉讼是被允许的。对某一案件,只要我国法律或者参加的国际条约规定我国法院有管辖权，不论该案是否在其他国家或者地区起诉，是否已由其他国家或者地区审理，其他国家或者地区是否已对案件作出判决，都不影响我国法院对案件的管辖。（郭叶律师行诉厦门华洋彩印公司案，法案例(2004)7-32）

平行诉讼，是指相同当事人之间就同一标的在两个或两个以上国家或地区的法院进行诉讼，也称"一事两诉"。由于各国都奉行国家主权原则，而对民事诉讼行使司法管辖权，是国家主权在民事诉讼领域的体现，因此在国际民事诉讼中，平行诉讼是存在的，也是允许的。我国司法实践不排除平行诉讼。对同一案件，只要根据我国法律或者我国参加的国际条约规定，我国法院有管辖权，则不问该案是否在其他国家或者地区起诉，或者该案是否已由其他国家或者地区审理，或者其他国家或者地区是否已对该案作出判决，均不影响我国法院对该案的管辖。

原告郭叶律师行以华洋彩印公司为被告，在厦门市中级人民法院提起的代理合同纠纷诉讼，是涉港民事诉讼。香港是我国的一个独立司法区域，目前与内地尚未建立解决管辖权冲突和相互承认与执行法院裁决的司法协助关系。故香港法院是否受理同一诉讼，不是内地法院能否受理的前提。华洋彩印公司以郭叶律师行已经在香港法院提起诉讼，内地法院再受理就成为"一事二诉"为由，主张将本案移交香港法院处理，理由不能成立。（郭叶律师行诉厦门华洋彩印公司代理合同纠纷管辖权异议案，2004 年第 7 期第 32 页）

89 **【特定的主体和标的物】**【民事诉讼中的权利人和标的物均应是特定的】

在民事诉讼中，法律只保护特定民事主体的合法权益，因此，民事诉讼中的权利人和标的物均应是特定的。诉讼请求中如果涉及不特定的权利主体和标的物，将不获法院支持。（刘雪娟诉乐金公司等案，法案例(2005)6-27）

被上诉人乐金公司、苏宁中心有义务向消费者告知海皙蓝 O_2 时光嫩肤液开瓶后的安全使用期限。在民事诉讼中，法律只保护特定民事主体自身的合法权益，因此民事诉讼中的权利人和标的物均应是特定的。上诉人刘雪娟要求乐金公司、苏宁中心在海皙蓝 O_2 时光嫩肤液的包装上标注开瓶使用期限，这一诉讼请求虽然合理，却已涉及到不特定的权利主体和标的物，超出本案能够处理的范围，难以全部支持。但这一诉讼请求中，包含了刘雪娟希望知道自己购买的这一瓶海皙蓝 O_2 时光嫩肤液开瓶使用期限。作为消费者，刘雪娟享有知情权，该诉讼请求中的这一部分合理合法，应当支持。（刘雪娟诉乐金公司、苏宁中心消费者权益纠纷案，2005 年第 6 期第 27 页）

90 **【民政部门】**【民政部门不是社会流浪乞讨人员交通事故人身损害赔偿诉讼的适格主体】

社会流浪乞讨人员发生交通事故，在人身损害赔偿诉讼中，当地民政部门因与案件不存在直接利害关系，不是赔偿权利人，且没有法律授权，不能代表或代替社会流浪乞讨人员提起诉讼，所以不是适格诉讼主体，无权向赔偿义务人主张交通事故人身损害赔偿。(高淳县民政局诉王昌胜等案，法案例(2007)6-32)

上诉人高淳县民政局不是本案适格诉讼主体，无权就本案被害无名男子的死亡向被上诉人王昌胜、吕芳、天安保险江苏分公司主张交通事故人身损害赔偿。

第一，《中华人民共和国民事诉讼法》(以下简称民事诉讼法)第一百零八条规定："起诉必须符合下列条件：(一) 原告是与本案有直接利害关系的公民、法人和其他组织。……"这里规定的"与本案有直接利害关系"，即指民事权利义务关系。高淳县民政局是否与本案存在民事权利义务关系，必须根据法律规定加以确定。首先，根据最高人民法院《关于审理人身损害赔偿案件适用法律若干问题的解释》的规定，受害人死亡的，赔偿义务人应当赔偿丧葬费、死亡赔偿金等。该司法解释同时规定，赔偿权利人"是指因侵权行为或者其他致害原因直接遭受人身损害的受害人、依法由受害人承担扶养义务的被扶养人以及死亡受害人的近亲属"。据此，人身损害赔偿案件中，受害人死亡的，赔偿权利人是依法由死亡受害人承担扶养义务的被扶养人以及死亡受害人的近亲属。高淳县民政局显然不属于该司法解释规定的"赔偿权利人"，不具备就本案被害无名男子的死亡要求被上诉人王昌胜、吕芳、天安保险江苏分公司向其承担人身损害赔偿责任的主体资格。其次，高淳县民政局在一、二审期间均未能提供其支付了本案被害无名男子丧葬善后费用的证据，不能认定高淳县民政局与被上诉人王昌胜、吕芳、天安保险江苏分公司之间存在民事权利义务关系。因此，高淳县民政局与本案不存在直接利害关系，其起诉不符合民事诉讼法第一百零八条第(一)项的规定。

第二，根据《城市生活无着的流浪乞讨人员救助管理办法》第二条、第四条第一款、第六条第二款、第七条的规定，县级以上城市人民政府应当根据需要设立流浪乞讨人员救助站。救助站对流浪乞讨人员的救助是一项临时性社会救助措施。县级以上人民政府民政部门负责流浪乞讨人员的救助工作，并对救助站进行指导、监督。救助站对属于救助对象的求助人员，应当及时提供救助，不得拒绝。救助站应当根据受助人员的需要提供下列救助：(一) 提供符合食品卫生要求的食物；(二) 提供符合基本条件的住处；(三) 对在站内突发急病的，及时送医院救治；(四) 帮助与其亲属或者所在单位联系；(五) 对没有交通费返回其住所地或者所在单位的，提供乘车凭证。从上述规定可以看出，民政部门及救助站对城市生活无着的流浪乞讨人员实施的救助，是一种临时性的救助措施，救助的内容是暂时帮助流浪乞讨人员解决基本生活需要，其工作职责并不包括代表或代替上述人员提起民事诉讼。上诉人高淳县民政局认为其依法负有的救助职责中包括代替社会流浪乞讨人员提起民事诉讼的上诉理由，没有法律依据。民事诉讼形成于平等民事主体之间，高淳县民政局作为行政机关，在没有法律授权的情况下介入民事诉讼，有悖于我国法律基本原则。

第三，根据最高人民法院《关于审理人身损害赔偿案件适用法律若干问题的解释》的规定，本案的赔偿权利人应当是依法由被害无名男子承担扶养义务的被扶养人以及该无名男子的近亲属。本案中，虽然经公安部门在报纸上刊发启示后直至本案一、二审期间，被害无名男子的赔偿权利人尚未出现，但尚不能排除赔偿权利人客观存在的可能。赔偿权利人在知悉本案有关情况后，依法仍然可以要求赔偿义务人承担民事赔偿责任，被上诉人王昌胜、吕芳、天安保险江苏分公司依法应当承担的民事赔偿责任并未彻底免除。（高淳县民政局诉王昌胜、吕芳、天安保险江苏分公司交通事故人身损害赔偿纠纷案，2007 年第 6 期第 32 页）

91 **【级别管辖异议】**【就级别管辖问题的异议无诉权】

当事人有权就级别管辖问题提出异议，但异议无诉权。即当事人不得以级别管辖异议为由提起诉讼主张，对异议被驳回后亦无上诉的权利。（何荣兰诉海科公司等案，法公字（2004）第 4-15 号）

海科公司在上诉主张中就本案级别管辖问题提出异议，因级别管辖是上下级法院之间就一审案件审理方面的分工，当事人就级别管辖提出管辖异议的，受诉法院应认真审查，确无管辖权的，应将案件移送有管辖权的法院，并告知当事人，但不作裁定。上述规定表明，当事人虽然就级别管辖问题有权提出异议，但就异议不具有诉权。当事人不得以级别管辖异议为由提起诉讼主张，对异议被驳回后亦不具有上诉的权利。海科公司向一审法院提出的级别管辖异议，已经一审法院予以答复，且在一审卷宗中有所记载。海科公司就级别管辖问题提出的上诉请求，超出了当事人提起上诉的请求范围，故不应支持。（何荣兰诉海科公司等清偿债务纠纷案，【2003】民一终字第 46 号，2004 年第 4 期第 15 页）

92 **【实质性行政行为】**【确权涉及中外合资经营企业的股权变更，有关行政审批构成实质性要件，认为审批不当的，不能通过民事诉讼程序解决】

通常情况下，人民法院可以通过民事诉讼直接或间接地变更程序性的或形式性的行政行为，如备案、登记等，但对于如审批等实质性行政行为，法院无法通过民事诉讼变更。当事人只能通过行政复议或行政诉讼程序寻求救济。对于中外合资经营企业的股权变更，有关行政主管部门的审批构成实质性要件。当事人如果认为行政审批不当，应当通过行政复议程序或者行政诉讼程序予以纠正。（香港绿谷投资公司诉加拿大绿谷（国际）投资公司等案，法公字（2004）第7-17号）

本案系涉外、涉港案件，根据冲突法的一般规范，程序上的问题应当适用法院地国法。因此，本案的程序性问题应适用我国内地的法律。本案系确权之诉。一般来讲，确权纠纷可以通过民事诉讼解决。然而，本案中的"确权"有其特殊之处，即本案涉及的是中外合资经营企业的股权变更问题。上海绿谷公司系中外合资经营企业，根据我国中外合资经营企业法的规定，中外合资经营企业的成立、变更、终止均应当报经有关主管部门审批，并到工商机关办理相应的登记手续，才能生效。对于中外合资经营企业的股权变更，有关行政主管部门的审批构成实质性要件，而非程序上或形式上的要求，未经审批的变更行为当然归于无效。本案中，加拿大绿谷公司在上海绿谷公司55%股权已经有关主管部门审批，并办理了相应的登记手续，符合法律规定的有效要件。现香港绿谷公司主张上海绿谷公司55%股权应归其所有，认为当时将香港绿谷公司在上海绿谷公司55%股权变更为加拿大绿谷公司所有不当。虽然香港绿谷公司系以加拿大绿谷公司为被告，以股权纠纷为由向人民法院提起的民事诉讼，但究其实质，是要否定上海市长宁区人民政府的批复、上海市工商行政管理局的登记、上海市政府颁发的外商投资企业批准证书等行为，即否定有关行政部门作出的具体行政行为。通常情况下，人民法院可以通过民事诉讼的判决结果直接或间接地使有关行政行为作出变更，但这些行政行为应理解为只是程序性的或形式性的行为，如备案、登记等行为，而对于实质性的行政行为，如本案所涉的审批行为，则是我国法律赋予有关行政主管部门的特有的权力，不能通过民事诉讼程序和作出民事判决予以变更。即使审批不当，也只能通过行政复议程序或者行政诉讼程序予以纠正。因此，本案香港绿谷公司请求确认其在中外合资经营企业中的股权的主张只能通过行政复议或者行政诉讼途径加以解决，而不能通过本案的民事诉讼解决。《中华人民共和国民事诉讼法》第一百一十一条规定："对下列起诉，分别情形，予以处理：（一）依照行政诉讼法的规定，属于行政诉讼受案范围的，告知原告提起行政诉讼。"本案即应当告知香港绿谷公司提起行政诉讼。原审法院通过民事诉讼程序直接作出变更具体行政行为的民事判决不当，应予纠正。香港绿谷公司提起本案民事诉讼不妥，对其起诉应予驳回。（香港绿谷投资公司诉加拿大绿谷（国际）投资公司等股权纠纷案，【2002】民四终字第14号，2004年第7期第17页）

93 【一事不再理】【基于同一标的，以不同诉讼理由提起的民事诉讼，违反了一事不再理原则】

基于同一事实，以相同的当事人为被告，向法院先后提起不当得利返还之诉和侵权损害赔偿之诉，诉讼理由不同，但实质的诉讼标的相同，违反了一事不再理的原则。起诉时发现的，法院应当裁定不予受理；已经立案的，应当裁定驳回起诉。(美国 EOS 工程公司诉新绛发电公司等案，法公字(2004)第 10-21 号)

本案原审原告 EOS 工程公司基于同一事实，以相同的当事人为被告，向原审法院先后提起"不当得利"返还之诉和"侵权"损害赔偿之诉。尽管前后的诉讼理由不同，但实质的诉讼标的是相同的，即 EOS 工程公司是为了解决其于 1995 年向山西省新绛县电厂筹建处汇付 100 万美元产生的纠纷而向人民法院提起诉讼的。就此诉讼标的，EOS 工程公司先以"不当得利"为由请求被告返还 100 万美元及其利息，原审法院对此作出了(2001)晋民一初字第 2 号民事判决，EOS 工程公司不服提起上诉后，又撤回了该上诉，(2001)晋民一初字第 2 号民事判决即发生法律效力。EOS 工程公司如果仍不服该实体判决，只能通过申诉或者申请再审途径获得救济。现 EOS 工程公司以"侵权"为由，就同一诉讼标的再次提起诉讼，违反了"一事不再理"的原则。根据我国《民事诉讼法》第一百一十一条第(五)项的规定，"对判决、裁定已经发生法律效力的案件，当事人又起诉的，告知原告按照申诉处理，但人民法院准许撤诉的除外"，对于 EOS 工程公司基于同一事实、相同的被告又以"侵权"为由提起的诉讼，人民法院不应予以受理。对此，原审法院认定正确。然而，根据最高人民法院《关于适用〈中华人民共和国民事诉讼法〉若干问题的意见》第一百三十九条的规定，"起诉不符合受理条件的，人民法院应当裁定不予受理。立案后发现起诉不符合受理条件的，裁定驳回起诉"，本案原审法院在已经立案的情况下，不应再裁定不予受理，而应当裁定驳回起诉。对此原审裁定有误，应予纠正。上诉人的第一点上诉理由成立，本院予以支持；其第二点上诉理由不能成立，本院不予支持。(美国 EOS 工程公司诉新绛发电公司等侵权纠纷案，【2003】民四终字第 2 号，2004 年第 10 期第 21 页)

94 【未予审理】【生效判决对已提出的诉讼请求未予审理，当事人可再行起诉】

对于他案已经终审但未予审理的诉讼请求，当事人可以再行起诉。(浙江金华市自来水公司诉江西三清山管委会案，法公字(2005)第 4-30 号)，法公字(2005)第 4-30 号)

虽然，新海公司向江西省上饶市信州区人民法院起诉时请求确认的是新海公司与三清山管委会之间合同的效力以及自来水公司等三公司与三清山管委会之间合同的效力，但该案业经再审，终审判决（即[2002]赣民再终字第12号民事判决）对自来水公司等三公司与三清山管委会之间合同的效力问题未予审理，因此，原审法院一审受理本案并对自来水公司等三公司与三清山管委会之间合同的效力作出认定，程序合法，上诉人三清山索道公司有关本案一审系重复诉讼以及本案原审判决与已经生效判决相矛盾的上诉理由，本院不予支持。（浙江金华市自来水公司诉江西三清山管委会联营建设索道纠纷案，【2001】民二终字第197号，2005年第4期第30页）

95 **【重复起诉】**【是否重复起诉，须结合具体情况综合判断】

是否构成重复起诉，应当结合当事人诉讼请求的依据和行使处分权的具体情况进行综合判断。（威海鲲鹏投资有限公司诉威海西港房地产开发有限公司等案，法公字(2006)第5-3号）

本案是否构成重复起诉，应当结合当事人诉讼请求的依据及行使处分权的具体情况进行综合判断。鲲鹏公司在2005年8月24日《追加被告、变更诉讼请求申请书》中，已将重点建设公司变更为被告，故本案与第5号民事案件的当事人并不相同。鲲鹏公司在第5号民事案件中的诉讼请求为确认之诉与给付之诉的合并之诉，但该案诉讼请求中的给付内容与本案鲲鹏公司于2005年7月25日提起的给付之诉的内容并不相同，鲲鹏公司在第5号民事案件中的诉讼请求不能涵盖本案中鲲鹏公司的诉讼请求。且鲲鹏公司在《追加被告、变更诉讼请求申请书》中，已将本案诉讼请求变更为“请求判令西港公司与重点建设公司之间的《合作协议书》无效，并由西港公司与重点建设公司承担连带赔偿责任”，故本案与第5号民事案件诉讼请求亦不相同。一审裁定认为鲲鹏公司的起诉违反《中华人民共和国民事诉讼法》一事不再理的原则，驳回鲲鹏公司对西港公司和重点建设公司的起诉，适用法律错误，应予纠正。（威海鲲鹏投资有限公司与威海西港房地产开发有限公司、山东省重点建设实业有限公司土地使用权纠纷管辖权异议案，【2005】民一终字第86号，2006年第5期第3页）

96 **【仲裁条款无效】**【仲裁条款无效的民事纠纷，法院有权受理】

仲裁条款未明确仲裁机构的，当事人可以补充协议；达不成补充协议的，仲裁条款无效。仲裁条款无效，当事人向人民法院提起诉讼的，人民法院有权受理。（锦宫公司诉广发公司案，法公字(2006)第6-20号）

本案涉及双方当事人约定的仲裁条款有两条：一是2004年3月7日《补充协议》第十四条“未尽事宜，协商解决，协商不成，由地方仲裁机关仲裁”；二是2004年

9月7日《补充协议》第六条"未尽事宜，协商解决，协商不成，由当地仲裁机关仲裁"。从上述协议内容看，双方虽然曾经约定以仲裁解决纠纷的方式，但是无论从2004年3月7日《补充协议》约定的"地方仲裁机关"，还是2004年9月7日《补充协议》约定的"当地仲裁机关"，都未明确仲裁机构。《中华人民共和国仲裁法》对当事人约定选择仲裁机关有明确的法律规定，该法第十八条规定"仲裁协议对仲裁事项或者仲裁委员会没有约定或者约定不明确的，当事人可以补充协议；达不成补充协议的，仲裁协议无效"。最高人民法院《关于确认仲裁协议效力几个问题的批复》第1条规定"在《中华人民共和国仲裁法》实施后重新组建仲裁机构前，当事人达成的仲裁协议只约定了仲裁地点，未约定仲裁机构的，双方当事人在补充协议中选定了在该地点依法重新组建的仲裁机构的，仲裁协议有效；双方当事人达不成补充协议的，仲裁协议无效。"本案双方当事人对选择仲裁机构的问题发生了争议，并没有重新达成补充协议，未对在该地点依法重新组建的仲裁机构予以选定。因此，该两份《补充协议》中约定有关仲裁事项的条款为无效条款。该民事纠纷属于人民法院受案范围，广发公司向人民法院提起诉讼，由人民法院主管并无不当。锦宫公司上诉理由不能成立，依法不予支持。（锦宫公司与广发公司商品房买卖合同纠纷管辖权异议案，【2006】民一终字第11号，2006年第6期第20页）

97 **【与生效裁判内容重复】**【诉讼请求实质内容与生效裁判内容重复的，法院不宜再作审理】

提起诉讼的原告与一生效裁判的起诉原告虽不同，不属于重复起诉，但诉讼请求实质内容与该生效裁判内容重复的，仍有悖于"一事不再理"原则，法院不宜再作审理。（奉化步云公司诉上海华源公司案，法公字（2006）第6-25号）

上诉人奉化步云工贸有限公司与被上诉人上海华源企业发展股份有限公司有关服饰类"步云"系列商标的归属问题虽争议多年，并经多家法院的不同诉讼程序审理，但终由（2003）浙民再字第22号民事判决确定，双方对无偿转让商标的协议有效，奉化步云工贸有限公司应履行与上海华源企业发展股份有限公司签订的将原奉化市步云集团有限公司注册的用于服饰类的'步云'系列商标（注册号为第721602、第590714、第1106546号）专用权无偿转让给奉化华源步云西裤有限公司所有的协议，并于判决规定期限内共同向国家商标管理局提出申请，办理注册商标所有权转移的核准手续。至此，双方有关商标权的归属问题已有定论。在所述再审案件一审阶段本案上诉人虽非起诉的原告，本案中其作为原告起诉虽不属于重复起诉，但其诉讼请求实质上仍属于商标权归属问题，显然与（2003）浙民再字第22号民事判决内容重复。按照"一事不再理"原则，人民法院不宜再作审理，上诉人的上诉理由不能成立。（奉化步云公司与上海华源公司商标所有权转让纠纷不予受

理案,【2003】民二终字第169号,2006年第6期第25页)

98 【管辖权异议】【管辖权异议问题未解决前,法院不审查是否中止诉讼的问题】

管辖权的确定是法院处理案件其他程序问题和所有实体问题的前提,在管辖权异议问题解决后,审理法院才需要审查决定是否应当中止诉讼等问题。在处理管辖权异议的上诉案件中,中止诉讼问题不属于法院的审理范围。(河北新凯汽车制造有限公司等诉(日本)本田技研工业株式会社等案,法公字(2006)第9-20号)

关于是否应当考虑两上诉人所提中止诉讼的请求。管辖权的确定是法院处理案件其他程序问题和所有实体问题的前提,只有在管辖权异议问题解决之后,审理法院才需要审查决定是否应当中止诉讼等诸问题。作为处理管辖权异议的上诉案件,中止诉讼问题不属于本案的审理范围,本院对此不予审查。另外,对两被上诉人所提两上诉人以无理的管辖权异议拖延本案审理程序的意见,由于两上诉人系依法行使诉讼权利,也与本案的审理无关,本院亦不予支持。(河北新凯汽车制造有限公司、高碑店新凯汽车制造有限公司与(日本)本田技研工业株式会社、东风本田汽车(武汉)有限公司、北京鑫升百利汽车贸易有限公司侵犯外观设计专利权纠纷管辖权异议案,【2005】民三终字第2号,2006年第9期第20页)

99 【清算组】【证券公司遭清算的,清算组有权就侵害客户交易结算资金的纠纷提起诉讼】

任何侵害客户交易结算资金的行为,证券公司都有权并且有责任主张救济。当证券公司被责令关闭,进行行政清理后,由证券监督管理机构指定成立的行政清算组相应取得证券公司对保证客户交易结算资金完整的权利和责任,清算组有权就侵害客户交易结算资金的纠纷提起诉讼。(天同证券有限责任公司清算组诉恒丰银行股份有限公司等案,法公字(2008)第7-36号)

任何针对客户交易结算资金的侵害行为,证券公司都有权并且有责任主张救济。况且本案中,天同证券与恒丰银行签订的《客户证券结算资金存管协议》第十一条第7项约定:“任何将客户交易结算资金银行专用存款账户内的资金转入银行方账户的行为均视为相关存款银行直接挪用客户交易结算资金。”因此,天同证券依据该项约定也有权向恒丰银行主张相应的权利。当证券公司被责令关闭、进行行政清理后,由证券监督管理机构指定成立的行政清算组相应取得证券公司对保证客户交易结算资金完整的权利和责任。因此,天同证券清算组是适格的原告,有权就本案的争议提起诉讼。(天同证券有限责任公司清算组与恒丰银行股份有限公司、恒丰银行股份有限公司济南分行、恒丰银行股份有限公司烟台青年路支行返

还扣划结算资金纠纷案,【2007】民二终字第 147 号,2008 年第 7 期第 36 页)

100　**【有串标行为】**【认为竞标人有串标行为侵害其利益的,应当向有关部门提出主张】

第三人对国有土地使用权的挂牌出让竞标、中标结果有异议,认为参与竞标人有串标行为侵害其利益的,应当向有关部门提出主张。(浙江省乐清市乐城镇石马村村民委员会诉浙江顺益房地产开发有限公司案,法公字(2008)第 9-17 号)

关于对挂牌效力异议应如何认定问题。村委会认为在竞标中双方当事人有串标行为,侵害了第三方利益,应为无效。本院认为,乐清市国土资源局在确认讼争土地使用权的挂牌出让后,顺益公司中标,而且在中标后付清了土地出让款,并已取得了讼争地块的《国有土地使用权证》。对此,如果有第三方提出异议,认为在竞标中当事人有串标行为侵害其利益,应由第三方向有关部门提出主张,而村委会无权主张。对村委会该项诉讼请求,不予支持。(浙江省乐清市乐城镇石马村村民委员会与浙江顺益房地产开发有限公司合作开发房地产合同纠纷案,【2006】民一终字第 59 号,2008 年第 9 期第 17 页)

101　**【权证】**【权证不适用虚假陈述规定中关于前置程序的规定】

权证属于证券衍生品种,权证交易的期限等内容属于权证交易规则所确定的提示性信息披露,与虚假陈述规定所确定的内容不相同,不适用虚假陈述规定中关于前置程序的规定。(陈伟诉广东省机场管理集团公司等案,法案例(2008)12-30)

被告广东机场集团提出本案应当适用虚假陈述规定中关于前置程序的规定,原告陈伟的起诉不具备受理条件,应予驳回。针对这个问题,法院认为,虚假陈述规定主要调整和规范涉及上市公司内部财务状况、股权结构以及公司经营管理人员变化等重大事项的披露,权证属于证券衍生品种,权证交易的期限等内容属于权证交易规则所确定的提示性信息披露,与虚假陈述规定所确定的内容不相同,故本案不适用虚假陈述规定。对广东机场集团该项主张,不予支持。原告起诉符合法定条件,应予受理。(陈伟诉广东省机场管理集团公司、广州白云国际机场股份有限公司、上海证券交易所侵权纠纷案,2008 年第 12 期第 30 页)

102　**【股东派生诉讼】**【公司怠于行使权利,控股股东有权提起股东派生诉讼】

在公司怠于行使权利的情况下,公司控股股东有权提起股东派生诉讼,其具备原告的主体资格。(浙江和信电力开发有限公司等诉通和置业投资有限公司等案,法公字(2009)第 6-37 号)

原审法院认为和信公司、大兴公司作为通和控股的股东,在公司怠于行使权利的情况下,依照《中华人民共和国公司法》第一百五十二条的规定,有权提起股东派生诉讼,其具备原告的主体资格。和信公司、大兴公司在本案中提起的诉讼分别涉及利润补偿款、股权转让款的支付以及解除委托关系等三项请求,而请求的对象虽涉及三个不同的主体,但由于原告的请求是以实现股权转让款这一同一标的作为其事实上的牵连而构成了必要的共同诉讼,该案可以合并审理。(浙江和信电力开发有限公司等诉通和置业投资有限公司等案,【2008】民二终字第123号,2009年第6期第37页)

103 **【刑事犯罪】**【指控当事人的行为构成刑事犯罪,不属于民事案件的审理范围】

当事人一审时未提出,在二审阶段才提出的诉讼请求,法院将不予审理。当事人主张对方当事人的行为构成刑事犯罪的,因不属于民事案件的审理范围,法院亦不予审理。(兰州神骏物流有限公司诉兰州民百(集团)股份有限公司案,法公字(2010)第2-32号)

神骏公司上诉主张民百公司接受的3000万元资产定向转增新股构成非公开发行,该非公开发行未经中国证监会批准,所以股东大会决议通过的《股权分置改革方案》中3000万元资产转增为28 379 137股新股的内容无效。因神骏公司在原审起诉中要求民百公司赔偿1 753 800股股份折合赔偿人民币20 081 010元,其实质是以股东大会决议及其通过的《股权分置改革方案》有效为前提,如果股东大会决议及《股权分置改革方案》无效,神骏公司的诉讼请求就没有依据,且神骏公司在本案原审中没有请求确认股东大会决议及《股权分置改革方案》无效,其在二审中主张无效,超出了本上诉案审理范围,本院不予审理。神骏公司主张的民百公司因违反《证券法》非公开发行的规定而构成刑事犯罪,不属本案审理范围,本院不予审理。(兰州神骏物流有限公司与兰州民百(集团)股份有限公司侵权纠纷案,2010年第2期第32页)

第三节 开庭审理

104 **【不同的法律关系】**【诉讼请求虽基于相同的事实,但属于不同性质的法律关系的,法院应分别作出认定】

当事人在开庭审理前可以增加诉讼请求。只要各诉讼请求确属不同性质的法律关系,即使都基于相同的事实,也不属于"一事不再理"范畴,法院应当对不同性

质的法律关系分别作出认定。（南京雪中彩影公司诉上海雪中彩影公司等案，法案例(2006)5-31）

关于争议焦点一。《中华人民共和国民事诉讼法》第一百二十六条规定："原告增加诉讼请求，被告提出反诉，第三人提出与本案有关的诉讼请求，可以合并审理。"原告南京雪中彩影公司最初提起商标侵权诉求，开庭审理前又增加了不正当竞争诉求。两项诉讼请求虽然基于相同的事实，但确实分属不同性质的法律关系。南京雪中彩影公司有权增加诉讼请求，有权请求法院对两个不同性质的法律关系分别作出认定，这与"一事不再理"原则不冲突。鉴于在本案中，商标侵权与不正当竞争因相同的法律事实引起，两者之间有关联性，合并审理有利于诉讼经济；况且南京雪中彩影公司增加诉讼请求后，法庭已给予被告上海雪中彩影公司、江宁雪中彩影分公司补充答辩和重新举证的机会，合并审理不损害上海雪中彩影公司、江宁雪中彩影分公司的诉讼权利。所以，上海雪中彩影公司、江宁雪中彩影分公司关于法院不应当准许南京雪中彩影公司增加诉讼请求的理由不当，不予采纳。（南京雪中彩影公司诉上海雪中彩影公司及其分公司商标侵权、不正当竞争纠纷案，2006 年第 5 期第 31 页）

105 **【合并审理】**【两个债务纠纷性质相同的，法院可以合并审理】

诉的合并可以基于当事人的申请或者由人民法院决定。两个债务纠纷的债权人为同一主体，债务人也为同一主体，债权债务的性质相同的，法院可以将两个债务纠纷合并审理。仅以债务的担保人不同，提出法院合并审理错误的，理据不足。（何荣兰诉海科公司等案，法公字(2004)第 4-15 号）

海科公司主张本案所涉的两个债务纠纷不应合并审理。由于诉的合并既可以基于当事人的申请，也可以由人民法院决定。本案中涉及的两个债务纠纷，债权人均为何荣兰，债务人均为水泥制品厂，债权债务的性质相同，且均属于一审法院管辖范围，一审法院将两个债务纠纷合并审理并无不当。海科公司仅以债务的担保人不同，提出一审法院合并审理错误，理据不足，其主张应予驳回。（何荣兰诉海科公司等清偿债务纠纷案，【2003】民一终字第 46 号，2004 年第 4 期第 15 页）

106 **【实体审理】**【法院不应对与生效民事判决相矛盾的诉讼请求进行实体审理】

生效判决对当事人和法院均具有约束力。当事人对已经发生法律效力的判决不服，或者法院发现生效判决确有错误的，只有依法通过启动审判监督程序，撤销原判，才能对案件重新审理。否则，当事人不得在以后的诉讼中主张与生效法律文书判决相反的内容，法院也不得在以后的诉讼中作出与该判决冲突的认定和处理。

（徐州市路保交通设施制造有限公司诉徐州市华建房地产开发有限公司等案，法公字（2006）第6-14号）

当事人对已经发生法律效力的判决不服，或者法院发现生效判决确有错误，只有依法通过启动审判监督程序，撤销原判，才能对案件重新审理。否则，当事人和法院都应受该生效判决的拘束，当事人不得在以后的诉讼中主张与该判决相反的内容，法院也不得在以后的诉讼中作出与该判决冲突的认定和处理。

根据查明的事实可知，在一审法院受理本案之前，华建公司已于2002年9月，向江苏省徐州市云龙区人民法院提起民事诉讼，基于双方所签《商品房购销合同》要求路保公司偿还到期购房款。江苏省徐州市云龙区人民法院以（2002）云民初字第1664号民事判决判令路保公司偿付华建公司购房款2 705 407元，江苏省徐州市中级人民法院以（2003）徐民一终字第1006号民事判决维持了该一审判决。上述一、二审判决中，均认定双方所签《商品房购销合同》有效，并在认定合同有效的基础上判令继续履行合同。换言之，对合同效力问题及如何处理后续问题，在路保公司提起本案诉讼之前，已经为人民法院依法作出的生效判决所解决，该生效判决对当事人和法院具有约束力。有鉴于此，路保公司在本案中，无论是主张合同解除、抑或主张合同无效，均与（2003）徐民一终字第1006号民事判决相矛盾，一审法院对路保公司及尤安庆所提诉讼请求进行实体审理不当，应予纠正。（徐州市路保交通设施制造有限公司与徐州市华建房地产开发有限公司、第三人尤安庆房屋买卖合同纠纷案，【2005】民一终字第65号，2006年第6期第14页）

第四节　诉讼中止和终结

107 【中止审理】【追究储蓄合同违约不必等到相关刑事案件结案后才能确认违约责任，无须中止审理】

在借记卡账户内存款被盗取后，储户和金融机构都向公安机关报过案，公安机关或检察机关未作出有经济犯罪嫌疑的函告，储户向法院起诉储蓄合同违约，要求追究金融机构在履行储蓄合同过程中的违约责任的，不必等相关刑事案件结案，违约之诉案件无须中止审理。（周培栋诉江东农行案，法案例（2006）2-44）

尽管在金穗借记卡账户内存款被盗取后，原告周培栋和被告江东农行都向公安机关报过案，但在周培栋提起的储蓄合同违约之诉立案后，人民法院没有收到公安机关或检察机关关于本案有经济犯罪嫌疑的函告。况且周培栋要求追究的是江东农行在履行储蓄合同过程中的违约责任，该民事责任不必等到相关刑事案件结案后才能确认，故本案无需适用以上司法解释中止审理。（周培栋诉江东农行储蓄

合同纠纷案,2006 年第 2 期第 44 页)

第五节 判决和裁定

108 【裁定的适用范围】【未经实体审理就以裁定的方式认定合同欺诈,程序错误】

双方当事人在合同中约定通过仲裁解决纠纷,未经有关机关确认合同无效的,当事人应当受合同条款的约束。由合同履行引发的纠纷,应通过仲裁解决,法院无管辖权。如果涉及第三人,仲裁庭不能追究第三人责任的,当事人可以以第三人为被告向法院另行提起诉讼。

当事人起诉称对方利用合同进行欺诈,法院未经实体审理就以实体判决确认,并以裁定的方式认定利用合同进行欺诈,违反了《民事诉讼法》第 140 条关于裁定适用范围的规定,在程序上是错误的。(江苏省物资集团轻工纺织总公司诉(香港)裕亿集团有限公司等案, 法案例(1998)3-109)

本案争议的焦点在于仲裁机构是否有权对当事人之间的侵权纠纷作出裁决。《中华人民共和国仲裁法》自 1995 年 10 月 1 日起施行,该法第二条规定:“平等主体的公民、法人和其他组织之间发生的合同纠纷和其他财产权益纠纷,可以仲裁。”第三条规定:“下列纠纷不能仲裁:一、婚姻、收养、监护、抚养、继承纠纷;二、依法应当由行政机关处理的行政争议”。《中国国际经济贸易仲裁委员会仲裁规则》(以下简称仲裁规则)第二条也明确规定:该委员会“……解决产生于国际或涉外的契约性或非契约性的经济贸易等争议……”从被上诉人轻纺公司在原审起诉状中所陈述的事实和理由看,其所诉上诉人裕亿公司和太子公司的侵权行为,均是在签订和履行 CC960505 号和 CC960506 号两份销售合同过程中产生的,同时也是在仲裁法实施后发生的。而该两份合同的第 8 条均明确规定:“凡因执行本合约所发生的或与本合约有关的一切争议,双方可以通过友好协商予以解决;如果协商不能解决,应提交中国国际经济贸易仲裁委员会,根据该会的仲裁规则进行仲裁。仲裁裁决是终局的,对双方均有约束力。”根据仲裁法和仲裁规则的上述规定,中国国际经济贸易仲裁委员会有权受理侵权纠纷,因此本案应通过仲裁解决,人民法院无管辖权。原审法院认为轻纺公司提起侵权之诉,不受双方所订立的仲裁条款的约束,显然是与仲裁法和仲裁规则相悖的;况且原审法院在轻纺公司起诉称裕亿公司和太子公司利用合同进行欺诈的情况下,未经实体审理就以实体判决确认,并以裁定的方式认定二上诉人利用合同进行欺诈,违反了我国民事诉讼法第一百四十条关于裁定适用范围的规定,在程序上也是错误的,上诉人的上诉理由成立,应予支持。

本案双方当事人在合同中明确约定发生纠纷通过仲裁方式解决，在该合同未经有关机关确认无效的情况下，当事人均应受该合同条款的约束；即使本案涉及第三人，在仲裁庭不能追究第三人责任的情况下，轻纺公司可以以第三人为被告向人民法院另行提起诉讼，当事人的合法权益仍然可以得到维护。轻纺公司关于“本案涉及第三人……只有人民法院审理此案，才能查清事实，保护当事人的合法权益”的答辩理由，不予采纳。（江苏省物资集团轻工纺织总公司诉（香港）裕亿集团有限公司、（加拿大）太子发展有限公司侵权损害赔偿纠纷上诉案，1998 年第 3 期第 109 页）

109 【诉讼请求范围】【民事诉讼的裁判不能超出诉讼请求的范围】

法院在民事诉讼中应围绕当事人的诉讼请求进行审理，作出的裁判不能超出诉讼请求。对于诉讼请求之外的主张，当事人可基于其他法律关系提起诉讼。（巴菲特投资有限公司诉上海自来水投资建设有限公司案，法案例(2010)4-44）

根据民事诉讼法的规定，法院在民事诉讼中应围绕当事人的诉讼请求进行审理，作出的裁判不能超出诉讼请求。上诉人巴菲特公司在本案一审中提起给付之诉，被上诉人自来水公司则提起确认之诉的反诉，一审法院经审理对当事人的本诉和反诉均进行了裁判。上诉人提出的无效合同的后果处理不属于一审诉讼的审理范围，因此，一审判决对无效合同的后果未予处理并无不当，上诉人可基于另一法律关系提起诉讼。（巴菲特投资有限公司诉上海自来水投资建设有限公司股权转让纠纷案，2010 年第 4 期第 44 页）

110 【诉讼请求被满足】【诉讼请求已经得到满足的，法院不必再行判决】

当事人已采取措施，使对方的诉讼请求得到满足的，法院不必再行判决。（王春生诉张开峰等案，法案例(2008)10-45）

鉴于信用卡中心已经将其姓名从银行征信系统不良信用记录中删除，故王春生关于撤销其银行不良信用记录的诉讼请求已经得到满足，不必再行判决。（王春生诉张开峰、江苏省南京工程高等职业学校、招商银行股份有限公司南京分行、招商银行股份有限公司信用卡中心侵权纠纷案，2008 年第 10 期第 45 页）

111 【合并审理】【合并审理后当事人未提出撤回撤销权之诉的，法院应就该撤销权之诉作出裁判】

借款纠纷与被移送的撤销权纠纷合并审理后，原告并未明确提出撤回撤销权之诉的，法院应当根据查明的案件事实，就撤销权之诉作出裁判。（国家开发银行诉沈阳高压开关有限责任公司等案，法公字(2008)第 12-11 号）

原审法院将其受理的借款纠纷与辽宁省高级人民法院移送的撤销权纠纷合并

审理后，国开行并未明确提出撤回撤销权之诉，故原审法院根据查明的案件事实，判令撤销东北电气以其持有的对东北输变电人民币7666万元的债权及利息与沈阳高开持有的在诚泰能源95%的股权和在新泰仓储95%的股权进行股权置换的合同并无不当，应予维持。（国家开发银行与沈阳高压开关有限责任公司、新东北电气（沈阳）高压开关有限公司、新东北电气（沈阳）高压隔离开关有限公司、沈阳北富机械制造有限公司等借款合同、撤销权纠纷案，【2008】民二终字第23号，2008年第12期第11页）

第十四章　第二审程序

112　**【语言文字用法欠妥】**【判决书的语言文字用法欠妥的，不影响审判结论的正确性】

法院判决事实清楚，适用法律正确，只是判决书在描述事实等方面语言文字用法欠妥的，不影响判决结论的正确性。（香港美艺金属制品厂诉中国专利局专利复审委员会案，法案例(1992)2-52）

专利复审委员会根据对比文献1和对比文献2认定"惰钳式门"发明专利已不具备创造性，作出宣告第85101517号"惰钳式门"发明专利权无效的决定，缺乏充分的证据。原审法院判决撤销专利复审委员会第112号无效宣告请求审查决定是正确的。但原审法院的判决书在描述事实和作出创造性判断时，有些语言文字用法欠妥。如，在判决书中将该发明说明书中的个别技术构成内容作为该发明权利要求的技术构成与现有技术对比；对比文献2的发明目的表述不准确；将该发明与对比文献2中的H型"衬套与斜杆的连接方式"等不相关的内容也作为该发明与已有技术的区别，等等，是不妥的，应予以纠正。但这些并不影响原审判决结论的正确。就全案而言，原审判决事实清楚，适用法律并无不当。（香港美艺金属制品厂诉中国专利局专利复审委员会确认"惰钳式门"发明专利权纠纷上诉案，1992年第2期第52页）

113　**【超出请求范围】**【经当事人同意的，法院可以审理超出一审诉讼请求范围的事项】

二审中上诉人提出超出一审起诉的诉讼请求范围的主张，被上诉人作了实质性答辩，并同意将此作为案件争议焦点的，二审法院可以进行审理。（大洋公司诉黄河公司案，法公字(2004)第9-17号）

在二审中，上诉人大洋公司再以合同存在非法垄断技术、妨碍技术进步为由，请求确认合同无效。这一诉讼请求本不属于上诉人大洋公司起诉的诉讼请求范围，但鉴于被上诉人黄河公司在二审中针对上诉人大洋公司提出的导致本专利实施许可合同无效的理由，作了实质性答辩，并同意将此作为本案争议焦点，因此，二审法院在庭审过程中对此问题也进行了法庭调查，双方当事人也发表了法庭辩论意见。（大洋公司诉黄河公司专利实施许可合同纠纷案，【2003】民三终字第8号，

2004 年第 9 期第 17 页）

114 **【合同关系外的主体】**【合同关系外的主体对不涉及自己利益的他人合同关系的效力及其诉讼管辖，无独立的请求权】

合同关系外的主体对不涉及自己利益的他人合同关系的效力及其诉讼管辖，均无独立的请求权。虽由原审法院通知其参加诉讼，但因无当事人的诉讼权利且原审判决未判令其承担责任，其对原审法院判决的异议，二审法院不予支持。（浙江金华市自来水公司诉江西三清山管委会案，法公字（2005）第 4-30 号）

就本案而言，自来水公司等三公司与三清山管委会所签订的一系列合同仅设定了合同双方的权利义务关系，没有为三清山索道公司设定权利和义务，三清山索道公司作为该合同关系之外的主体，对不涉及自己利益的他人合同关系的效力以及诉讼管辖问题均没有独立的请求权。三清山索道公司虽由原审法院通知参加诉讼，但因其不具有当事人的诉讼权利且原审判决也未判令其承担责任，其所提出的原审法院未对其诉讼请求作出判决、未对其管辖异议作出书面裁定等程序违法的上诉理由，本院均不予支持。（浙江金华市自来水公司诉江西三清山管委会联营建设索道纠纷案，【2001】民二终字第 197 号，2005 年第 4 期第 30 页）

115 **【根据新证据改判】**【二审根据新证据对案件改判，不应认为原审裁判错误】

二审期间当事人根据法律规定提交了新证据，法院对新证据进行质证后予以采信从而改判的，不应当认为一审判决错误。（东方公司广州办事处诉中山市工业原材料公司等案，法公字（2005）第 6-11 号）

对于 325 万美元借款的担保责任问题，由于广州办事处在原审期间举证不能，原审判决判令建设总公司不承担担保责任，并无不当。二审期间，广州办事处提交了两份新证据，用以证明其向主债务人原材料公司和保证人建设总公司主张权利没有超过诉讼时效和保证期间，本院经质证，采信了上述证据材料并作出建设总公司应当对上述借款承担连带责任的判决。最高人民法院《关于民事经济审判方式改革问题的若干规定》第三十八条规定："第二审人民法院根据当事人提出的新证据对案件改判或者发回重审的，应当在判决书或者裁定书中写明对新证据的确认，不应当认为是第一审裁判错误。"故本院对上述借款担保责任承担的改判，应不认定是原审判决错误。但对于 1611031.25 美元贷款的责任判定问题，应认定是原审判决认定事实不清，责任判处不当，本院予以纠正。广州办事处的上诉理由成立，本院予以支持。（东方公司广州办事处诉中山市工业原材料公司等借款担保合同纠纷案，【2004】民二终字第 207 号，2005 年第 6 期第 11 页）

116 **【未主张的法律关系】**【裁判当事人未予主张的法律关系，法院违反了法定程序】

一审法院经审理查明，认为当事人的诉请主张不能成立的，在向当事人行使释明权告知其变更诉讼请求后，当事人仍未变更诉讼请求的，法院不应作出实体判决，应当驳回起诉。法院径行对当事人未予主张的法律关系予以裁判，替行了原告的起诉权利，并剥夺了被告的抗辩权利，违反了法院审理民事案件的法定程序。（北京新中实经济发展有限责任公司等诉华润置地（北京）股份有限公司案，法公字（2006）第8-14号）

一审期间，华润公司在起诉状、庭审陈述及所附证据材料中，均明确表示其主张项目转让款的依据为双方之间存在房地产项目转让的法律关系。一审法院基于审理查明的事实认为，华润公司诉请主张的"项目转让关系"不能成立，遂于庭审结束后至一审判决前，多次向华润公司行使释明权，告知其变更诉讼请求，否则自行承担诉讼风险，但华润公司拒绝对诉讼请求予以变更。根据最高人民法院《关于民事诉讼证据的若干规定》的规定，一审诉讼过程中，当事人主张的法律关系的性质或民事行为的效力与一审法院根据案件事实作出的认定不一致，一审法院应当告知当事人可以变更诉讼请求。本案中，经一审法院告知后，华润公司仍未变更诉讼请求，由于华润公司主张的法律关系性质与一审法院根据案件事实认定的不一致，一审法院不应作出实体判决，而应驳回华润公司的起诉。一审法院在华润公司经释明仍未变更诉讼请求的情形下，径行对华润公司未予主张的法律关系予以裁判，既替行了华润公司的起诉权利，又剥夺了新中实公司和海南中实公司的抗辩权利，违反了人民法院审理民事案件的法定程序。（北京新中实经济发展有限责任公司、海南中实（集团）有限公司与华润置地（北京）股份有限公司房地产项目权益纠纷案，【2004】民一终字第107号，2006年第8期第14页）

117 **【上诉请求】**【当事人未上诉的，不得在二审中提出诉讼请求】

一审判决后当事人未上诉，表明其服从一审法院就其与对方当事人之间民事权利义务的处理。同案其他当事人不服判决上诉后，未上诉的当事人在庭审中提出诉讼请求的，二审法院应不予审查。同案其他当事人在上诉请求中，不得代为提出应由未上诉的当事人应当提出的诉讼请求。（中国农业银行哈尔滨市太平支行诉哈尔滨松花江奶牛有限责任公司等案，法公字（2008）第9-23号）

对于上诉人提出的工大集团不应当承担责任的理由与请求是否属于二审审理范围。第二审程序因当事人提起上诉而开始，上诉权是法律赋予当事人的一项诉讼权利，当事人既可以行使也可以放弃。第一审判决后当事人不上诉，表明当事人服从第一审人民法院对他们之间民事权利义务的处理。本案中作为原审被告的工大集团并未在法定期间内向本院提起上诉,只是在向合议庭提交的代理词中表示工大集团不应承担奶牛公司不能清偿太平农行债务时的清偿责任。根据《民事诉讼法》第一百五十一条的规定,第二审人民法院审理上诉案件,应当对当事人上诉请求的有关事实和适用法律进行审查。因此对于工大集团提出的请求二审应不予审查。奶牛公司在上诉状中提出工大集团不承担责任的主张,因工大集团是独立的企业法人,奶牛公司无权就工大集团是否承担责任提出上诉请求,因此,对奶牛公司提出的工大集团不应当承担责任的请求本院不予审查。(中国农业银行哈尔滨市太平支行与哈尔滨松花江奶牛有限责任公司、哈尔滨工大集团股份有限公司、哈尔滨中隆会计师事务所有限公司借款合同纠纷案,【2007】民二终字第 178 号,2008 年第 9 期第 23 页)

第十六章 审判监督程序

118 【**审理范围限制**】【基于审判监督程序提起的诉讼,应当受原审审理范围的限制】

基于审判监督程序提起的审判,其审理范围应当受原审审理范围的限制。超出原审的审理范围的事项,法院不得作出裁判。对于无独立请求权第三人,法院不应违反"不告不理"原则,判令当事人向其承担责任。(中国有色金属工业长沙勘察设计研究院诉海南省汇富房地产开发公司长沙公司等案,法公字(2006)第11-12号)

本案一审程序系湖南省高级人民法院基于审判监督程序提起,因此,本案的审理范围应当受原审审理范围的限制。由于原审调解协议达成前,雄新公司受让的抵押权已经湖南省长沙市天心区人民法院(1997)天经初字第354号和367号生效民事判决确认,基于抵押权的追及效力,抵押权人可以向抵押物的最终受让人追偿,故该项抵押权已经获得可以在执行程序中实现的法律依据。原审中,长勘院与汇富公司、汇富长沙公司之间的合作建房合同纠纷并不涉及土地抵押权的内容。故一审判决在维持原审调解协议的同时,对抵押权作出处理,超出了原审的审理范围。

由于雄新公司是基于其申请,由一审法院通知参加诉讼,根据《中华人民共和国民事诉讼法》第五十六条的规定,其诉讼地位为无独立请求权第三人。一审判决判令一审原告长勘院向无独立请求权第三人雄新公司承担责任,违反了民事诉讼"不告不理"原则。(中国有色金属工业长沙勘察设计研究院与海南省汇富房地产开发公司长沙公司、海南省汇富房地产开发公司合作建房合同纠纷案,【2006】民一终字第28号,2006年第11期第12页)

119 【**和解协议**】【诉讼和解协议应是当事人真实意思表示,其内容不限于当事人的诉讼请求事项】

诉讼和解协议是当事人通过相互让步以终止其争议或防止争议再发生而形成的合意,其内容不限于当事人的诉讼请求事项。当事人已经在和解协议上签字,并已履行协议的,不存在调解违背其真实意愿及违反调解自愿原则的情形。法院根据该和解协议依法制作调解书的,当事人不得以调解违反自愿原则或者调解协议

的内容违反法律申请再审。（杨培康与无锡活力保健品有限公司案，法公字（2009）第11-37号）

本院认为，诉讼和解协议是案件当事人通过相互让步以终止其争议或防止争议再发生而形成的合意，和解协议的内容不限于当事人的诉讼请求事项。本案中，杨培康具有较高的文化程度，其代理律师亦与杨培康一起参加了庭审及和解、调解活动，杨培康本人在和解协议上签字，并接收了活力公司按照协议约定支付的款项。因此，本案并不存在杨培康所称的“调解违背其真实意愿”及违反调解自愿原则的情形。另外，该和解协议的内容亦不违反法律。二审法院根据双方当事人签订的和解协议依法制作调解书，并无不当。杨培康的再审申请不符合《中华人民共和国民事诉讼法》第一百八十二条规定情形。（杨培康与无锡活力保健品有限公司侵犯发明专利权纠纷案，【2008】民申字第1185号，2009年第11期第37页）

第十八章　公示催告程序

120 【公示催告】【法院可以受理股票灭失公示催告的申请】

人民法院受理股票灭失公示催告申请后，应在相应媒体上发出公告，催促利害关系人申报权利。在股票灭失公示催告期间无人申报权利的，期满后申请人可以向人民法院申请判决灭失的股票无效，并有权向股票发行公司申请补发。（黎传雄股票灭失申请公示催告案，法案例(1993)4-164）

黎传雄于1986年4月，从上海申银证券公司购得上海真空电子器材股份有限公司A股股票60股(每股票面价值人民币100元)，股票号9115至9174。1991年9月，黎传雄陪妻看病外出，窃贼乘虚入室，盗走上述全部股票。黎传雄发现家中被盗后，即向公安机关报案，并向证券交易所挂失。嗣后，失窃案被公安机关侦破，但上述股票已被罪犯销毁。此时，上海股市交易由有票交易改为无票交易，股票持有人应将所持股票输入电脑。因黎传雄所持股票已灭失，证券公司不予办理股票输入电脑手续。1993年2月，黎传雄向上海真空电子器件股份有限公司领取股东灭失股票补发申请书，并向上海市静安区公证处办理了股票灭失声明书。1993年6月，黎传雄又向上海市静安区人民法院申请股票灭失公示催告。

依照《中华人民共和国民事诉讼法》第一百九十三条的原则规定，上海市高级人民法院指定静安区人民法院予以受理。

上海市静安区人民法院根据上海市高级人民法院的指定，参照《中华人民共和国民事诉讼法》第一百九十三条的规定，决定受理黎传雄的申请。经向上海证券交易所登记部查验，申请人黎传雄名下确有上海真空电子器件股份有限公司A股股票60股(每股面值人民币100元)。该院在案件受理后三日内，即1993年6月12日发出公告，并将公告内容刊登在6月15日的《上海证券报》上，催促利害关系人在六十日内申报权利。公示催告期间，无人申报权利。期满后，黎传雄于同年8月18日向静安区人民法院申请判决。根据申请人黎传雄的申请，上海市静安区人民法院参照《中华人民共和国民事诉讼法》第一百九十七条之规定，于1993年9月22日作出判决：

一、宣告申请人黎传雄灭失的上海真空电子器件股份有限公司A股股票60股(每股面值人民币100元，股票号码9115至9174)无效。

二、自本判决公告之日起，申请人黎传雄有权向股票发行公司上海真空电子器件股份有限公司申请补发。(黎传雄股票灭失申请公示催告案，1993年第4期第164页)

第三编 执行程序

第十九章 一般程序

121 **【执行中的问题】**【执行中存在问题,不应通过审判监督程序解决】

民事判决执行中存在的问题,应通过执行程序解决,不应作为当事人申请再审的理由通过审判监督程序解决。人民法院在执行程序中所作裁定经发现确有错误,需要撤销的,法院院长应当提交审判委员会讨论决定后,裁定撤销原裁定。(武汉中联证券劳动服务公司诉港澳祥庆实业案,法公字(2007)第5-29号)

湖北省高级人民法院对(1996)鄂经初字第73号民事调解书再审后做出的(2001)鄂高法监二民再字第10号民事调解书,除对原调解书的内容全部予以维持外,增加了一项内容即要求中联公司将从石家庄冀昌服务有限公司(原石家庄冀庆服务有限公司)取得的全部收益和资金(含原审执行款)返还给澳门祥庆,中联公司不享有在该合作企业的股权。而该项中所指的执行款是中联公司因执行(1996)鄂经初字第73号调解书而取得的。(2001)鄂高法监二民再字第10号民事调解书在维持(1996)鄂经初字第73号民事调解书内容的同时,又确认中联公司将原执行款返还澳门祥庆,内容存在矛盾,是非不清,违反了《中华人民共和国民事诉讼法》第八十五条有关人民法院审理民事案件,应根据当事人自愿的原则,在事实清楚的基础上,分清是非,进行调解的规定。本案中联公司作为原告提起诉讼,要求被告澳门祥庆承担责任,且一审及再审时,澳门祥庆均未提起反诉。湖北省高级人民法院再审后作出的(2001)鄂高法监二民再字第10号民事调解书,却对作为原告的中联公司返还被告澳门祥庆款项的内容予以确认,程序上存在问题,违反了不告不理这一民事诉讼的基本原则。且即使执行中存在问题,亦应通过执行程序解决,而不应作为申请再审的理由通过审判监督程序解决。《中华人民共和国民事诉讼法》第八十九条第一款明确规定:"调解达成协议,人民法院应当制作调解书。调解书应当写明诉讼请求、案件的事实和调解结果。"根据该规定,调解书是解决当事人之间实体争议的法律文书。本院法释[1998]17号《关于人民法院发现本院作出的诉前保全裁定和在执行程序中作出的裁定确有错误以及人民检察院对人民法院作出的诉前保全裁定提出抗诉人民法院应当如何处理的批复》第一条也明确规定:“人民法院院长对本院已经发生法律效力的诉前保全裁定和在执行程序中作出的裁定,发现确有错误,认为需要撤销的,应当提交审判委员会讨论决定后,裁定撤销原裁定。”因此,人民法院在执行程序中所作裁定是否应予撤销不应在调解书中作出表述。湖北省高级人民法院在(2001)鄂高法监二民再字第10号民事调解书中表述该院为执行(1996)鄂经初字第73号调解书所作(1997)鄂执字第5-1号、5-2号民事裁定书视为撤销,违反法律规定。老富昌地产根据(1996)鄂经初字第73号民事调解书及相关执行的裁定依法取得了原澳门祥庆在内地合作企业的股权,湖北省高级人民法院在未阐述任何理由的情况下,即在(2001)鄂高法监二民再字第10号调解书中表述原执行裁定视为撤销,否定了老富昌地产取得股权的合法依据,损害了老富昌地产的合法权益。(武汉中联证券劳动服务公司与港澳祥庆实业返还财产纠纷案,【2005】民四提字第1号,2007年第5期第29页)

第二十一章 执行措施

122 【强制执行措施】【法院不得将强制执行措施写入判决书】

法院判决应当是依法对双方当事人讼争的实体问题、诉讼费用进行处理。法院不得将可能采取的强制执行措施写入判决书内。(湖南省总工会诉长沙市卫生防疫站案,法案例(1993)4-165)

法院判决应当是依法对双方当事人讼争的实体问题,以及诉讼费用作出处理。总工会要求防疫站以转让其新址房地产的价款抵偿应付的款项,总工会的这一请求,只有在防疫站确实不能履行判决确定的给付义务,法院决定强制执行时才可考虑予以实施。原审法院将可能采取的强制执行措施写入判决书内,也是不妥的。(湖南省总工会诉长沙市卫生防疫站房地产转让合同纠纷案,1993 年第 4 期第 165 页)

123 【酒店经营权】【酒店经营权可以交付申请执行人使用,以收益冲抵债权】

被执行人所有的酒店的注册资金被抽走,无资金可供人民法院执行的情况下,经申请执行人和被执行人同意,人民法院可以采取将酒店经营权交付申请执行人使用,以收益冲抵债权的方案执行。(桂林同德房地产开发有限公司申请执行重庆金山酒店有限公司等经营权案,法案例(1999)5-178)

重庆市高级人民法院委托审计部门对金山酒店进行司法审计,从中发现金山酒店注册资金早已被抽走,就连同德公司的 5000 万元借款除用于装修和开业等外亦已大都流失,已无资金可供法院执行。为了维护法制的统一和法律的尊严,依法平等保护本地和外地债权人的合法权益,该院依据所有权和经营权分离的原则,在本着既保证国有资产不流失,又兼顾各债权人利益不受损失的前提下,提出了"强制执行金山酒店,将其经营权交付同德公司使用,以收益冲抵债权"的方案。按此方案执行,经测算,金山酒店在交纳租金、扣除成本后,每年净现金流入额应为 517 万元;金山酒店经营权交同德公司后,以每年 517 万元额定数额冲抵债权,直至冲抵完毕。申请执行人同德公司与被执行人酒店公司均同意这一执行方案。同德公司还向法院书面承诺;接管金山酒店经营权后,保持酒店员工队伍稳定,维护酒店良好经营,按期缴纳租用金山商务大厦的租金和应付税款。同时承诺在法院处理金山商务大厦时，在同等条件下优先购买金山商务大厦涉及金山酒店的相应楼层。（桂林同德房地产开发有限公司申请执行重庆金山酒店有限公司等经营权案，1999年第5期第178页）

124 【托管经营】【法院可以决定采用托管方式经营管理被执行人所有的饭店】

强制执行的内容是将涉案饭店的动产、不动产全部交付给申请执行人的，为了在执行中不影响饭店的正常经营，顺利完成饭店财产的清点核实工作，保证饭店移交，法院可以采用托管方式执行，委托管理人代为经营管理被执行人所有的饭店。（中国银行等五家银行诉奥林匹克饭店有限公司案，法案例(1999)5-179）

仲裁裁决中的所谓“处分担保权益”，就是要实现抵押物权，因此强制执行的内容应当是将作为抵押物的奥林匹克饭店的动产、不动产全部交付给申请执行人。该院为了在执行中不影响饭店的正常经营，又能顺利地完成饭店财产的清点核实工作，保证饭店移交，决定采用“托管方式”执行。即委托北京六合兴饭店管理公司进驻奥林匹克饭店，在指定期间内完成核查饭店资产的工作，并代为经营管理。（中国银行等五家银行与奥林匹克饭店有限公司仲裁裁决执行案，1999年第5期第179页）

第四编　涉外民事诉讼程序的特别规定

第二十三章　一般原则

125　【优先请求权】【工资和遣返费用属优先请求权范畴】

轮船的所有人长期拖欠船员工资，致使轮船在港口发生滞留。承运人为使轮船完成原定航次，将已装船货物运抵目的港，垫付船员工资和遣返费用所提出的请求，属优先请求权，应当从轮船变卖款中优先偿还。（美国梯·捷·斯蒂文逊公司等诉利比里亚詹尼斯运输公司案，法案例（1989）1-29）

被告系奥轮所有人，由于不尽职责，长期拖欠船员工资，致使该轮在怀阿拉港发生滞留。原告梯·捷·斯蒂文逊公司为使该轮完成原定航次，将已装船货物运抵目的港，垫付船员工资和遣返费用229653美元所提出的请求，属优先请求权，按照国际通常做法，应从被告所属奥轮变卖款中优先偿还。梯·捷·斯蒂文逊公司请求偿还为被告垫付奥轮因滞留而产生的其他费用一节，因未提出有效证据，不予支付。（美国梯·捷·斯蒂文逊公司与欧文信托公司诉利比里亚詹尼斯运输公司追索垫付船员工资、船舶费用纠纷及行使船舶抵押权纠纷案，1989年第1期29页）

126　【限制出境】【被执行人不履行生效法律文书并有转移被扣押财产的可能，且拒绝提供有效担保的，法院可以限制其法定代表人出境】

被执行人不履行生效法律文书并有转移被扣押财产的可能，同时拒绝提供在我国境内有效的财产担保的，依照《外国人入境出境管理法》的规定，法院可以决定限制其法定代表人出境。被执行人愿意履行生效法律文书确认的义务，与申请执行人就债务执行达成协议，并履行了生效法律文书义务的，法院应当解除对被执行人法定代表人出境的限制。（安徽省医保公司诉（香港）华甲公司案，法案例（1996）2-70）

鉴于被执行人不履行调解协议和有转移被扣押财产之虞，合肥市中级人民法院要求被执行人提供在我国境内有效的财产担保，但遭到拒绝。在此情况下，合肥市中级人民法院考虑到被执行人的法定代表人麦克布赖德随时可能离境，于1995

年3月13日，依照《中华人民共和国外国人入境出境管理法》第二十三条第（二）项关于外国人在“人民法院通知有未了结民事案件不能离境”的规定，作出决定：“限制（香港）华甲有限公司董事长伊·狄·麦克布赖德出境。”其后，被执行人的法定代表人麦克布赖德表示愿意履行发生法律效力的民事调解书所确认的义务。1995年4月5日，被执行人华甲公司与申请执行人医保公司就其债务执行达成协议：原调解书确认华甲公司所欠医保公司货款和利息410万元，诉讼期间所生利息27.9万元，由华甲公司以其在深圳注册的新世界生化技术有限公司名下的一号厂房和两辆奔驰牌轿车折价抵债；上述财产抵债后多余的315万元，由医保公司代新世界生化技术有限公司偿还贷款利息、罚息和保险费等；华甲公司另付5万元给医保公司，用以支付一号厂房转让过程中应交纳的税金。

上述协议，在合肥市中级人民法院执行人员的监督下，已经履行。

合肥市中级人民法院随后解除了对被执行人的法定代表人麦克布赖德出境的限制。（安徽省医保公司因（香港）华甲公司不履行发生法律效力的民事调解书申请执行案，1996年第2期第70页）

127 【选择适用的法律】【国际海上货物运输合同当事人可以选择合同适用的法律】

国际海上货物运输合同当事人可以选择合同适用的法律。当事人在提单中明确约定适用某一法律，该约定是当事人真实意思表示，且不违反我国的公共利益，是合法有效的，应当尊重。（美国总统轮船公司诉菲达电器厂等案，法案例（2002）5-175）

对本案是国际海上货物运输合同无单放货纠纷，双方当事人没有异议，应予认定。海商法第二百六十九条规定：“合同当事人可以选择合同适用的法律，法律另有规定的除外。合同当事人没有选择的，适用与合同有最密切联系的国家的法律。”本案提单是双方当事人自愿选择使用的，提单首要条款中明确约定适用美国1936年《海上货物运输法》或海牙规则。对法律适用的这一选择，是双方当事人的真实意思表示，且不违反中华人民共和国的公共利益，是合法有效的，应当尊重。但是，由于海牙规则第一条规定，该规则仅适用于与具有物权凭证效力的运输单证相关的运输合同。本案提单是不可转让的记名提单，不具有物权凭证的效力。并且，海牙规则中对承运人如何交付记名提单项下的货物未作规定。因此解决本案的海上货物运输合同纠纷，不能适用海牙规则，只能适用美国1936年《海上货物运输法》。美国1936年《海上货物运输法》第三条第四款规定，该法中的任何规定都不得被解释为废除或限制适用美国《联邦提单法》。事实上，在适用美国1936年《海上货物运输法》确认涉及提单的法律关系时，只有同时适用与该法相关的美国

《联邦提单法》,才能准确一致地判定当事人在提单证明的海上货物运输合同中的权利义务。因此,本案应当适用美国1936年《海上货物运输法》和美国《联邦提单法》。原审被上诉人菲达厂在抗辩中主张对本案适用中国法律,不符合当事人在合同中的约定,不予支持。原审法院认定本案属侵权纠纷,并以侵权结果发生地在中国为由,对本案适用中国法律,不符合本案事实,是适用法律错误,应予纠正。(美国总统轮船公司与菲达电器厂等无单放货纠纷再审案,2002年第5期第175页)

128 【**无须再援引**】【国内已有符合条约要求的法律规定的,无须再援引条约】

对于知名商品特有的包装、装潢,我国《反不正当竞争法》已有明确的保护规定,该规定与《保护工业产权巴黎公约》的有关规定并无不合,在这种情况下,无须再援引条约的相关规定。(意大利费列罗公司诉蒙特莎(张家港)食品有限公司等案,法公字(2008)第6-24号)

本案费列罗公司请求保护的是知名商品特有的包装、装潢,我国反不正当竞争法第五条第(二)项对此已有明确的保护规定,而且该规定与《保护工业产权巴黎公约》的有关规定并无不合,在国内已有符合条约要求的法律规定的情况下,无需再援引条约的相关规定。(意大利费列罗公司与蒙特莎(张家港)食品有限公司、天津经济技术开发区正元行销有限公司不正当竞争纠纷案,【2006】民三提字第3号,2008年第6期第24页)

第二十四章　管　辖

129 【合同欺诈】【利用合同形式进行欺诈，构成侵权】

利用合同形式进行欺诈，已超出履行合同的范围，构成侵权。基于此产生的纠纷是侵权损害赔偿纠纷。当事人有权提起侵权之诉，不受双方订立的仲裁条款的约束，人民法院有管辖权。（中国技术进出口总公司诉瑞士工业资源公司案，法案例(1989)1-26）

上诉人利用合同形式，进行欺诈，已超出履行合同的范围，不仅破坏了合同，而且构成了侵权。双方当事人的纠纷，已非合同权利义务的争议，而是侵权损害赔偿纠纷。被上诉人有权向法院提起侵权之诉，而不受双方所订立的仲裁条款的约束。因本案侵权行为地在上海，依照民事诉讼法(试行)第二十二条关于"因侵权行为提起诉讼的，由侵权行为地人民法院管辖"的规定，以及该法第一百八十五条、第一百五十六条的规定，上海市中级人民法院对本案具有管辖权。上诉人提出的中国已加入《承认及执行外国仲裁裁决公约》，当事人签订的合同又有仲裁条款，中国法院无管辖权，其理由不能成立。（中国技术进出口总公司诉瑞士工业资源公司侵权损害赔偿纠纷上诉案，1989 第 1 期第 26 页）

130 【管辖权】【案件虽本不属我国法院管辖，但当事人一方在我国法院起诉，对方应诉的，视为承认法院有管辖权】

当事人属境外的企业法人，合同的签订地、履行地都在境外，且无向境内法院诉讼的书面协议的，争议不属我国法院管辖。但是，当事人一方在我国法院起诉，另一方未提出异议并向法院应诉答辩的，视为其承认我国法院有管辖权。在诉讼中，当事人同意选择我国法律的，案件审理的准据法应选定为我国实体法。（香港百粤金融财务有限公司诉香港红荔美食有限公司案，法案例(1992)2-56）

关于管辖权问题。该案原告、被告均为香港的企业法人单位，贷款协议的签订地、履行地均在香港，且双方又无向中华人民共和国法院诉讼的书面协议，参照《中华人民共和国民事诉讼法》第二百四十四条的规定，本不属中华人民共和国法院管辖。但是，原告以被告的贷款投入广州市经营合作企业，坚持在广州市中级人民法院起诉，被告对此没有提出异议，并已向广州市中级人民法院应诉答辩，参照民事诉讼法第二百四十五条的规定，视为被告承认广州市中级人民法院有管辖权。

关于法律适用问题。原告和被告约定,贷款合同争议的处理,适用香港法律和中华人民共和国法律。诉讼中,原告和被告经再商议,同意选择中华人民共和国法律。当事人的选择,参照《中华人民共和国民法通则》第一百四十五条第一款的规定,该案审理的准据法选定为中华人民共和国实体法。(香港百粤金融财务有限公司诉香港红荔美食有限公司贷款纠纷案,1992 年第 2 期第 56 页)

131 【合资经营企业合同】【中外合资经营企业合同纠纷,应当由我国法院管辖】

中外合资经营企业合同纠纷,应当由人民法院管辖。在我国境内履行的中外合资经营企业合同,适用我国法律。(沛时投资公司诉天津市金属工具公司案,法公字(2003)第 4-22 号)

本案属于中外合资经营企业合同纠纷,根据《中华人民共和国民事诉讼法》第二百四十六条的规定,应由中华人民共和国人民法院管辖。天津市高级人民法院作为中外合资经营企业合同履行地的人民法院,对本案具有管辖权。根据当时有效的《中华人民共和国涉外经济合同法》第五条第二款的规定,在中华人民共和国境内履行的中外合资经营企业合同,适用中华人民共和国法律。因此,处理本案适用中华人民共和国的法律。(沛时投资公司诉天津市金属工具公司中外合资合同纠纷上诉案,【2002】民四终字第 3 号,2003 年第 4 期第 22 页)

132 【管辖条款】【当事人在协议中选择协议签订地法院管辖争议,补充协议未修改该管辖条款的,该管辖条款具有约束力】

涉外合同纠纷的当事人可以用书面协议选择与争议有实际联系的地点的法院管辖。当事人在协议中选择协议签订地法院管辖争议的,该协议签订地法院对协议纠纷有管辖权。后当事人在其他地点签订补充协议,但未就管辖条款进行修改的,此前协议中的管辖条款对当事人具有约束力。(德国亚欧交流有限责任公司诉绥芬河市青云经贸有限公司案,法公字(2007)第 6-28 号)

青云公司据以起诉的《“德国科隆中国商品批发商场 D 座”合作协议》第八条第 4 项约定:“如因本协议及本协议涉及项目产生纠纷,……由协议签署地法院管辖仲裁。”本案双方当事人对该协议签订于山东省青岛市无异议。《中华人民共和国民事诉讼法》第二百四十四条规定:“涉外合同或者涉外财产权益纠纷的当事人,可以用书面协议选择与争议有实际联系的地点的法院管辖。”因此,本案双方当事人在合作协议中选择协议签订地法院管辖本案,符合上述法律规定,该管辖条款应认定有效。根据约定,合作协议签订地法院即青岛市的人民法院对合作纠纷拥有管辖权。原审法院驳回德国亚欧公司管辖异议的理由是合作协议的补充协议是在黑龙江省的绥芬河市签订的,因此绥芬河市亦为合作协议的签订地,故原审法院对本案拥有管辖权。上述理由是错误的。本案并不是当事人之间签订的《"德国科隆中国商品批发市场D座"合作协议》存在多个签字地点应如何认定协议签订地的问题,而应该是当事人选择了管辖法院后该管辖条款是否有效以及当事人是否变更了管辖条款的问题。本案双方当事人签订合作协议时,明确选择了该协议的签订地法院作为合作纠纷的管辖法院,实际上,在当事人之间已经明确选择了青岛市的人民法院为管辖法院。虽然以后当事人之间又在其他地点对合作协议进行了补充,但补充协议并没有就管辖条款进行任何修改。因此,合作协议中的管辖条款对本案双方当事人具有约束力。(德国亚欧交流有限责任公司与绥芬河市青云经贸有限公司合作协议纠纷案,【2006】民四终字第8号,2007年第6期第28页)

133 【使用商业秘密的结果发生地】【使用商业秘密的侵权产品的销售地不宜视为使用商业秘密的侵权结果发生地】

使用商业秘密的行为实施地和结果发生地一般是重合的。使用商业秘密的过程通常是制造侵权产品的过程,当侵权产品制造完成时,使用商业秘密的侵权结果同时发生,因此不宜将使用商业秘密的侵权产品的销售地视为使用商业秘密的侵权结果发生地。(四维实业(深圳)有限公司等诉艾利丹尼森公司等案,法公字(2009)第8-39号)

一般而言,使用商业秘密的行为实施地和结果发生地是重合的。亦即,使用商业秘密的过程,通常是制造侵权产品的过程,当侵权产品制造完成时,使用商业秘密的侵权结果即同时发生,不宜将该侵权产品的销售地视为使用商业秘密的侵权结果发生地。因此,虽然四维公司、四维深圳公司指控上诉人艾利丹尼森公司等将被控侵权产品销往佛山市,但佛山市并不是上诉人艾利丹尼森公司等使用商业秘密行为的侵权结果发生地,广东省佛山市中级人民法院亦不能据此具有本案的管辖权。(四维实业(深圳)有限公司等诉艾利丹尼森公司等侵犯商业秘密纠纷管辖权异议案,【2007】民三终字第10号,2009年第8期第39页)

第二十八章　司法协助

134 【驳回协助请求】【我国与外国未缔结或参加司法协助的国际条约，也未建立互惠关系的，应当驳回司法协助的请求】

在未与外国之间缔结或者参加相互承认和执行法院判决、裁定的国际条约，未建立相应的互惠关系的情况下，对于承认和执行外国法院判决的请求，我国法院应当驳回。（日本公民五味晃申请中国法院承认和执行日本法院判决案，法案例（1996）1-29）

《中华人民共和国民事诉讼法》第二百六十八条规定："人民法院对申请或者请求承认和执行的外国法院作出的发生法律效力的判决、裁定，依照中华人民共和国缔结或者参加的国际条约，或者按照互惠原则进行审查后，认为不违反中华人民共和国法律的基本原则或者国家主权、安全、社会公共利益的，裁定承认其效力，需要执行的，发出执行令，依照本法的规定执行。违反中华人民共和国法律的基本原则或者国家主权、安全、社会公共利益的，不予承认和执行。"我国与日本国之间没有缔结或者参加相互承认和执行法院判决、裁定的国际条约，亦未建立相应的互惠关系。据此，该院于1994年11月5日作出终审裁定：驳回申请人五味晃的请求。（日本公民五味晃申请中国法院承认和执行日本法院判决案，1996年第1期第29页）

诉讼法编 / 海事诉讼特别程序法

135 **【海事赔偿责任限制基金】**【申请设立海事赔偿责任限制基金，须满足一定的条件】

海事赔偿责任限制基金是否符合设立的法定条件，取决于申请主体是否符合法律规定、海事事故产生的债权是否属于限制性债权、申请设立基金的数额是否符合有关的法律规定。船舶在营运过程中发生碰撞事故，并引发有毒化学工业品泄漏造成污染损害，由此产生的民事赔偿请求符合《海商法》第 207 条规定的限制性债权特征，但不属于《海商法》第 208 条规定的油污损害赔偿请求等非限制性债权。基于此，有关设立海事赔偿责任限制基金的申请，符合海事赔偿责任限制基金设立的条件。（韩国 SEKWANG 船务公司申请设立海事赔偿责任限制基金案，法案例(2003)5-33）

本案海损事故发生地及损害结果发生地均在我国境内，应适用我国法律。海事诉讼法是规范我国领域内海事诉讼的特别程序法，海商法是调整海上运输关系和船舶关系的特别法，上述法律中有关海事赔偿责任限制基金的规定应适用于本案。

根据海事诉讼法第一百零二条的规定，SEKWANG 公司可以向事故发生地的上海海事法院提出设立海事赔偿责任限制基金的请求。本案海事赔偿责任限制基金是否符合设立的法定条件，取决于申请主体是否符合法律规定、涉案海事事故产生的债权是否属于限制性债权、申请设立基金的数额是否符合有关的法律规定。

关于本案海事债权是否属于限制性债权的问题，SEKWANG 公司所属“大勇”轮在营运过程中发生碰撞事故，并引发有毒化学工业品泄漏造成污染损害。由此可能产生的民事赔偿请求符合海商法第二百零七条规定的限制性债权特征，不属于海商法第二百零八条规定的油污损害赔偿请求等非限制性债权，SEKWANG 公司有关申请设立海事赔偿责任限制基金的申请，符合海事赔偿责任限制基金设立的条件。（韩国 SEKWANG 船务公司申请设立海事赔偿责任限制基金案，2003 年第 5 期第 33 页）

136 【现金的具体币种】【海事赔偿责任限制基金应选择何种币种，法律并无明确规定】

《海事诉讼法》仅规定设立海事赔偿责任限制基金可以提供现金或经法院认可的担保，对现金的具体币种等并无强制性规定。《海商法》第277条规定的特别提款权换算成人民币的方法，适用于法院对实体纠纷作出判决等情况，不必然适用于法院对海事赔偿责任限制基金设立的程序性裁定。法院暂以其他币种作为海事赔偿责任限制基金设立的币种仅起暂定担保性质基金数额的作用，没有实际损害利害关系人的合法权益。（韩国SEKWANG船务公司申请设立海事赔偿责任限制基金案，法案例(2003)5-33）

关于本案申请设立海事赔偿责任限制基金的数额，根据海商法第二百一十条第一款第(二)项的规定及涉案船舶的吨位计算，SEKWANG公司就涉案海损可享受的赔偿责任限额应为417333计算单位(特别提款权)；一审法院裁定准许SEKWANG公司设立海事赔偿责任限制基金的数额包括该本金及自事故发生之日起至设立之日止的利息，亦符合海事诉讼法第一百零八条第三款的规定。海事诉讼法仅规定设立海事赔偿限制基金可以提供现金或经法院认可的担保，对现金的具体币种等并无强制性规定。海商法第二百七十七条规定的是特别提款权换算成人民币的方法，适用于法院对实体纠纷作出判决等情况，并不必然适用于本案所涉海事赔偿责任限制基金设立的程序性裁定。因此，一审法院暂以美元作为海事赔偿责任限制基金设立的币种以及相应的换算方法于法不悖，该换算仅起暂定担保性质基金数额的作用，并未实际损害利害关系人的合法权益。（韩国SEKWANG船务公司申请设立海事赔偿责任限制基金案，2003年第5期第33页）

诉讼法编 / 刑事诉讼法

第一编　总　　则

第一章　任务和基本原则

137　【合法入境】【犯罪嫌疑人合法入境不属于不予引渡的法定条件】

引渡国为请求引渡犯罪嫌疑人提供了《引渡法》规定应当提供的证据材料，并表示将妥善解决该犯罪嫌疑人与我国公民所生子女的相关权益，且犯罪嫌疑人被引渡后可能受到残忍待遇的理由经查缺少依据的，法院应当裁定准予引渡。犯罪嫌疑人合法入境不属于不予引渡的法定条件。（法兰西共和国申请引渡马尔丹·米歇尔案，法公字(2004)第9-16号）

在本院复核期间，马尔丹·米歇尔及其委托代理人提出：认定马尔丹·米歇尔犯强奸罪的证据不足；如被引渡回国，可能受到残忍待遇；马尔丹·米歇尔系合法入境，并与中国公民奚某生有一女，对其基本权益应予保护，请求不予引渡。本院认为，法兰西共和国为请求引渡马尔丹·米歇尔提供了《中华人民共和国引渡法》规定应当提供的证据材料；马尔丹·米歇尔提出的被引渡回国后可能受到残忍待遇的理由缺少依据；其合法入境不属于不予引渡的法定条件；对其与中国公民奚某所生女儿的相关权益，法兰西共和国已表示予以妥善解决，故对马尔丹·米歇尔及其委托代理人不予引渡的请求不予采纳。云南省高级人民法院作出的裁定正确。（法兰西共和国申请引渡马尔丹·米歇尔案，【2001】法引字第1号，2004年第9期第16页）

第二章　管　　辖

138　**【犯罪准备】**【犯罪准备发生在境内，境内法院有管辖权】

犯罪行为有些在境外实施，组织、策划等实施犯罪的准备工作发生在境内，实施犯罪使用的枪支、爆炸物及主要的作案工具是从境内非法走私运到境外的，依照《刑事诉讼法》第24条的规定，境内法院享有管辖权。（张子强等非法买卖、运输爆炸物、抢劫、绑架、走私武器、弹药、非法买卖、运输枪支、弹药、私藏枪支、弹药案，法案例（1999）1-26）

本案指控的犯罪，有些犯罪行为虽然是在香港实施，但是组织、策划等实施犯罪的准备工作，均发生在内地；实施犯罪所使用的枪支、爆炸物及主要的作案工具均是从内地非法购买后走私运到香港，依照《中华人民共和国刑事诉讼法》第二十四条的规定，内地法院对本案依法享有管辖权。（张子强等非法买卖、运输爆炸物、抢劫、绑架、走私武器、弹药、非法买卖、运输枪支、弹药、私藏枪支、弹药上诉案，1999年第1期第26页）

第五章 证　　据

139 **【事实不清，证据不足】**【证据明显不足以证明犯罪事实存在的，指控的罪名不能成立】

公诉机关指控被告人犯罪，必须做到指控的事实清楚，证据确实、充分。起诉书指控被告人杀害被害人的动机事实不清，案件的重大疑点问题也未能调查清楚，公诉机关提供的证据明显不足以证明被害人确系被告人所杀的，法院不得作出被告人杀害被害人的判决。（黄新故意杀人案，法案例(2003)3-23）

公诉机关指控被告人犯罪，必须做到指控的事实清楚，证据确实、充分。在本案中，根据现有证据，起诉书指控被告人黄新杀害刘燕的动机事实不清，证据不足。根据证据显示，凶手杀害刘燕时所使用的手段是用手扼颈、用电源线勒颈并用单刃刺器刺伤左颈部，致刘燕因“机械性窒息合并失血性休克而死亡”，而公诉机关出示的证据，不能证实黄新实施了这一直接、具体的行为杀害了刘燕。起诉书指控黄新犯故意杀人罪的证据，只有关于被害人刘燕死亡时间的鉴定结论这个唯一的间接证据，而刑事技术鉴定书记载的被害人尸斑、角膜、瞳孔等尸体现象，按照法医学文献推定的死亡时间与鉴定书关于刘燕死亡时间的鉴定结论之间存在着明显矛盾，现有证据对此不能予以合理地解释。公诉机关在法庭调查中没有能够对“死者刘燕阴道分泌物中的大量精子出自何人”、“刘燕遇害前是否被他人强奸”等重大疑点问题进行说明，现有证据亦不能对此给予合理地解释。这说明，本案的事实并没有调查清楚，公诉机关提供的现有证据，明显不足以证明刘燕确系黄新所杀。由于事实不清，证据不足，郑州市人民检察院指控被告人黄新杀害刘燕不能成立，故不予支持。被告人黄新及其辩护人关于公诉机关的指控事实不清、证据不足的辩解、辩护意见依法得以成立，应予采纳。（郑州市人民检察院诉黄新故意杀人案，2003 年第 3 期第 23 页）

140 **【审讯录像带】**【供述自然、流畅，未有诱、骗供情况的，审讯是依法进行的】

审讯录像带未显示检察机关审讯人员有诱供、骗供的情况，被告人的供述自然、流畅的，检察机关对被告人的审讯应是依法进行的。被告人辩称自己有罪的供述是在诱供、骗供的情况下所作，无事实依据。（王一兵贪污案，法案例(2004)5-24）

关于侦察机关对王一兵的审讯是否合法的问题。本案系因他人检举而案发，王一兵在2001年8月3日宝山区人民检察院对其进行传唤的当日即供述:1994年底，得知宝耀公司完成利润1800万元后，自己认为在经营管理上动了不少脑筋，因此产生了私心，并指使会计宋宗勇将客户单位支付给宝耀公司的贷款转至宝耀试验所，用于购买搅拌车等其他费用。此有罪供述有录像为证。通过审看录像带，未发现审讯人员有诱、骗供的情况，王一兵的供述自然、流畅。据此，检察机关对王一兵的审讯是依法进行的。故王一兵辩称其有罪供述是在诱供、骗供的情况下所作，无事实依据。（上海市人民检察院第二分院诉王一兵贪污案，2004年第5期第24页）

141 **【电子文件】**【一定条件下，电子文件可以成为刑事诉讼中的证据】

电子文件与传统的文字原件不同，有易被复制、修改和删除的特性，没有靠其内容独立发挥证明作用的功能。如果电子文件与案件关联，且是合法取得的，与其他证据印证后能够客观地反映案件的真实情况，可以成为刑事诉讼中的证据。（孟动等网络盗窃案，法案例(2006)11-33）

一、刑事诉讼法第四十二条第一款规定:“证明案件真实情况的一切事实，都是证据。”电子文件与传统的文字原件不同，有易被复制、修改和删除的特性，因此不具有靠其内容独立发挥证明作用的功能。但是，电子文件如果与案件关联，在与其他证据印证后能够客观地反映案件的真实情况，且该电子文件是合法取得的，依法也可以成为刑事诉讼中的证据。

判断某一电子文件能否作为刑事诉讼中的证据使用，首先应审查其来源是否属实、合法。本案用以证明案件事实的电子文件主要有:关于IP地址202.97.144.230的电脑用户登录了腾讯在线销售平台mlsoft账户的证明，关于QQ聊天的记录，从电脑硬盘中检出的文件和网页截图。审查这些电子证据，IP地址是腾讯公司受被害单位茂立公司的委托查询得来，这个地址得到了公安机关的确认，其用户是被告人何立康当时的工作单位;QQ聊天记录是公安机关按照被告人孟动的QQ号码从消息管理器中导出;黑客程序和载有被害单位账号、密码的文件，也是公安机关从孟动工作地和其女友处扣押的孟动使用过的硬盘中检出;特定时间段的网页截图，由茂立公司、网易公司和腾讯公司分别提供。所有这些电子证据，都由司法机关依照法定程序收集。审查这些电子证据证明的内容，黑客程序和载有被害单位账号、密码的文件以及QQ聊天记录，证明了相应账号、密码由孟动盗取，孟动将账号、密码告知何立康，二人密谋盗卖茂立公司的Q币和游戏点卡;由茂立公司、网易公司和腾讯公司分别提供且能相互印证的网页截图，证明了特定时间段内茂立公司的财产受损;IP地址证明了登录行窃的用户终端，何立康在这个特定时间段内是这个终端单位的网管，有重大作案嫌疑。而知道茂立公司 mlsoft 账号和密码，并能用 IP 地址为 202.97.144.230 用户终端机登录行窃的，则只能是何立康，不再需要排除他人。这些电子证据虽然都不能单独证明案件事实，但将其与相关的证人证言、孟动 770 号牡丹卡进出账情况等证据相印证，就可以得出排他性结论。电子文件在排除了合理怀疑并与其他证据印证后，可以纳入证据链中，作为证明案件事实的证据。（上海市黄浦区人民检察院诉孟动、何立康网络盗窃案，2006 年第 11 期第 33 页）

第七章　附带民事诉讼

142　**【刑事附带民事诉讼被告】**【只有特定的主体才能成为刑事附带民事诉讼中依法负有赔偿责任的人】

刑事附带民事诉讼中依法负有赔偿责任的人包括:刑事被告人及没有被追究刑事责任的其他共同致害人、未成年刑事被告人的监护人、已被执行死刑的罪犯的遗产继承人、共同犯罪案件中在案件审结前已死亡的被告人的遗产继承人、其他对刑事被告人的犯罪行为依法应当承担民事赔偿责任的单位和个人。

当事人与受害人虽存在合同纠纷,但与因刑事被告人的犯罪行为引起的刑事附带民事赔偿责任系不同的法律关系。受害人以该当事人为刑事附带民事诉讼被告,并主张其对刑事被告人应负的刑事附带民事赔偿责任承担连带责任,法院不予支持。(李焕强故意毁坏财物案,法案例(2007)4-45)

被告人、刑事附带民事诉讼被告李焕强因偷开涉案机动车给刑事附带民事诉讼原告李诚造成经济损失,依法应承担刑事附带民事赔偿责任。根据最高人民法院《关于执行〈中华人民共和国刑事诉讼法〉若干问题的解释》第八十六条的规定,刑事附带民事诉讼中依法负有赔偿责任的人包括刑事被告人及没有被追究刑事责任的其他共同致害人、未成年刑事被告人的监护人、已被执行死刑的罪犯的遗产继承人、共同犯罪案件中在案件审结前已死亡的被告人的遗产继承人、其他对刑事被告人的犯罪行为依法应当承担民事赔偿责任的单位和个人。根据本案事实,刑事附带民事诉讼被告公安红桥分局虽然与李诚之间存在车辆保管合同关系,但不属于上述规定中依法负有刑事附带民事赔偿责任的人,其同李诚之间的合同纠纷,与因李焕强的犯罪行为引起的刑事附带民事赔偿责任系不同的法律关系,本案不予处理。李诚以公安红桥分局为刑事附带民事诉讼被告,并主张公安红桥分局对李焕强应负的刑事附带民事赔偿责任承担连带责任,没有事实根据和法律依据,依法不予支持。(天津市红桥区人民检察院诉李焕强故意毁坏财物案,2007 年第 4 期第 45 页)

第三编 审　判

第二章 第一审程序

第一节 公诉案件

143 【**变更罪名**】【人民法院有权变更公诉机关指控的罪名】

起诉书指控犯罪嫌疑人犯某罪，但经法院审理只能认定构成他罪的，法院有权变更公诉机关指控的罪名。（黄永柱非法拘禁案，法案例(2001)6-208）

起诉书指控被告人黄永柱伙同携带凶器的陈博、黄建、王飞、苏荣、张军、唐波、姜波等人，将搞非法传销活动的邹红星挟持并控制起来，使邹红星失去身体自由权，并以此方法向邹红星之妻索要6万元，当阴谋败露时，这伙人中又有人趁乱将邹红星砍成轻伤，事实清楚，证据充分。起诉书认为黄永柱犯的是绑架罪，但是审理结果只能认定黄永柱的行为构成非法拘禁罪。在经审理后能够认定的罪名起诉书却没有指控的情况下，人民法院能否直接下判？这样做是否违背刑事诉讼的法定程序？对此，最高人民法院在《关于执行〈中华人民共和国刑事诉讼法〉若干问题的解释》（法释〔1998〕23号）第一百七十六条第（二）项有明确解释："起诉指控的事实清楚，证据确凿、充分，指控的罪名与人民法院审理认定的罪名不一致的，应当作出有罪判决"。根据这一规定，人民法院有权变更公诉机关指控的罪名。（黄永柱非法拘禁案，2001年第6期第208页）

第三章　第二审程序

144 【单位犯罪】【单位犯罪中，犯罪单位应列为第一被告】

单位犯罪中，单位应列为第一被告。未将犯罪单位列为被告人，或者把犯罪单位列在直接责任人后为第二被告人，对直接责任人判处刑罚，而对犯罪单位不加处罚或者附带“并处”等做法，是不妥的。（江都市春风皮鞋厂等行贿案，法案例(1998)2-65）

单位犯罪中，单位是第一位的。不将犯罪单位列为被告人，或者把犯罪单位列在直接责任人后面作为第二被告人，只对直接责任人判处刑罚，对犯罪单位不加处罚或者附带“并处”等做法不妥。本案一审将皮鞋厂列为第一被告人是正确的，但在判决主文中先给朱炳全定罪量刑，然后才“并处”皮鞋厂罚金二万元；以及对朱炳全的行贿罪附加判处剥夺政治权利一年，均属适用法律不当，应当纠正。（江都市春风皮鞋厂、朱炳全行贿案，1998 年第 2 期第 65 页）

145 【未移送的款物】【对起诉书中未涉及或者公诉机关未移送的款、物，法院应作处理】

在被采取强制措施后，犯罪嫌疑人如实交代犯罪事实的行为，属于认罪态度好，不是自首。在被采取强制措施后，犯罪嫌疑人的配偶将部分款、物交给侦查机关，称是犯罪嫌疑人拿回家中的，来源不清楚。对于这些起诉书中未涉及或者公诉机关未移送的款、物，法院应在判决中作出处理。（曹秀康受贿案，法案例(1999)4-131）

关于上诉人曹秀康及其辩护律师提出的第一点上诉理由，经查，曹秀康是因涉嫌受贿被检察机关采取强制措施后，如实交代了本人的犯罪事实。这种行为属于认罪态度好，并非刑法规定的自首行为。第二点上诉理由，经查，在曹秀康被采取强制措施后，其妻曾将部分款、物交给侦查机关，称这是曹秀康拿回家中的，来源不清楚。这些款、物，起诉书中没有涉及，公诉机关也未移送，一审判决对此作处理，是正确的。（曹秀康受贿案，1999 年第 4 期第 131 页）

诉讼法编 / 行政诉讼法

第一章 总 则

146 【合理、适当】【明显不合理的具体行政行为,构成滥用职权】

具体行政行为的合法性,不仅包括认定事实清楚、适用法律正确、符合法定程序,还包括行政机关在自由裁量领域合理使用行政自由裁量权。明显不合理的具体行政行为,构成滥用职权。行政机关依法作出暂扣车辆的决定时,应当及时妥善处置车辆上承载的财产,使扣车行为不致使该财产遭受损失。不考虑该财产的安全而执意扣车的行政行为,不符合合理、适当的要求,是滥用职权。(王丽萍诉中牟县交通局案,法案例(2003)3-34)

具体行政行为的合法性,不仅包括认定事实清楚、适用法律正确、符合法定程序,还包括行政机关在自由裁量领域合理使用行政自由裁量权,明显不合理的具体行政行为构成滥用职权。

张军明、王老虎、王书田驾驶的小四轮拖拉机未交养路费而在公路上行驶,被告县交通局的工作人员据此事实作出暂扣车辆的决定。由于行政相对人张军明、王老虎、王书田或者本案原告王丽萍都对暂扣车辆决定不存异议,故本案对这一决定的合法性不予审查。

准备暂扣的小四轮拖拉机,正处在为原告王丽萍运送生猪的途中。无论暂扣车辆的决定是否合法,被告县交通局的工作人员准备执行这个决定时,都应该知道:在炎热的天气下,运输途中的生猪不宜受到挤压,更不宜在路上久留。不管这生猪归谁所有,只有及时妥善处置后再行扣车,才能保证不因扣车而使该财产遭受损失。

然而,县交通局工作人员不考虑该财产的安全,甚至在王丽萍请求将生猪运抵目的地后再扣车时也置之不理,把两轮拖斗卸下后就驾主车离去。县交通局工作人员在执行暂扣车辆决定时的这种行政行为，不符合合理、适当的要求，是滥用职权。依照行政诉讼法第五十四条第一款第（二）项第5目和最高人民法院《关于执行〈中华人民共和国行政诉讼法〉若干问题的解释》第五十七条第二款第（二）项的规定，应当确认县交通局工作人员在行使行政职权时的行为违法。（王丽萍诉中牟县交通局行政赔偿纠纷案，2003 年第 3 期第 34 页）

147 **【复议审查范围】**【复议机关对具体行政行为的合法性和适当性进行审查】

行政复议机关在行使行政复议职权时，应针对申请行政复议的具体行政行为的合法性和适当性进行审查。有关民事权益的纠纷，应当告知当事人通过民事诉讼程序解决。（张成银诉徐州市人民政府案，法案例（2005）3-43）

根据行政复议法和民事诉讼法的有关规定，复议机关在行使行政复议职权时，应针对申请行政复议的具体行政行为的合法性与适当性进行审查，有关民事权益的纠纷应通过民事诉讼程序解决。本案中，徐州市人民政府所作的复议决定中，直接对有关当事人争议的民事权利予以确认的行为，超越了复议机关的职权范围，缺乏法律依据，应予以撤销。（张成银诉徐州市人民政府房屋登记行政复议决定案，2005 年第 3 期第 43 页）

148 **【继续有效】**【在先发布实施且未被废止的相关规定不与法律、法规相冲突的，继续有效】

地方未出台具体管理办法的，行政机关为履行行政管理职责，可直接适用上位法，并将与上位法不存在冲突的地方规范性文件作为其实施行政行为的依据。（黄金成等 25 人诉成都市武侯区房管局案，法案例（2005）6-39）

《物业管理条例》第九条第二款明确了物业管理区域划分的主要原则，同时授权省、市、自治区、直辖市根据本行政区域的实际情况，制定具体的划分办法。《物业管理条例》颁布施行后，四川省未及出台相关的具体划分办法，但此前有已发布实施并且未被废止的相关规定。根据《中华人民共和国立法法》规定的法律效力及法律适用规则，这些未被废止的相关规定只要不与法律、法规相冲突，应当继续有效。被告武侯区房管局在《物业管理条例》颁布实施后，四川省尚未出台具体办法的情况下，为履行行政管理职责，直接适用上位法《物业管理条例》，并将与上位法不存在冲突的地方规范性文件作为其实施行政行为的依据，并无不当。（黄金成等 25 人诉成都市武侯区房管局划分物业管理区域行政纠纷案，2005 年第 6 期第 39 页）

149 【交通违法行为】【对交通违法行为进行处置,应适用《道路交通安全法》等规定】

《行政处罚法》规定,当场对公民作出的罚款只能在50元以下,行政机关调查或者检查时执法人员不得少于两人。制定于《行政处罚法》之后的《道路交通安全法》是处理道路交通安全问题的专门法律,因此,一切因道路交通安全管理产生的社会关系,都受《道路交通安全法》、《道路交通安全法实施条例》、《道路交通安全违法行为处理程序规定》的调整。

道路交通安全管理具有其特殊性,交通警察发现交通违法行为后应当及时纠正。对违反道路交通安全管理的行为如果必须先取证再纠正违法,可能既无法取得足够的证据,也不能及时纠正违法行为,甚至可能在现场影响车辆、行人的通行,不符合法律的目的。根据《道路交通安全法》等的规定,交通警察对道路交通违法行为予以警告、二百元以下的罚款时,可以当场作出行政处罚决定。按照简易程序作出处罚决定的,可以由一名交通警察实施。(廖宗荣诉重庆市公安局交通管理局第二支队案,法案例(2007)1-39)

行政处罚法确实有当场对公民作出的罚款只能在50元以下,行政机关调查或者检查时执法人员不得少于两人的规定。但行政处罚法制定于1996年,此后的2003年10月28日,第十届全国人民代表大会常务委员会第五次会议通过了道路交通安全法。道路交通安全法第一条规定:"为了维护道路交通秩序,预防和减少交通事故,保护人身安全,保护公民、法人和其他组织的财产安全及其他合法权益,提高通行效率,制定本法。"说明该法是处理道路交通安全问题的专门法律。为了落实道路交通安全法,国务院于2004年4月28日颁布了《中华人民共和国道路交通安全法实施条例》,公安部也于2004年4月30日发布了《道路交通安全违法行为处理程序规定》。一切因道路交通安全管理产生的社会关系,应当纳入上述法律、行政法规和规章的调整范畴。

道路交通安全管理具有其特殊性。道路上的交通违法行为一般都是瞬间发生,对这些突发的交通违法行为如果不及时纠正,就会埋下交通安全隐患,甚至当即引发交通安全事故,破坏道路交通安全秩序。但要及时纠正这些突发的交通违法行为,则会面临取证难题。交通警察发现交通违法行为后应当及时纠正,如果必须先取证再纠正违法,则可能既无法取得足够的证据,也无法及时纠正违法行为,甚至还可能在现场影响车辆、行人的通行。考虑到上述因素,为了遵循道路交通安全法第三条确立的依法管理,方便群众,保障道路交通有序、安全、畅通的原则,道路交通安全法第七十九条规定:"公安机关交通管理部门及其交通警察实施道路交通安全管理,应当依据法定的职权和程序,简化办事手续,做到公正、严格、文明、高效。”第一百零七条规定：“对道路交通违法行为人予以警告、二百元以下的罚款，交通警察可以当场作出行政处罚决定，并出具行政处罚决定书”。《道路交通安全违法行为处理程序规定》第八条规定：“公安机关交通管理部门按照简易程序作出处罚决定的，可以由一名交通警察实施”。因此，交通警察一人执法时，当场给予行政管理相对人罚款200元的行政处罚，是合法的具体行政行为。（廖宗荣诉重庆市公安局交通管理局第二支队道路交通管理行政处罚决定案，2007年第1期第39页）

150 【投标保证金】【行政机关可以根据公开招标项目的实际情况设定体现投标人能力的合理条件】

设定投标保证金的目的一般在于保证投标人确有投标的诚意，为招标活动的顺利进行提供担保。但是，为确保公开招标项目的顺利进行，行政机关在制定招标方案时，可以根据项目的实际情况设定体现投标人能力的合理条件，要求投标人为显示其具有相应的资金能力，而交纳高于法律规定的投标保证金。（益民公司诉河南省周口市政府等案，法公字（2005）第8-23号）

由国家计委等六部委《工程建设项目施工招标投标办法》第四十条关于“投标人撤回投标文件的，其投标保证金将被没收”等规定可知，设定投标保证金的目的在于保证投标人确有投标之诚意，为招标活动的顺利进行提供担保。而《招标方案》中关于“为确保公开招标的顺利进行，保证确有实力的招标企业建设周口天然气城网项目，各企业报名后按时将5000万元保证金打入周口指定账户”及“中标企业的保证金用于周口天然气项目建设”等内容可知，设定该保证金之主要目的并非仅为招标活动本身提供担保，而是为“西气东输”利用项目的顺利进行提供资金上的保障。因此，该保证金并非国家计委等六部委《工程建设项目施工招标投标办法》中规定的投标保证金，不应受该办法第三十七条关于“投标保证金一般不得超过投标总价的2%，但最高不得超过八十万元人民币”之规定的约束。根据《招标投标法》第二十六条关于“投标人应当具备承担招标项目的能力”之规定，市计委在制定招标方案时，可以根据项目的实际情况设定体现投标人能力的合理条件，鉴于周口市天然气城市管网项目建设预计投资超过1亿元人民币，需要投标人具有相应的资金能力，市计委要求投标人交纳5000万元保证金是合理的，且并不违背法律规定的原意。（益民公司诉河南省周口市政府等行政行为违法案，【2004】行终字第6号，2005年第8期第23页）

151 【合理履行期限】【法律未明确规定行政机关采取补救措施义务的期限的，法院可以指定合理履行期限】

行政相对人利益受损的，法院应当判令行政机关采取补救措施。补救措施应着眼于行政相对人利益损失的弥补，以实现公共利益和个体利益的平衡。为防止行政机关对采取补救措施义务无限期地拖延，在法律未明确规定期限的情况下，法院应当指定合理的履行期限。（益民公司诉河南省周口市政府等案，法公字（2005）第8-23号）

由于周地建城（2000）10号文已被周口市建设局予以撤销，该文现在已不构成被诉具体行政行为在法律上的障碍，因此就本案而言，补救措施应当着眼于益民公司利益损失的弥补，以实现公共利益和个体利益的平衡。一审法院判决确认被诉具体行政行为违法并无不当，但其对补救措施的判决存在两点不足：一是根据法律精神，为防止行政机关对于采取补救措施之义务无限期地拖延，在法律未明确规定期限的情况下，法院可以指定合理期限，但一审判决未指定相应的期限。二是一审判决仅责令市政府采取相应的补救措施，而未对市计委科以应负的义务。（益民公司诉河南省周口市政府等行政行为违法案，【2004】行终字第6号，2005年第8期第23页）

第二章　受案范围

152 【不属于重复处理】【以重新抽样检测的结论作为处理的依据，不属于重复处理行为】

对倒卖骗卖劣质商品的行为，工商行政管理部门和技术监督机关均有权处理，但不得重复查处。在生产流通领域中，有关产品质量责任问题，由技术监督机关负责处理。工商行政管理局组织的抽样和检测，参加人员的资质、抽检程序等均存在问题的，检测结论不能作为定案依据。后确定以重新抽样检测的结论作为处理质量问题的依据，技术监督机构据此对有质量问题产品进行处理不是重复处理。（桐梓县农资公司诉桐梓县技术监督局案，法案例(1995)4-128）

关于技术监督局的后一次处理是否重复的问题。根据《工业产品质量责任条例》及有关文件规定，对倒卖骗卖劣质商品的行为，工商行政管理部门和技术监督机关均有权处理，但不得重复查处。但是，国务院《关于贯彻〈工业产品质量责任条例〉原则分工意见》中规定，在生产流通领域中，有关产品质量责任问题，应由技术监督机关负责处理。经查，工商行政管理局组织的抽样和检测，参加人员没有取得市场监督员的资格；进行抽样的人员不知道抽样公式，抽样后没有填写抽样联单；该次检验报告上盖有"仅对来样负责"的字样，不符合法定抽检程序。尽管这次检测结论为合格，但只能证明来样是合格的，不能证明库存的50吨复混肥是合格的，故不能作为该案的定案依据。技术监督局与工商行政管理局的检测结论不一致，后经桐梓县严厉惩处经销伪劣商品责任者领导小组召集技术监督局、工商行政管理局等单位协调，确定以重新抽样检测的结论作为处理该批复混肥质量问题的依据。贵州省高级人民法院依据此次鉴定结论及其他有关证据，认定技术监督局对180吨复混肥以劣质复混肥进行处理是正确的，不是重复处理。该院再审判决并无不当。（桐梓县农资公司诉桐梓县技术监督局行政处罚抗诉案，1995年第4期第128页）

153 【非刑事侦查行为】【对以刑事侦查为名扣押合法财产的行为不服的，可提起行政诉讼】

公安机关以犯罪嫌疑人涉嫌诈骗需进行刑事侦查为名，扣押其所有公司的财产，其行为不属于刑事诉讼法所规定的侦查措施。公安机关在决定对犯罪嫌疑人实行收容审查的同时，以同一事实和理由扣押其公司财产，对该扣押财产行为不服提起诉讼，符合行政诉讼的受案范围。（黄梅县振华建材物资总公司诉黄石市公安局案，法案例（1996）1-34）

最高人民法院认为，上诉人黄石市公安局以张卖席涉嫌诈骗被收容审查，需进行刑事侦查为名，扣押了被上诉人黄梅振华公司所购钢材，其行为无论从事实上或者法律上，均不属于刑事诉讼法所规定的侦查措施。上诉人在对张卖席收容审查的同时，以同一事实和理由扣押被上诉人财产，被上诉人对扣押财产不服依法提起行政诉讼，符合《中华人民共和国行政诉讼法》第十一条第一款第（二）项规定的受案范围。

上诉人明知所扣钢材既非赃物，亦非可用以证明所称嫌疑人有罪或无罪的证据，而是被上诉人的合法财产，与其所办案件无关，却继续扣押，拒不返还，并一手操纵被上诉人与无任何经济关系的瑞安生资公司签订经济合同，用被上诉人合法财产为他人还债，违反了《中华人民共和国刑事诉讼法》第八十七条关于"对于扣押的物品、文件、邮件、电报，经查明确实与案件无关的，应当迅速退还原主或者原邮电机关"和公安部《关于公安机关不得非法越权干预经济纠纷案件处理的通知》第二条"对经济纠纷问题，应由有关企事业及其行政主管部门、仲裁机关和人民法院依法处理，公安机关不要去干预，更不允许以查处诈骗等经济犯罪为名，以收审、扣押人质等非法手段去插手经济纠纷问题"的规定；由此给被上诉人造成的经济损失，应当由上诉人依照行政诉讼法第六十七条第一款的规定，承担赔偿责任。（黄梅县振华建材物资总公司不服黄石市公安局扣押财产及侵犯企业财产权行政上诉案，1996 年第 1 期第 34 页）

154 【未履行职责】【将职责范围内的申诉批转无处理权的部门，不检查、落实和给予答复视为未履行法定职责】

劳动行政主管部门把要求查处劳动违法行为的来信批转无处理权的部门，不履行监督检查的职责，同时未向被批转的部门了解监督的结果，不给来信人答复，视为未履行法定职责。（汤晋诉当涂县劳动局案，法案例（1996）4-141）

劳动法第八十七条规定："县级以上各级人民政府有关部门在各自职责范围内，对用人单位遵守劳动法律、法规的情况进行监督。"物资局是人民政府的一个部门，对其主管的建材公司遵守劳动法律、法规的情况有权进行监督，但是无权对违法行为进行处理。当涂县劳动局把要求查处违法行为的来信批转无处理权的物资局去处理，自己既不履行监督检查的职责，也不向物资局了解监督的结果如何，并且不给来信人答复，不能认为其已履行了法定职责。如果允许行政机关对自己主管业务范围内收到的公民来信，只要批出后就可了事，就可以认为履行了职责，再不必检查、落实和给来信人作出答复，那么，法律赋予公民的检举、控告权利就会形同虚设。当涂县劳动局已经履行了法定职责的辩解理由，不能成立。（汤晋诉当涂县劳动局不履行保护人身权、财产权法定职责案，1996 年第 4 期第 141 页）

155 **【颁发学业证书、学位证书】**【颁发学业证书、学位证书，是高校代表国家行使对受教育者颁发学业证书、学位证书的行政权力】

受教育者请求高等教育机构颁发毕业证、学位证，属于高等教育机构代表国家行使对受教育者颁发学业证书、学位证书的行政权力时引起的行政争议，可以适用行政诉讼法予以解决。（田永诉北京科技大学案，法案例(1999)4-139）

本案被告北京科技大学是从事高等教育事业的法人，原告田永诉请其颁发毕业证、学位证，正是由于其代表国家行使对受教育者颁发学业证书、学位证书的行政权力时引起的行政争议，可以适用行政诉讼法予以解决。

原告田永没有得到被告北京科技大学颁发的毕业证、学位证，起因是北京科技大学认为田永已被按退学处理，没有了学籍。教育法第二十八条规定的学校及其他教育机构行使的权利中，第(四)项明文规定:“对受教育者进行学籍，实施奖励或者处分”。由此可见学籍管理也是学校依法对受教育者实施的一项特殊的行政管理。因而，审查田永是否具有学籍，是本案的关键。原告田永经考试合格，由被告北京科技大学录取后，即享有该校的学籍，取得了在该校学习的资格，同时也应当接受该校的管理。教育者在对受教育者实施管理中，虽然有相应的教育自主权，但不违背国家法律、法规和规章的规定。（田永诉北京科技大学拒绝颁发毕业证、学位证行政诉讼案，1999 年第 4 期第 139 页）

156 **【不履行职责】**【电信部门拒绝给予符合条件的医疗机构开通“120”急救电话，是不履行法定职责】

按照规范性文件的规定，卫生行政主管部门负责确定医疗机构是否有开办“120”急救中心的资格，电信部门负责审查医疗机构是否符合申请开通“120”急救电话的条件，并决定是否开通。已被卫生行政主管部门批准为开办“120”急救中心的合格单位的医疗机构向电信部门提出开通“120”急救电话的申请，电信部门拒不开通的，是不履行职责的错误行政行为。（溆浦县中医院诉溆浦县邮电局案，法案例(2000)1-35）

按照 15 号文件的分工，确定哪一家医疗机构有开办“120”急救中心的资格，由卫生行政主管部门负责；而审查申请开通“120”急救电话的医疗机构是否符合 15 号文件的规定，决定是否给其开通“120”急救电话，则由邮电局负责。上诉人县中医院是被批准开办“120”急救中心的合格单位。县中医院向被上诉人县邮电局提出开通“120”急救电话的申请后，县邮电局即着手安装。该局后来又以“120”急救电话的开通应由邮电与卫生行政部门共同确定为由，拒绝对县中医院履行开通职责，却私自为另一家未经审批的医院开通“120”急救电话。这一事实说明，所谓“应由邮电与卫生行政部门共同确定”，只是县邮电局为达到与卫生行政部门分享开通确定权的目的而对15号文件的曲解；当其分权目的无法达到时，就不再坚持共同确定的主张，单方行使“120”急救电话的开通权力。

被上诉人县邮电局在接到上诉人县中医院的申请后拒不开通“120”急救电话，是不履行职责的错误行政行为，应当纠正。县邮电局为推卸责任而提出的县中医院申办不符合文件规定、自己已经履行了开通“120”急救电话的义务、不具备行政诉讼被告资格等辩解理由，均不能成立。县中医院的主要上诉理由成立，应当采纳。县中医院请求县邮电局赔偿购置的急救车辆和其他设施不能正常运转的损失问题，鉴于急救车辆和急救设备没有投入急救使用，这项损失不宜按《中华人民共和国国家赔偿法》第二十八条（七）项规定的“直接损失”计算，因此依法不予支持。原审法院认定事实清楚，但适用法律错误，应予改判。（溆浦县中医院诉溆浦县邮电局不履行法定职责案，2000年第1期第35页）

157 **【具体行政行为】**【行政机关发布的规范性文件直接影响相对人的权利的，视为具体行政行为】

虽以规范性文件的形式发布，但直接影响到行政相对人的经营自主权的，应视为具体行政行为，属于行政诉讼的受案范围。（点头隆胜石材厂诉福鼎市人民政府案，法案例(2001)6-211）

福鼎市的玄武岩石材企业，其生产用原料都由第三人福建玄武石材有限公司供应，而且供应数量有限。在此情况下，被告福鼎市人民政府以鼎政办(2001)14号文件，批准下发了《工业领导小组办公室关于2001年玄武岩石板材加工企业扶优扶强的意见》。该文件虽未给原告点头隆胜石材厂确定权利与义务，但却通过强制干预福建玄武石材有限公司的销售办法，直接影响到点头隆胜石材厂的经营权利。因此对点头隆胜石材厂来说，该文件具有了行政诉讼法第十一条第一款第(三)项规定的“认为行政机关侵犯法律规定的经营自主权的”情形，是行政诉讼法第二条规定的具体行政行为，属于人民法院行政诉讼的受案范围，点头隆胜石材厂有权提起行政诉讼。人民法院受理此案，符合最高人民法院《关于〈中华人民共和国行政诉讼法〉若干问题的解释》第一条第一款关于“公民、法人或者其他组织对具有国家行政职权的机关和组织及其工作人员的行政行为不服，依法提起诉讼的，属于人民法院行政诉讼的受案范围”的规定。福鼎市人民政府认为鼎政办〔2001〕14号文件是行政指导性文件，没有强制性，不是具体行政行为，不是行政诉讼可诉对象的理

由，不能成立。（点头隆胜石材厂不服福鼎市人民政府行政扶优扶强措施案，2001年第6期第211页）

158 【行政确认行为】【道路交通事故责任认定，是行政确认行为】

道路交通事故责任认定是行政确认行为，直接涉及当事人的权利和义务。认为道路交通事故责任认定行为侵犯公民的合法权益，向人民法院提起诉讼的，属于行政诉讼的受案范围。（罗伦富诉四川省泸州市公安局交通警察支队三大队案，法案例(2002)5-178）

对道路交通事故进行责任认定，是公安机关根据行政法规的授权实施的一种行政确认行为。该行为直接关系到发生道路交通事故后，当事人是否构成犯罪以及应否被追究刑事责任、是否违法以及应否被行政处罚、是否承担民事赔偿责任或者能否得到民事赔偿的问题，因此它涉及当事人的权利和义务。行政诉讼法第二条规定："公民、法人或者其他组织认为行政机关和行政机关工作人员的具体行政行为侵犯其合法权益，有权依照本法向人民法院提起诉讼。"上诉人罗伦富认为被上诉人交警队对交通事故作出的责任认定行为侵犯了其合法权益，向人民法院提起行政诉讼，依法属于人民法院行政诉讼的受案范围。

根据罗伦富的诉讼请求，本案的审查对象是交警队作出的道路交通事故责任认定行为，不是交警队的调解行为。而道路交通事故责任认定，既不是调解行为，也不是法律规定的仲裁行为。交警队以行诉法解释第一条第二款第（三）项规定了"调解行为以及法律规定的仲裁行为"不属于人民法院行政诉讼受案范围为由，认为本案不是行政诉讼，这一理由不能成立。（罗伦富不服道路交通事故责任认定案，2002年第5期第178页）

159 【未形成行政法律关系】【行政机关的具体行政行为只限于特定范围的，超出该范围的相对人与行政机关未形成行政法律关系】

行政机关制定的规范性文件直接涉及相对人的经营权，具有行政法上的权利义务内容的，应属于可诉性的具体行政行为。

基于行政机关作出的规范性文件而产生的行政法律关系，如果只限于特定的范围，超出该范围外的行政相对人与行政机关的具体行政行为之间未形成行政法律关系。（广州市海龙王投资发展有限公司诉广东省广州市对外经济贸易委员会案，法案例(2002)6-210）

广州市外经委是广州市人民政府负责中外合作经营企业的审批和主管机关，其作出的233号通知虽然是以内部发文的形式直接发给广州市侨办，并抄送三联公司、珠江公司等有关单位和企业的，但是，该通知的内容涉及了广州市外经委原先作出的143号通知以及337号、6号和9号批复的法律效力问题，并且还直接涉及到有关相对人对珠江侨都项目的经营权问题，显然具有行政法上的权利义务内容，产生了新的行政法律关系。对于行政关系的有关当事人来说，233号通知应属于可诉性的具体行政行为。

233号通知以及与其有关的143号通知和337号、6号和9号批复，都是广州市外经委依照职权对特定的有关中外合作企业的成立、变更或者撤销履行的行政审批行为，由此而产生的行政法律关系，应该只限于特定的范围，即依照法定的程序直接参与广州市珠江侨都工程项目合作开发的中、外企业。珠江侨都工程项目是一个合作开发项目，任何参与对珠江侨都工程项目投资和开发的企业，都要依照法定程序加入具有中外合作经营企业性质的侨都公司，以侨都公司股东的身份参与投资和合作。《中华人民共和国中外合作经营企业法》第五条规定："申请设立合作企业，应当将中外合作者签订的协议、合同、章程等文件报国务院对外经济贸易部门或者国务院授权的部门和地方政府（以下简称审查批准机关）审查批准。"第十条规定："中外合作者的一方转让其在合作企业合同中的全部或者部分权利、义务的，必须经他方同意，并报审查批准机关批准。"由于海龙王公司没有与珠江侨都项目的各合作方签订合作合同和章程，更没有按照法定程序经批准加入珠江侨都公司，所以，对珠江侨都工程项目并不享有投资开发权。因此，广州市外经委对珠江侨都项目的合作开发事宜所作出的审批行为，与海龙王公司未形成行政法律关系。（广州市海龙王投资发展有限公司诉广东省广州市对外经济贸易委员会行政处理决定纠纷案，2002年第6期第210页）

160 【不作为】【公安机关未按规定到现场对正在发生的犯罪行为进行查处，是违法的不作为】

公安机关有依法及时查处危害社会治安的各种违法犯罪活动、保护公民的合法财产的职责。公安机关接到群众报警后，未按规定派出人员到现场对正在发生的犯罪行为进行查处，是不履行应该履行的法律职责，其不作为的行为是违法的。公安机关的不作为与相对人的财产损失在法律上存在因果关系。相对人在案发后，向公安机关提交了书面申诉材料，要求给予赔偿，符合法律规定的申请国家赔偿程序。公安机关未在法定期间内答复相对人，相对人以公安机关逾期不受理为由提起行政诉讼，符合行政诉讼的受理范围。（尹琛琰诉卢氏县公安局案，法案例(2003)2-36）

※ 依法及时查处危害社会治安的各种违法犯罪活动，保护公民的合法财产，是公安机关的法律职责。被告卢氏县公安局在本案中，两次接到群众报警后，都没有按规定立即派出人员到现场对正在发生的盗窃犯罪进行查处，不履行应该履行的法

律职责，其不作为的行为是违法的，该不作为行为相对原告尹琛琰的财产安全来说，是具体的行政行为，且与门市部的货物因盗窃犯罪而损失在法律上存在因果关系。

原告尹琛琰在门市部被盗窃案发后，向被告卢氏县公安局提交了书面申诉材料，要求给予赔偿，符合法律规定的申请国家赔偿程序。卢氏县公安局在国家赔偿法规定的两个月的期间内没有任何意见答复尹琛琰，尹琛琰以卢氏县公安局逾期不受理为由提起行政诉讼，符合行政诉讼的受理程序。

原告尹琛琰主张的损失数额，有合法的依据，被告卢氏县公安局虽然对具体数额表示怀疑，但由于没有提供相关的具体证据予以否认，因此，对尹琛琰主张的财产损失数额应予以认定。

尹琛琰门市部的财产损失，是有人进行盗窃犯罪活动直接造成的，卢氏县公安局没有及时依法履行查处犯罪活动的职责，使尹琛琰有可能避免的财产损失没能得以避免，故应对盗窃犯罪造成的财产损失承担相应的赔偿责任。尹琛琰的门市部发生盗窃犯罪时，尹琛琰没有派人值班或照看，对财产由于无人照看而被盗所造成的损失，也应承担相应的责任。（尹琛琰诉卢氏县公安局 110 报警不作为行政赔偿案，2003 年第 2 期第 36 页）

161 【会议纪要】【《会议纪要》直接给予特定人的利益，不属于抽象行政行为】

行政机关的《会议纪要》是针对特定主体就特定事项作出的决定，其内容是直接给予特定主体一定利益，不属于行政指导或者抽象行政行为，而属于可诉的具体行政行为。（吉德仁等诉盐城市人民政府案，法案例(2003)4-33）

所谓行政指导行为，是指行政机关在进行行政管理的过程中，所作出的具有咨询、建议、训导等性质的行为，不具有行政强制执行力。而被上诉人盐城市人民政府《会议纪要》中有关公交车辆在规划区免交规费的规定，是明确要求必须执行的，因此，盐城市人民政府认为该行为属行政指导行为没有法律依据。该项免交规费的规定，是针对公交总公司这一特定的主体并就特定的事项即公交总公司在规划区内开通的线路是否要缴纳交通规费所作出的决定，《会议纪要》的上述内容实际上已直接给予了公交总公司在规划区内免交交通规费的利益，不应认定为抽象行政行为。同时，由于该《会议纪要》是赋予一方当事人权利的行为，公交总公司作为受益人也参加了会议，因此《会议纪要》虽未向利益相对方直接送达，但《会议纪要》的相关内容在其后已经得到执行，城区交通局已将无法对公交总公司进行行政管理的原因及《会议纪要》的内容书面告知了吉德仁等人，因此应当认定盐城市政府在《会议纪要》中作出的有关公交车辆在规划区免征规费的行为是一种可诉的具体行政行为。

由于公交总公司的5路、15路客运线路与吉德仁等人经营的客运线路存在重叠,双方在营运上的竞争是客观存在的。公交总公司营运中微利或者是亏损也不能否定双方的竞争关系。吉德仁等人认为《会议纪要》规定公交总公司免交有关交通规费,导致不平等竞争,因而提起行政诉讼,符合《最高人民法院关于执行〈中华人民共和国行政诉讼法〉若干问题的解释》第十三条第(一)项的规定,吉德仁等人作为领取了经营许可证的业主,其经济利益与车辆的营运效益密切相关,有权以盐城市人民政府的行政行为侵犯其公平竞争权为由提起行政诉讼。是否存在不公平竞争并不影响其行使诉权。一审判决对此认定合法,盐城市人民政府认为吉德仁等人不具有原告主体资格的理由不能成立。(吉德仁等诉盐城市人民政府行政决定案,2003年第4期第33页)

162 **【行政查处】**【相对人对工商行政管理部门不予查处违法广告的行为提起的诉讼,属行政诉讼受案范围】

工商行政管理部门负责对广告的管理和监督。认定有关节目是否构成广告、是否构成违法广告以及如何依法进行行政处罚,属于工商行政管理部门的职责范围。行政相对人认为电视台播放的节目属于违法广告,侵犯其合法权益,向工商行政管理部门申请予以查处,工商行政管理部门以该节目不构成广告而不予查处的,行政相对人不服向法院起诉,属于法院行政诉讼的受案范围。(彭学纯诉上海市工商局案,法案例(2003)5-35)

《中华人民共和国广告法》(以下简称广告法)第六条规定,县级以上人民政府工商行政管理部门是广告监督管理机关。根据广告法的规定,广告的管理和监督是工商行政管理部门的职责之一,因此,认定有关节目是否构成广告、是否构成违法广告以及如何依法进行行政处罚,均属于工商行政管理部门的职责范围。彭学纯认为上海市有线电视台播出节目属于违法广告,侵犯其合法权益,并向上海市工商局申请对该广告予以行政查处,符合《中华人民共和国行政诉讼法》的有关规定。

1993年国家工商行政管理局、卫生部《医疗广告管理办法》第二条第二款规定,医疗广告是指医疗机构通过一定媒介或者形式,向社会或者公众宣传其运用科学技术诊疗疾病的活动。公众所理解的广告,就是以一定的方式通过媒体对商品或者服务以及提供商品或者服务单位的宣传和介绍。从庭审播放的上海市有线电视台专题节目《共和国之歌——献给人民功臣》来看,尽管录制的光盘声音不清晰,但画面反映出节目中不仅有对411医院院长章某的事迹介绍,还有相当一部分内容是介绍其诊疗方法和疗效,画面上还三次出现411医院名称的特写镜头。该节目反映的信息既有医务人员工作事迹的介绍,又有医务人员医术和医疗专长的介绍,其宣传医院和医院服务的用意十分明显，彭学纯有理由得出该节目属于医疗广告的结论。因此，原审认定该专题报道从形式上具备了认定为医疗广告的基本特征，并无不当，符合《医疗广告管理办法》的有关规定，工商局以该节目不构成广告而不予查处的理由不成立。工商局虽然将不予立案查处的理由告诉了彭学纯本人，但由于工商局没有依法履行其法定的行政职责，未能够依法保护申请人的人身权和财产权，故原审判决认定工商局应对该节目进行查处，亦无不当，可予维持。（彭学纯诉上海市工商局不履行法定职责纠纷案，2003 年第 5 期第 35 页）

163 **【换届选举登记备案】**【物业管理委员会认为行政主管机关处理其申请换届登记予以备案的具体行政行为侵犯其合法权益的，有权提起行政诉讼】

物业行政主管机关负责指导物业管理委员会的组建和日常工作的监督，有权要求物业管理委员会纠正其作出的违反法规、规章及政策的决定。物业管理委员会认为行政主管机关处理其申请换届登记备案的具体行政行为侵犯其合法权益的，有权向法院提起行政诉讼。行政主管机关不依照职权对物业管理委员会提出的换届选举登记备案申请给予任何书面答复，亦未依照规定尽其指导、监督的职责，其行为构成违法。（中海雅园管委会诉海淀区房管局案，法案例（2004）5-33）

据此，可以认为，物业管理委员会的产生与改选均须经行政主管机关登记，有自己的组织章程和组织机构，有独立使用的办公场所，办公经费亦有相应保障，因而具有一定的民事行为能力，虽然不具备法人的资格，但如果物业管理委员会认为房管局处理其申请换届登记予以备案的具体行政行为，侵犯了该委员会的合法权益，有权依照行政诉讼法的规定向人民法院提起诉讼。因此，对于被告海淀区房管局提出原告中海雅园管委会不具有诉讼主体资格的主张，不予采纳。

根据上述行政规章的规定，房管行政机关负责指导物业管理委员会的组建和日常工作的监督，有权要求物业管理委员会纠正其作出的违反法规、规章及政策的决定。原告中海雅园管委会在组建时已经在行政管理机关办理了登记手续，任期届满后进行了换届选举。被告海淀区房管局如认为中海雅园管委会采取的换届选举方式不符合法规、规章的规定，可以要求中海雅园管委会予以纠正；在收到中海雅园管委会寄送的换届选举登记备案的书面申请后，如认为其提交的备案材料不符合规定，应当要求其补正；如不予备案，亦应书面通知并说明理由。海淀区房管局在长达一年的时间内，不依照职权对中海雅园管委会提出的换届选举登记备案申请给予任何书面答复，亦未依照规定尽其指导、监督的职责，构成违法。为此，中海雅园管委会请求确认海淀区房管局的上述行为违法，应予支持。

……确认被告北京市海淀区国土资源和房屋管理局对原告中海雅园物业管理委员会提出的换届选举登记备案申请不履行备案职责的行为违法。（中海雅园管委会诉海淀区房管局不履行法定职责案，2004 年第 5 期第 33 页）

164 【程序性影响】【规范性文件对相对人实体权利的实现产生程序性影响的，属于具体行政行为】

规范性文件虽然没有对行政相对人的请求事项作出实质性答复，但对其实体权利的实现产生了程序性影响的，属于行政机关依职权作出的具体行政行为。相对人认为该行为侵犯其合法权益的，有权提起行政诉讼。（中国光大银行诉武汉市人民政府案，法公字(2004)第 10-23 号）

被告作出的武政函[2002]52 号文系对原告请求事项的答复，该函虽然未对原告请求事项作出实质性答复，但对原告实体权利的实现产生了程序性影响，属于国家行政机关依职权作出的具体行政行为，原告认为该行为侵犯其合法权益，有权依法提起诉讼。因此，对被告提出的驳回原告对该函的起诉的请求不予支持。（中国光大银行诉武汉市人民政府不履行法定职责案，【2004】行终字第 4 号，2004 年第 10 期第 23 页）

165 【债务转为国家资本金】【企业债务转为国家资本金，属于行政机关行使行政权力的范围】

债务转为国家对企业的出资，不同于普通债权人和债务人间的债权转出资，属于政策性债权转出资。企业的债务是否可以转为国家对其的出资、由谁代行国家资本金出资人职能，以及转为对哪个企业的出资等，均属于行政机关行政权力行使的内容。如果对有关行政机关的具体行政行为有异议，可以根据行政法的有关规定寻求救济。（耀县水泥厂诉中国建材集团公司等案，法公字(2006)第 10-27 号）

本案三笔债务转为国家对企业的出资，系分别根据国家计委和财政部关于中央级“拨改贷”资金、“特种拨改贷”资金和“基本建设经营性”基金本息余额转为国家资本金的实施办法，通过用款单位申请、国家计委和财政部批复的方式转化的，并未体现代行国家资本金出资人职能的集团公司和被出资人耀县水泥厂或秦达水泥厂的意志，不同于普通债权人和债务人之间的债权转出资，性质上属于政策性债权转出资。故对于企业的债务是否可以转为国家对其的出资、具体由谁代行国家资本金出资人职能，以及究竟转为对哪个企业的出资等问题，均属于国家有关行政主管机关行政权力行使的内容，而非人民法院受理民事诉讼的范围。故对于本案三笔债务转为国家资本金过程中存在的争议，应当通过有关行政主管机关协调解决。如果对于有关行政机关的具体行政行为存在异议的，可以根据行政法的有关规定寻求救济。（耀县水泥厂与中国建材集团公司、陕西省建材总公司债权转出资纠纷案，【2005】民二终字第203号，2006年第10期第27页）

第四章　诉讼参加人

166 【特殊的行政管理关系】【行使一定的行政管理职权的组织与行政管理相对人之间是特殊的行政管理关系】

法律赋予某些事业单位、社会团体行使一定的行政管理职权，这些单位、团体与行政管理相对人之间是特殊的行政管理关系。他们之间因管理行为发生的争议，是行政诉讼。（田永诉北京科技大学案，法案例(1999)4-139）

在我国目前情况下，某些事业单位、社会团体，虽然不具有行政机关的资格，但是法律赋予它行使一定的行政管理职权。这些单位、团体与管理相对人之间不存在平等的民事关系，而是特殊的行政管理关系。他们之间因管理行为而发生的争议，不是民事诉讼，而是行政诉讼。尽管《中华人民共和国行政诉讼法》第二十五条所指的被告是行政机关，但是为了维护管理相对人的合法权益，监督事业单位、社会团体依法行使国家赋予的行政管理职权，将其列为行政诉讼的被告，适用行政诉讼法来解决它们与管理相对人之间的行政争议，有利于化解社会矛盾，维护社会稳定。《中华人民共和国教育法》第二十一条规定："国家实行学业证书制度。""经国家批准设立或者认可的学校及其他教育机构按照国家规定，颁发学历证书或者其他学业证书。"第二十二条规定："国家实行学位制度。""学位授予单位依法对达到一定学术水平或者专业技术水平的人员授予相应的学位，颁发学位证书。"《中华人民共和国学位条例》第八条规定："学士学位，由国务院授权的高等学校授予"。（田永诉北京科技大学拒绝颁发毕业证、学位证行政诉讼案，1999 年第 4 期第 139 页）

167 【法律、法规授权的组织】【国有电信企业行使行政管理职权时，视为法律、法规授权的组织】

我国邮电部门长期实行政企合一的管理模式，既具有邮电行政主管机关的职权，又参与邮电市场经营。国家对电信业的行政管理工作，要通过国有电信企业实施。国有电信企业沿袭过去的做法行使行政管理职权时，视为《行政诉讼法》规定的"由法律、法规授权的组织"。

行政机关发布规范性文件，对"120"急救电话的开通作出严格规定，并要求卫生行政主管部门、邮电部门对"120"急救电话的开通实施行政管理。为执行该规范性文件，电信企业与申请开通"120"急救电话的医疗机构形成特殊的行政管理关

系,发生争议而引起的诉讼,是行政诉讼。(溆浦县中医院诉溆浦县邮电局案,法案例(2000)1-35)

长期以来,我国对邮电部门实行政企合一的管理模式。邮电部门既具有邮电行政主管机关的职权,又参与邮电市场经营。经过改革,目前虽然邮政和电信初步分离,一些电信部门逐渐成为企业法人,但是由于电信行业的特殊性,我国电信市场并未全面放开,国有电信企业仍然是有线通讯市场的单一主体,国家对电信方面的行政管理工作,仍然要通过国有电信企业实施。这些国有电信企业沿袭过去的做法行使行政管理职权时,应视为《中华人民共和国行政诉讼法》第二十五条第四款所指的“由法律、法规授权的组织”。

开办“120”急救中心,是医疗机构救死扶伤的一项公益事业。鉴于此举能给医疗机构带来一定收益,为使责任专一,趋利避害,防止因混乱而耽误抢救病人,政府对“120”急救事业实施行政管理,规定在一个行政区域只允许一家医疗机构开办“120”急救中心、开通“120”急救电话。“120”急救电话不是只要交纳安装费就能装的普通电话,因此省卫生厅、省邮电局联合下发的15号文件规定,只有功能较全,医疗急救水平较高,且急诊科已达标的综合医院,在经县卫生局指定并报地、市卫生行政主管部门批准后,才能获得开通“120”急救电话的特许权。联合文件还规定,邮电部门对开通“120”急救电话只收电话安装费,免费安装影示系统和电脑自答系统,免收电话费。这些明显不同于企业营利行为的优惠政策,既体现了政府支持举办此项公益事业的行政意志,也表明了政府对此项事业进行统一规范和管理。

15号文件下发给地、市和县级的卫生行政主管部门以及邮电局,正说明政府要通过这些职能部门对“120”急救电话的开通实施行政管理。邮电局执行这个文件时与被审查的医疗机构之间发生的关系,不是平等的民事关系,而是特殊的行政管理关系。它们之间因此发生争议而引起的诉讼,不是民事诉讼,而是行政诉讼。尽管行政诉讼中的被告通常是行政机关,但是为了维护行政管理相对人的合法权益,监督由法律、法规授权的组织依法行政,将其列为行政诉讼的被告,适用行政诉讼法解决其与管理相对人之间的行政争议,有利于化解社会矛盾、维护社会稳定。(溆浦县中医院诉溆浦县邮电局不履行法定职责案,2000年第1期第35页)

168 **【受委托实施的行为】**【行政机关下属单位实施的行政行为,视为受其委托所实施的行为】

城市房地产主管部门是城市范围内办理房产抵押登记的行政主管部门。其下属单位实施的有关房地产抵押登记的行政行为,视为受其委托所实施的行政行为。(中国银行江西分行诉南昌市房管局案,法公字(2004)第2-22号)

根据建设部《城市房屋产权产籍管理暂行办法》第四条第二款、第十条和建设部、中国人民银行《关于加强与银行贷款业务相关的房地产抵押和评估管理工作的通知》第一条，以及建设部、国家物价局、国家工商行政管理局《关于加强房地产交易市场管理的通知》第三条的规定，南昌市房管局是南昌市范围内办理房产抵押登记的行政主管部门。南昌市房交所和南昌市房产评估所作为其下属单位，所实施的有关房地产抵押登记的行政行为，应视为是受其委托所实施的行为。（中国银行江西分行诉南昌市房管局违法办理抵押登记案，【2002】行终字第6号，2004年第2期第22页）

第五章　证　　据

169 【未引用的规范性文件】【未引用的规范性文件,不属作出处罚决定的主要证据和依据】

在诉讼中行政机关对作出的具体行政行为负有举证责任。行政机关在行政处罚决定中未引用,而只是作为阐述处罚决定正确的理由的规范性文件,不属于其作出处罚决定的主要证据和依据。(桐梓县农资公司诉桐梓县技术监督局案,法案例(1995)4-128)

关于再审判决在程序上是否违法问题。行政诉讼法第三十二条规定:被告对作出的具体行政行为负有举证责任,应当提供作出该具体行政行为的证据和所依据的规范性文件。技术监督局在一审时已向法院提供了《中华人民共和国专业标准复混肥 ZBG-21002-87》规范性文件和对此文件的解释意见,但是在其处罚决定中并未引用,而是作为阐述处罚决定正确的理由,不属作出处罚决定的主要证据和依据,也未影响案件的定性和处理。二审判决书中引用了上述文件,实属不当。对此,再审判决已予纠正,故再审判决不存在违反法定程序的问题。(桐梓县农资公司诉桐梓县技术监督局行政处罚抗诉案,1995 年第 4 期 128 页)

170 【证据形成时间】【无法证明证据形成的时间,法院不予认定】

行政机关或者法律授予行使一定行政管理职权的组织在诉讼中提交的证据无法证明其形成时间的,法院不予认定。(田永诉北京科技大学案,法案例(1999)4-139)

北京市第一中级人民法院经审理认为,原判认定事实清楚、证据充分,适用法律正确,审判程序合法,应当维持。上诉人北京科技大学认为被上诉人田永已不具有该校学生资格,与事实不符,不予采纳。学校依照国家的授权,有权制定校规、校纪,并有权对在校学生进行教学管理和违纪处理,但是制定的校规、校纪和据此进行的教学管理和违纪处理,必须符合法律、法规和规章的规定,必须保护当事人的合法权益。北京科技大学对田永按退学处理,有违法律、法规和规章的规定,是无效的。北京科技大学在诉讼中提交的从教学档案中调取的证据,虽然不属于行政诉讼法第三十三条规定的被告不得在诉讼过程中自行向原告和证人收集证据的情况,但是由于无法证明这些证据是在作出按退学处理的决定时形成的,故法院不予

认定。（田永诉北京科技大学拒绝颁发毕业证、学位证行政诉讼案，1999年第4期第139页）

171 【无旁证】【无其他证据相互印证的，不能凭推断作出劳动教养的决定】

劳动教养管理机构在只有受害人的陈述，无其他证据互相印证的情况下，即推断被指控的人有违法行为，并作出劳动教养的决定，是错误的。（宿海燕诉海口市劳动教养管理委员会案，法案例(2000)3-106）

被上诉人宿海燕和其他四人在同王国平、王伟平谈论合伙经商的债权债务时发生冲突，李山、王斌、邱光富、王先养在与王国平、王伟平相互斗殴中，造成王国平、王伟平轻伤。由于没有旁证材料证明此次事件是宿海燕纠集所为，其后果应由参与斗殴的李山、王斌等人承担。上诉人海口市劳动教养管理委员会在只有王国平、王伟平的陈述而没有其他证据互相印证的情况下，仅凭宿海燕与王国平之间过去有感情上的纠葛和经济上的纷争，宿海燕是案发当天从四川飞赴海口，当晚又在现场等事实，就推断宿海燕必有纠集并伤害他人的行为，从而作出对宿海燕劳动教养三年的决定，是错误的。（宿海燕不服劳动教养决定案，2000年第3期第106页）

172 【全面考察】【公安交通管理部门应当全面考虑并综合分析交通事故发生的各种因素，准确划分事故责任】

道路交通事故发生后，公安交通管理部门应当按照法定程序调查取证，查明事故原因。对交通事故发生的各种因素，应当全面考虑并进行综合分析认定，准确划分事故责任。对交通事故的责任认定事实不清、证据不足、适用法律错误的，不具有合法性。（罗伦富诉四川省泸州市公安局交通警察支队三大队案，法案例(2002)5-178）

道路交通事故发生后，公安交通管理部门应当按照法定程序调查取证，查明事故原因。对涉及到事故发生的各种因素，应当予以全面考虑并进行综合分析认定，准确划分事故责任。被上诉人交警队对本案所涉重大交通事故作出的责任认定，事实不清，证据不足，适用法律错误，该行政行为不具有合法性。……（罗伦富不服道路交通事故责任认定案，2002年第5期第178页）

173 【查明案情】【对在行政程序中未提供而在诉讼程序中提供的证据，法律是否采纳，须从内容上看采纳该证据是否有利于法院查明案情】

行政机关在行政程序中依照法定程序要求行政相对人提供证据，相对人依法应当提供而拒不提供，在诉讼程序中提供的证据，法院“一般不予采纳”，不是“一律不予采纳”。如何取舍这样的证据，法院不能只从形式上看证据是何时提交的，还

应当从内容上看采纳该证据是否有利于法院查明案情。(松业石料厂诉荥阳市劳保局案,法案例(2005)8-40)

最高人民法院《关于行政诉讼证据若干问题的规定》(以下简称《行政诉讼证据规定》)第五十九条规定:“被告在行政程序中依照法定程序要求原告提供证据,原告依法应当提供而拒不提供,在诉讼程序中提供的证据,人民法院一般不予采纳。”决定取舍这样的证据时,司法解释既然规定“一般不予采纳”而不是“一律不予采纳”,就不能只从形式上看该证据是何时提交的,还应当从内容上看采纳该证据是否有利于人民法院查明案情。被告荥阳市劳保局受理第三人李喜波的工伤认定申请后,依照《工伤保险条例》第十九条第一款的规定,向原告松业石料厂下达了《工伤认定协助调查通知书》,通知该厂在10日内举证。松业石料厂接到通知书后,在法定期限内除提交一份答辩状外,并未提供任何相关的证据。在质证时,荥阳市劳保局以松业石料厂在行政诉讼程序中提交的证据1、2、3、4违反了法定程序、李喜波以这些证据内容不真实为由,提出异议。依照上述司法解释的规定,对松业石料厂超过法定举证期限提交的这些证据,不予采纳。对松业石料厂提交的其他证据,荥阳市劳保局和李喜波未提出异议,予以采纳。证人李学亮的当庭证言,因缺乏真实性,不予采纳。荥阳市劳保局提交的证据符合证据的真实性、合法性、关联性要求,属有效证据,应当作为认定本案事实的根据。(松业石料厂诉荥阳市劳保局工伤认定案,2005年第8期第40页)

174 【优势证据】【无利害关系的交通警察的陈述的客观真实性被证实的,视为优势证据】

公安机关交通警察在执行勤务过程中,对在辖区内发生的道路安全违法行为,有权及时纠正。对于违法行为,虽然只有执行勤务的交通警察的陈述,但只要其陈述的客观真实性能被证实,无证据证明其与相对人有利害关系,其陈述应视为证明相对人有违反道路交通行为的优势证据,应当作为认定事实的根据。(廖宗荣诉重庆市公安局交通管理局第二支队案,法案例(2007)1-39)

道路交通安全法第五条规定:“县级以上地方各级人民政府公安机关交通管理部门负责本行政区域内的道路交通安全管理工作。”第八十七条规定:“公安机关交通管理部门及其交通警察对道路交通安全违法行为,应当及时纠正。”根据上述规定,对辖区内的道路交通安全进行管理,是被告交警二支队的法定职责。陶祖坤作为交警二支队派遣执行勤务的交通警察,对在辖区内发生的道路安全违法行为,有权力及时纠正。根据陶祖坤陈述,2005年7月26日8时30分,原告廖宗荣驾驶车牌号为渝AA4760的小轿车,在大溪沟嘉陵江滨江路加油(气)站的道路隔离带缺口处,无视禁止左转弯交通标志违规驾车左转弯。经查,大溪沟嘉陵江滨江路加油

(气)站道路隔离带确实有一缺口,此处确实树立着禁止左转弯的交通标志,而且2005年7月26日8时许廖宗荣确实驾车途经此处。对廖宗荣是否在此处违反禁令左转弯,虽然只有陶祖坤一人的陈述证实,但只要陶祖坤是依法执行公务的人员,其陈述的客观真实性得到证实,且没有证据证明陶祖坤与廖宗荣之间存在利害关系,陶祖坤一人的陈述就是证明廖宗荣有违反禁令左转弯行为的优势证据,应当作为认定事实的根据。(廖宗荣诉重庆市公安局交通管理局第二支队道路交通管理行政处罚决定案,2007年第1期第39页)

第七章 审理和判决

175 【**审查复议决定**】【法院审理复议机关改变原具体行政行为的案件，应当审查原行政裁决认定的事实和适用的法律】

人民法院审理复议机关改变原具体行政行为的案件，应对复议决定是否合法进行审查，但不得对行政机关的原裁决作出维持或撤销的处理，在审理过程中，法院应当对原裁决认定的事实和适用法律进行审查。只有查明原裁决的全部情况，法院才能判断复议决定是否正确。（梁宝富诉安徽省安庆市公安局案，法案例(1991)3-45）

根据行政诉讼法的规定，人民法院审理复议机关改变原具体行政行为的案件，应就复议决定是否合法进行审查，是指人民法院判决的结果，只能是维持或者撤销复议决定，对原裁决不能作出维持或撤销的处理。但这并不意味人民法院在审查复议决定时，对原裁决认定的事实和适用法律不能进行审查。因为，行政机关的原裁决是复议决定的前提，人民法院只有查明原裁决的全部情况，才能判断复议决定是否正确。如果审判涉及原裁决即属超越职权和适用法律错误，则难以保护公民、法人和其他组织的合法权益，维护和监督行政机关依法行使行政职权。该案第一审判决在查明案件事实后，依法撤销复议机关的复议决定，这种做法既没有超越职权，也不违背法律。（梁宝富不服治安行政处罚复议决定案，1991 年第 3 期第 45 页）

176 【**笼统表述**】【笼统表述依据国务院关于劳动教养的有关规定等作出劳动教养决定，适用法律不当】

行政机关在决定实行劳动教养时，应当明确引用劳动教养法规的具体规定，不能笼统地表述为依据国务院关于劳动教养的有关规定等，否则适用法律不当。（任建国诉山西省吕梁行政公署劳动教养管理委员会案，法案例(1993)3-111）

原告任建国不听劝阻，并以推拉、抓头发等手段对待张福保，是一种侵犯张福保人身权利的违法行为。但是这种违法行为不属于我国劳动教养法规调整的对象，对其实行劳动教养不符合法规的规定。

被告在决定对任建国劳动教养时，由于无法引用劳动教养法规适用对象的具体规定，因此，笼统地表述为依据国务院关于劳动教养的有关规定和《山西省人民政府关于保护企业厂长、经理依法执行职务的规定》第八条第(二)项，并在任建国提起申请复查时，不能有理有据地予以辩驳，即作出“事实清楚，定性准确、处罚适当，维持原决定”的复查决定，不仅适用法律不当，而且无视公民行使正当的申诉权利，是错误的。(任建国不服劳动教养复查决定案，1993 年第 3 期第 111 页)

177 【参照规章】【不是根据法律和行政法规制定的规章或内容与法律、行政法规相抵触的规章，不予参照】

人民法院审理行政案件可以参照的规章，是指根据法律和行政法规制定的规章。不是根据法律和行政法规制定的规章，或者其内容与法律和行政法规相抵触的规章，不予参照。在有法律、行政法规明确规定的情况下，地方政府规章作扩大规定的，人民法院只在法律、行政法规规定的范围内参照适用该规章。(任建国诉山西省吕梁行政公署劳动教养管理委员会案，法案例(1993)3-111)

行政诉讼法第五十三条规定：“人民法院审理行政案件，参照国务院部、委根据法律和国务院的行政法规、决定、命令制定、发布的规章以及省、自治区、直辖市和省、自治区的人民政府所在地的市和经国务院批准的较大的市的人民政府根据法律和国务院的行政法规制定、发布的规章。”这里所指的可以参照的规章，是指那些根据法律和国务院的行政法规制定的规章。对于那些不是根据法律和行政法规制定的规章，或者其内容与法律和行政法规相抵触的规章，则不在人民法院参照之列。

国务院有关劳动教养的行政法规中，对劳动教养的适用对象已有明确的规定，《山西省人民政府关于保护企业厂长、经理依法执行职务的规定》第八条第(二)项，把劳动教养的适用范围作了扩大的规定。对于这样的规章，人民法院只在符合行政法规规定的范围内参照适用，即行政法规规定的劳动教养适用对象有以暴力、威胁方法阻碍厂长、经理依法执行职务的行为时，可对其实行劳动教养。如果不属于劳动教养适用对象，则不能仅参照规章对其适用劳动教养。对于法律和行政法规中的实体与程序规定，都应当全面、准确无误地适用，才是依法办案。如果仅适用程序而不适用实体规定，或者仅适用实体而不适用程序规定，都不是依法办案。原审以适用法律错误为由，判决撤销上诉人山西省吕梁行署劳动教养管理委员会对被上诉人任建国作出的劳动教养一年的决定，是正确的。(任建国不服劳动教养复查决定案，1993 年第 3 期第 111 页)

178 【超越职权】【以刑事侦查为名扣押财产等，构成超越职权】

公安机关越权干预经济纠纷，以刑事侦查为名限制公民的人身自由，扣押公民财产，侵犯了人身权利和合法权益的，属于超越职权的行为。行政机关对公民合法

权益因其具体行政行为造成的损害,应当承担赔偿责任。(张晓华诉磐安县公安局案,法案例(1994)4-158)

磐安县公安局不顾公安部的通知精神,越权干预经济纠纷,以刑事侦查为名,限制原告张晓华的人身自由,扣押其财产,侵犯了张晓华人身权利和合法权益,属《中华人民共和国行政诉讼法》第五十四条第(二)项第4目规定“超越职权”的行为。张晓华的合法权益由于受到行政机关作出的具体行政行为的侵犯造成损害,依照行政诉讼法第六十七条第一款的规定,其提出赔偿请求,应予支持。(张晓华不服磐安县公安局限制人身自由、扣押财产行政案,1994年第4期第158页)

179 【程序违法】【行政处理决定程序违法应予撤销,法院无须审理实体方面的争议】

行政处理决定程序违法应予撤销的,法院无须再就行政执法实体方面的争议继续审理。(平山县劳动就业管理局诉平山县地方税务局案,法案例(1997)2-70)

依照《中华人民共和国行政诉讼法》第五十四条第二项的规定,该决定应予撤销。就业局诉称自己不是纳税义务人,向其征税是错误的;地税局辩称原告就是属于纳税义务人,应当依法纳税,是行政执法实体方面的争议。已经查明,该行政处理决定从程序上违法,依法应予撤销,法院无需再就行政执法实体方面的争议继续进行审理。(平山县劳动就业管理局不服税务行政处理决定案,1997年第2期第70页)

180 【教育自主权】【高等教育机构虽有相应的教育自主权,但不得违背国家法律法规等的规定】

高等教育机构对受教育者实施管理中有相应的教育自主权,但不得违背法律、法规、规章的规定。其所作的规定与法律、法规、规章的规定相抵触的,应属无效。高等教育机构在对受教育者作出处理决定时,应将该处理决定直接向受教育者本人宣布、送达,并允许其提出申辩意见。(田永诉北京科技大学案,法案例(1999)4-139)

原告田永经考试合格,由被告北京科技大学录取后,即享有该校的学籍,取得了在该校学习的资格,同时也应当接受该校的管理。教育者在对受教育者实施管理中,虽然有相应的教育自主权,但不违背国家法律、法规和规章的规定。田永在补考时虽然携带写有与考试有关内容的纸条,但是没有证据证明其偷看过纸条,其行为尚未达到考试作弊的程度,应属于违反考场纪律。北京科技大学可以根据本校的规定对田永违反考场纪律的行为进行处理,但是这种处理应当符合法律、法规、规章规定的精神,至少不得重于法律、法规、规章的规定。国家教育委员会1990

年1月20日发布的《普通高等学校学生管理规定》第十二条规定:"凡擅自缺考或考试作弊者,该课程成绩以零分计,不准正常补考,如确实有悔改表现的,经教务部门批准,在毕业前可给一次补考机会。考试作弊的,应予以纪律处分。"第二十九条规定应予退学的十种情形中,没有不遵守考场纪律或者考试作弊应予退学的规定。北京科技大学的"068号通知",不仅扩大了认定"考试作弊"的范围,而且对"考试作弊"的处理方法明显重于《普通高等学校学生管理规定》第十二条的规定,也与第二十九条规定的退学条件相抵触,应属无效。

另一方面,按退学处理,涉及到被处理者的受教育权利,从充分保障当事人权益的原则出发,作出处理决定的单位应当将该处理决定直接向被处理者本人宣布、送达,允许被处理者本人提出申辩意见。北京科技大学没有照此原则办理,忽视当事人的申辩权利,这样的行政管理行为不具有合法性。(田永诉北京科技大学拒绝颁发毕业证、学位证行政诉讼案,1999年第4期第139页)

181 【职务行为】【高等教育机构的部门和教师的教学活动及学籍管理行为,视为职务行为】

高等教育机构的有关部门和教师对受教育者的教学活动及学籍管理行为,视为职务行为,高等教育机构应当对该职务行为产生的后果承担法律责任。(田永诉北京科技大学案,法案例(1999)4-139)

北京科技大学实际上从未给田永办理过注销学籍,迁移户籍、档案等手续。特别是田永丢失学生证以后,该校又在1996年9月为其补办了学生证并注册,这一事实应视为该校自动撤销了原对田永作出的按退学处理的决定。此后发生的田永在该校修满四年学业,还参加了该校安排的考核、实习、毕业设施,其论文答辩也获得通过等事实,均证明按退学处理的决定在法律上从未发生过应有的效力,田永仍具有北京科技大学的学籍。北京科技大学辩称,田永能够继续在校学习,是校内某些部门及部分教师的行为,不能代表本校意志。鉴于这些部门及部分教师的行为,都是北京科技大学的职务行为,北京科技大学应当对该职务行为产生的后果承担法律责任。(田永诉北京科技大学拒绝颁发毕业证、学位证行政诉讼案,1999年第4期第139页)

182 【违反法定程序】【行政机关作出行政决定时应当援引适用的具体法律条文,否则视为违反法定程序】

行政机关作出行政决定时,应当援引明确的法律依据,尤其是引出适用的具体条文。不得在一行政决定作出前又作出与该决定相互冲突的另一行政决定,不得作出超越职权的行政行为,更不得以行政权干扰审判权。(兰州常德物资开发部诉

兰州市人民政府案,法案例(2000)4-142)

上诉人常德开发部不具有法律规定的应予收回土地使用权的情形。被上诉人市政府的兰政地字(1997)第42号批复中,对收回常德开发部土地使用权所适用的法律依据,只笼统提到"根据《中华人民共和国土地管理法》和《甘肃省实施土地管理办法》的有关规定",未引出适用的具体条文,违反了法定程序。

在被上诉人市政府收回上诉人常德开发部的土地使用权之前,市政府的土地管理部门事实上已经将同一宗土地使用权又出让给华欧公司。兰政地字(1997)第43号批复的内容,涉及到华欧公司和常德开发部双方的利益,市政府至今未给常德开发部送达兰政地字(1997)第43号批复。这些具体行政行为,都违反了法定程序。

上诉人常德开发部与华欧公司是两个独立法人,法律并未赋予被上诉人市政府有处置行政管理相对人财产的权力。市政府在其兰政地字(1997)第43号批复中,决定将常德开发部缴纳的9万元土地出让金定金抵减华欧公司应缴纳的土地出让金,属于超越职权的行政行为。

在省法院主持下,华欧公司和上诉人常德开发部双方于1996年5月28日达成的《执行和解协议书》,其内容是以常德开发部提供土地、华欧公司提供资金为基础的。被上诉人市政府在《执行和解协议书》已经发生法律效力的情况下,收回常德开发部的土地使用权,致使这一法律文书无法履行,属于以行政权干扰审判权。(兰州常德物资开发部不服兰州市人民政府收回土地使用权批复案,2000年第4期第142页)

183 **【轻微瑕疵】**【行政处罚决定存在轻微瑕疵的,不影响其有效成立】

行政机关作出行政处罚决定时,只载明行政相对人的违法事实,未载明据以认定违法行为存在的证据,但相对人对违法事实的存在未予否认的,处罚决定书存在制作不规范、内容不完备的问题,属于行政行为的轻微瑕疵,不构成违反法定程序。该瑕疵未侵害相对人的合法权益,不影响处罚决定的有效成立。(宜昌市妇幼保健院诉宜昌市工商行政管理局案,法案例(2001)4-139)

被告工商局制作的行政处罚决定书,虽然只载明违法事实,没有按照《中华人民共和国行政处罚法》的规定载明认定这些事实的证据,但这些证据在进行处罚时已经存在,并且原告保健院只对事实的定性有异议,并不否认事实本身的存在。这说明,行政处罚决定书存在着制作不规范,内容不完备的问题。

综上,被告工商局作出的宜市工商处字(2000)027号行政处罚决定书,认定事实清楚,适用法律正确,虽然存在着制作不规范的问题,但不构成违反法定程序,应当维持。

被上诉人工商局作为专门的监督检查部门，在对上诉人保健院作出处罚前，进行了立案、调查取证，并送达了处罚告知书，交待了陈述和申辩权，其处罚程序符合法律规定。工商局作出的处罚决定中没有具体载明据以认定保健院违法行为存在的证据名称，使其处罚决定书的内容不完备，是行政行为的轻微瑕疵。工商局的这一行政瑕疵没有达到侵害行政管理相对人合法权益的程度，不影响其处罚决定的有效成立，因此不能认定工商局的行政行为程序违法。（宜昌市妇幼保健院不服宜昌市工商行政管理局行政处罚决定案，2001 年第 4 期第 139 页）

184 【**破产财产**】【行政机关不得干预破产企业清算组对破产财产的处理】

人民法院依职权组织的清算组织，有权负责集体企业破产财产的保管、清理、估价、处理和分配工作。清算组只对人民法院负责并报告工作。其他任何组织都无权对破产财产进行处理，并要求清算组对其负责，向其报告工作。清算组可以作为民事主体，与其他民事主体进行必要的、平等的民事活动。行政机关不得干预清算组对破产财产的处理，妨碍他人的合法权益，否则构成超越职权，更有可能被视为滥用职权。（路世伟诉靖远县人民政府案，法案例(2002)3-106）

根据上述规定，有权负责集体企业破产财产的保管、清理、估价、处理和分配工作的，是人民法院依职权组织的清算组织。本案中，作为集体企业的刺绣厂被宣告破产后，靖远县人民法院已经为该破产企业组成了清算组。该清算组有权提出破产财产以什么价格出售、以什么方式出售以及出售给何人的方案，经债权人会议讨论通过并报请人民法院裁定后就可以执行。另外，清算组还可以作为民事主体，与其他民事主体进行必要的、平等的民事活动。清算组织依法只对人民法院负责并报告工作。其他任何组织都无权对破产财产进行处理，也无权要求清算组织对其负责，向其报告工作。清算组在破产财产处理方案经靖远县人民法院裁定认可后，决定以 36 万元的协议价格将西街厂区出售给上诉人路世伟，是清算组依法行使自己职权所进行的必要民事活动。在出售西街厂区的过程中，清算组与路世伟形成了平等主体间的买卖民事法律关系。他们达成的买卖西街厂区交易是合法有效的。

本案的破产财产处理方案经靖远县人民法院裁定认可后，清算组不去立即执行，反而再向不负责此项工作的被上诉人县政府请示，不符合法定程序。县政府接到清算组的违法请示后，没有以不属自己职权范围为理由拒绝受理，却以靖政发(1997)134 号文件批复同意，超越了职权。县政府以靖政发(1999)172 号决定撤销了自己作出的靖政发(1997)134 号批复，但撤销的理由不是认为该批复超越职权，而是认为该批复同意将西街厂区出售给了当时还没有注册登记的服装行；还认为清算组在出售西街厂区时，没有按该批复所说的“拍卖价”公开拍卖。这是县政府对靖政发(1997)134 号批复存在的违法事实认定不清。基于以上两点错误认识,被上诉人县政府在靖政发(1999)172 号文件中还进一步决定:退还服装行用于购买西街厂区的 36 万元,收回已出售的西街厂区,同时收回服装行的国有土地使用权。西街厂区是上诉人路世伟的服装行以平等交易的方式,从有权进行此项交易活动的清算组手中购买的。此项交易,不仅钱货两清,而且还办理了国有土地使用权出让手续。路世伟为了使其准备在西街厂区筹办的服装行开业,已经申领了营业执照。这些事实都证明,西街厂区的财产所有权以及土地使用权已经合法易主,不再是清算组有权保管的破产财产。靖政发(1999)172 号文件中的这些决定,必将破坏已经成功的平等交易,妨碍路世伟实现自己的合法权益。

退一步说,即便是清算组有权不敢行使,或者认为存在种种客观情况不便独立行使,非要拿自己分内的工作去向被上诉人县政府请示,而且县政府也乐于管这种不属于自己管的事,那也只能形成清算组与县政府二者之间的独特关系。县政府无权用这种于法无据的独特关系去影响他人,去为他人设定新的权利义务,去妨碍他人的合法权益。县政府在靖政发(1999)172 号文件中实施的这些具体行政行为,不仅超越职权,更是滥用职权。此外,行政机关的任何具体行政行为,必须以明确的法律规定为依据。被上诉人县政府的靖政发(1999)172 号文件,没有说明作出该具体行政行为的法律依据,属适用法律不当。(路世伟不服靖远县人民政府行政决定案,2002 年第 3 期第 106 页)

185 **【未对外公布】**【未对外公布的规范性文件,对外不具有法律效力】

行政法规《盐业管理条例》具体应用中的问题,由国务院盐业主管部门负责解释。其内设机构无权作出解释,该机构作出的有关文件未对外公布的,对外不具有法律效力。(丰祥公司诉上海市盐务局案,法案例(2003)1-35)

依据《盐业管理条例》第三十一条规定,本条例由轻工业部负责解释,盐务局提供的中盐政[2000]109 号《关于对上海市盐务管理局〈关于请求解释“盐的批发业务由各级盐业公司统一经营”的请示〉函复函》系国家轻工业局内设机构盐业管理办公室的文件,国家轻工业局盐业管理办公室无权对《盐业管理条例》作出解释,且该复函亦未对外公布,故对外不具有法律效力。(丰祥公司诉上海市盐务局行政强制措施案,2003 年第 1 期第 35 页)

186 **【选民资格】**【具有选民资格的村民可以在户籍所在地的村民选举委员会进行选民登记】

具有选民资格的村民可以在户籍所在地的村民选举委员会进行选民登记。经登记确认的选民资格长期有效,非因迁出、死亡或依法被剥夺政治权利等特殊原因,不能从选民名单上除名。行政机关作出的规范性文件与法律、法规相抵触的,应属无效。村民选举委员会根据该规范性文件作出的对具有选民资格的公民不予登记的处理决定,应当撤销。(吴少晖不服选民资格处理决定案,法案例(2003)6-29)

《中华人民共和国村民委员会组织法》第十四条第四款规定,村民委员会的"具体选举办法由省、自治区、直辖市的人民代表大会常务委员会规定"。2000 年 7 月 28 日福建省第九届人民代表大会常务委员会第二十次会议修订的《福建省村民选举委员会选举办法》第十一条规定:"凡具有选民资格的村民可以在户籍所在地的村民选举委员会进行选民登记。"起诉人吴少晖的户籍已于 2003 年 6 月 12 日迁入路下村,而路下村的选举日是 7 月 12 日。根据上述规定,选举日前,吴少晖有权在户籍所在地即路下村的选举委员会进行选民登记。

《福建省村民委员会选举办法》第十二条规定:"经登记确认的选民资格长期有效。每次选举前应当对上届选民登记以后新满十八周岁的、新迁入本村具有选民资格的和被剥夺政治权利期满后恢复政治权利的选民,予以补充登记。对选民登记后迁出本村、死亡和依照法律被剥夺政治权利的人,从选民名单上除名。"具有选民资格的起诉人吴少晖,以前的户籍虽然不在路下村,但一直在路下村居住;路下村历届村民委员会换届选举时,其都在该村进行选民登记;吴少晖的选民资格已经得到路下村历届村民选举委员会的登记确认,应当长期有效,非因迁出、死亡或依法被剥夺政治权利等特殊原因,不能从选民名单上除名。因此,吴少晖请求在路下村进行选民登记,于法有据,应予支持。福建省民政厅下发的《村民委员会选举规程》中,有关"户籍在本村管理的其他非农业户籍性质人员不作选民资格登记"的规定,与《福建省村民委员会选举办法》的规定相抵触,是无效的。路下村村民选举委员会 2003 年 6 月 29 日依据该规程作出的处理决定,是错误的,应当撤销。(吴少晖不服选民资格处理决定案,2003 年第 6 期第 29 页)

187 【不正当地行使诉讼权利】【不正当地行使诉讼权利的人应当负担他人参与诉讼的直接损失】

行政机关一审败诉后提起上诉,但怠于行使自己的诉讼权利,未向法院提交法定代表人身份证明书,也未委托诉讼代理人参加诉讼,在接到第一次开庭传票后,未申请延期开庭、未提供任何材料且拒不到庭,第二次接到开庭传票后,仍拒不到庭且不说明任何理由,应视为申请撤诉。不正当地行使自己的诉讼权利,实际上加重了相对人的负担,应当负担相对人在二审期间的委托代理费用、诉讼参与人往返必需的交通费用。(陈莉诉徐州市泉山区城市管理局案,法案例(2003)6-32)

案件当事人一审判决后在法定期限内提起上诉,是其诉讼权利。但本案中,城市管理局在案件的一审期间未在法定期限内提交答辩状，也未提供行政处罚的证据和依据，依照《最高人民法院关于执行〈中华人民共和国行政诉讼法〉若干问题的解释》第二十六条规定，应当承担败诉的法律后果，且城市管理局的委托代理人在一审庭审陈述时，已自认其行政行为理由不充足。城市管理局在一审被判决败诉后，虽然提起上诉，却怠于行使自己的诉讼权利，未向法院提交法定代表人身份证明书，也未委托诉讼代理人参加诉讼。在接到第一次开庭传票后，既未申请延期开庭也未提供任何材料且拒不到庭，后也未按要求提供有关不能到庭的正当理由的说明；第二次接到开庭传票后，仍然拒不到庭且不说明任何理由，应视为申请撤诉。由于城市管理局不正当地行使了自己的诉讼权利，实际上加重了被上诉人陈莉的负担，基于公平原则，城市管理局应当负担陈莉因此次诉讼而支付的直接的、合理的费用，即二审期间的委托代理费用及诉讼参与人两次往返必需的交通费用共计人民币1570元。（陈莉诉徐州市泉山区城市管理局行政处罚案，2003年第6期第32页）

188 **【收回国有土地使用权】**【对收回国有土地使用权的决定不服的，相对人可以直接起诉】

最高人民法院《关于适用〈行政复议法〉第三十条第一款有关问题批复》规定："《行政复议法》第三十条第一款的规定，公民、法人或者其他组织认为行政机关确认土地、矿藏、水流、森林、山岭、草原、荒地、滩涂、海域等自然资源的所有权或者使用权的具体行政行为，侵犯其已经依法取得的自然资源所有权或者使用权的，经行政复议后，才可以向人民法院提起行政诉讼，但法律另有规定的除外；对涉及自然资源所有权或者使用权的行政处罚、行政强制措施等其他具体行政行为提起行政诉讼的，不适用《行政复议法》第三十条第一款的规定"。对收回国有土地使用权的行政决定不服的，相对人可以直接向人民法院提起行政诉讼。（宣懿成等18人诉衢州市国土资源局案，法案例(2004)4-35)

本案各原告均系衢州市府山中学教工住宅楼的住户，是该楼用地的合法使用者。被告国土局因建设银行衢州分行需要扩大营业用房，决定收回各原告住宅楼的国有土地使用权，国土局在有关该决定的书面通知中，仅说明该决定是依照土地管理法及浙江省的有关规定作出的，但却没有说明决定收回各原告住宅国有土地使用权的具体法律依据。国土局依照土地管理法对辖区内国有土地的使用权进行管理和调整，属于其行政职权的范围。但在决定收回各原告住宅国有土地使用权时，对所依据的法律条款应当予以具体说明而没有说明，属于适用法律错误。在本案的诉讼中提供的衢州市发展计划委员会(2002)35号《关于同意扩建营业用房项目建设计划的批复》、《建设项目选址意见书审批表》、《第三人扩建营业用房建设用地规划红线图》等有关证据，难以说明该决定是由于“公共利益需要使用土地”或“实施城市规划进行旧城区改造需要调整使用土地”的需要，故原告主张被告的具体行为主要证据不足，理由成立，应予支持；被告主张其作出的收回各原告国有土地的具体行政行为符合土地管理法规定的辩解，不能成立。

根据最高人民法院《关于适用〈行政复议法〉第三十条第一款有关问题批复》的规定，本案的各原告可以对行政机关直接涉及国有土地使用权的具体行政行为向人民法院提起行政诉讼，故对第三人关于原告未经复议即直接起诉不当的主张不予采纳。（宣懿成等18人诉衢州市国土资源局收回土地使用权行政争议案，2004年第4期第35页）

189 【**审查评估**】【行政机关采纳评估报告作为裁决依据的，应当对评估程序等事项进行审查】

行政机关采纳评估机构作出的评估报告作为裁决依据的，应当对评估人员的资格、评估程序等事项进行审查。评估程序存在违法情形等，评估报告应认定为无效，行政机关未审查该事项即将该报告作为行政裁决依据的，应认定为裁决的证据不足，依法应予撤销。（丰浩江等人诉广东省东莞市规划局案，法案例(2004)7-35）

东莞市规划局采纳华联公司作出的《评估报告》作为其行政裁决依据时，应当对作出该《评估报告》评估人员的资格、评估程序等事项进行审查。人事部和国有资产管理局联合发布的《注册资产评估师执业资格制度暂行规定》第二十四条规定：“资产评估机构接受委托承接的评估项目，其项目负责人只能由注册资产评估师担任，评估报告至少由两位注册资产评估师签署方为有效。”本案《评估报告》中签署姓名的评估人员为张瑞明和肖晓康，但只有张瑞明具有注册评估师资格，肖晓康不具有注册评估师资格。根据上述规定，该《评估报告》无效。《评估报告》将涉案房屋分为商铺和仓库分别予以评估的理由，是因为委托评估的开发公司所提供的资料将涉案房屋已事先区分为商铺和仓库。作为注册资产评估师的张瑞明，评估时未对委托方开发公司提供的资料进行审核，就直接采纳，违反了财政部发布的《中国注册资产评估师职业道德规范》第十八条“注册资产评估师应对客户委托评估的资产进行勘查，并对客户提供的有关资料进行审核”的规定。而且，丰浩江等人持有的《房屋所有权证》对涉案房屋均作了“铺位”字样的记载，华联公司没有提供有关证据和法律依据证明“铺位”可以理解为商铺和仓库，故在《评估报告》中将涉案房屋区分为商铺和仓库两部分，缺乏依据，不能采信。此外，华联公司介绍《评估报告》中采用的租金标准，是通过询问涉案房屋周围有关人员后确定的，但评估人张瑞明却不能提供证据对此予以证明，故华联公司采用该租金标准证据不足。

由于作出《评估报告》的两位评估人员中有一位不具备法定评估资格，且评估人员既未对委托方房地产开发公司提供的资料进行审核，亦未能依法取证证明其所采纳的租金标准，在程序上存在严重违法。东莞市规划局在未依法对该《评估报告》的上述事项进行审查的情况下，即采纳其作为行政裁决的依据，应认定为裁决的证据不足，依法应予撤销。《最高人民法院关于行政诉讼证据若干问题的规定》第六十二条规定："对被告在行政程序中采纳的鉴定结论，原告或者第三人提出证据证明有下列情形之一的，人民法院不予采纳：(一) 鉴定人不具备鉴定资格；(二) 鉴定程序严重违法……。"据此，原审法院采纳该《评估报告》中的评估结论不妥，属适用法律错误；同时，原审法院以该《评估报告》作为认定被诉行政裁决合法的定案根据，属认定事实不清。（丰浩江等人诉广东省东莞市规划局房屋拆迁行政裁决纠纷案，2004 年第 7 期第 35 页）

190 **【会议纪要】**【城市详细规划可以通过规划机构的会议纪要形式进行批准】

一个城市详细规划是否得到合法有效的批准，应当通过一定的批准形式表现出来。由于法律、法规只规定城市详细规划应由城市人民政府或规划行政主管部门审批，未规定审批形式，受托负责对城市规划工作进行研究决策、组织实施和管理，组织相应的规划编制和规划审批工作，并负责协调、督促落实重要的规划事项的规划机构，以会议纪要形式进行审批，并实际发挥批准详细规划的作用的，应当认定城市详细规划经过合法有效的批准。（念泗三村 28 幢楼居民 35 人诉扬州市规划局案，法案例(2004)11-31）

第二，《念泗二村地段控制性详细规划》有无得到合法有效的批准。对于城市详细规划的审批，城市规划法第二十一条第八款和江苏城市规划办法第十二条第八款的规定是一致的，即"城市详细规划由城市人民政府审批；编制分区规划的城市的详细规划，除重要的详细规划由城市人民政府审批外，由城市人民政府城市规划行政主管部门审批"。本案中，被告扬州市规划局提供了《念泗二村地段控制性详细规划》和扬州市规划委员会第十四次、第十六次会议纪要，以说明《念泗二村地段控制性详细规划》已经得到了扬州市规划委员会第十六次会议批准，其批准的形式为会议纪要。同时，扬州市规划局还提供了《扬州市城市规划管理办法》以说明扬州市规划委员会的权限和职能。该办法第三条规定，扬州市规划委员会受市政府委托，负责对城市规划工作进行研究决策、组织实施和管理，组织相应的规划编制和规划审批工作，并负责协调、督促落实重要的规划事项。由此，扬州市政府在执行城市规划法和江苏省实施办法所规定的详细规划的审批程序时，授权规划委员会负责此项工作，这种做法本身并不为法律、法规所禁止。一个城市详细规划是否得到合法有效的批准，应通过一定的批准形式表现出来。本案中，有关详细规划的批准是以市长签发的市规划委员会会议纪要的形式出现的，尽管市规划委员会第十六次会议纪要中的“按已批准的小区详细规划实施”的表述在本案的当事人之间产生了不同的理解，但综合分析扬州市规划委员会第十四次会议纪要、《念泗二村地段控制性详细规划》、扬州市规划委员会第十六次会议纪要等证据的全部内容，可以得出该详细规划是经过扬州市规划委员会审查同意后，由市长签字批准的结论。至于这种会议纪要是不是一种通常所见的批准形式，由于法律、法规只规定城市详细规划应当由城市人民政府或规划行政主管部门审批，没有规定审批形式，故不能否定扬州市规划委员会会议纪要对批准详细规划发挥的实际作用，应当认定《念泗二村地段控制性详细规划》经过合法有效的批准。因此，28幢楼居民认为《念泗二村地段控制性详细规划》没有得到合法有效批准的诉讼主张，不能成立。（念泗三村28幢楼居民35人诉扬州市规划局行政许可行为侵权案，2004年第11期第31页）

191 **【被耽误的时间】**【非因当事人自身原因造成的被耽误的时间，不计算在起诉期间内】

行政机关作出具体行政行为时，未告知当事人诉权或者起诉期限的，起诉期限从当事人知道或者应当知道诉权或者起诉期限之日起计算。非因当事人自身原因造成的被耽误的时间，不计算在起诉期间内。（眉山气雾剂厂诉眉山市人民政府等案，法案例(2005)2-41）

《中华人民共和国行政诉讼法》（以下简称行政诉讼法）第三十九条规定：“公民、法人或者其他组织直接向人民法院提起诉讼的，应当在知道作出具体行政行为之日起三个月内提出。法律另有规定的除外。”《最高人民法院关于贯彻执行〈中华人民共和国行政诉讼法〉若干问题的意见（试行）》（以下简称《意见》）第四十五条规定：“行政机关作出具体行政行为未告知当事人的诉权和起诉期限，致使当事人逾期向人民法院起诉的，其起诉期限从当事人实际知道诉权或者起诉期限时计算，但逾期的期间最长不得超过一年。”原眉山县人民政府虽然是于1996年4月颁发的1842号《国有土地使用证》，但气雾剂厂是于1998年9月3日查阅颁证档案时才确切知道该1842号《国有土地使用证》内容的，且在知道当时并没有被告知诉权和起诉期限。气雾剂厂于1999年11月向原眉山县人民法院提起行政诉讼，没有超过逾期一年的规定，其起诉符合行政诉讼法第四十一条规定的起诉条件。由于原眉山县人民法院对气雾剂厂于1999年11月提起的诉讼，既未按规定立案，也未按规定向当事人出具不予立案的书面裁定，致使气雾剂厂不断向其他部门申诉和上访，直到2003年12月收到眉山市国土局以重复登记为由作出的《不予受理土地登记通知书》后，才再次向眉山市中级人民法院提起行政诉讼。气雾剂厂反复向有关行政机关上访、申诉的时间，非因自身原因造成，根据《解释》第四十三条“由于不属于起诉人自身的原因超过起诉期限的，被耽误的时间不计算在起诉期间内”的规定，气雾剂厂向其他行政部门上访、申诉的时间不应当计算在起诉期间内。气雾剂厂于1998年9月3日知道被诉行政登记行为内容，扣除非因自身原因耽误的时间1999年11月至2003年12月，其于2004年3月5日提起的行政诉讼，符合《解释》第四十一条“行政机关作出具体行政行为时，未告知公民、法人或者其他组织诉权或者起诉期限的，起诉期限从公民、法人或者其他组织知道或者应当知道诉权或者起诉期限之日起计算，但从知道或者应当知道具体行政行为内容之日起最长不得超过2年”的规定，人民法院应当立案受理。气雾剂厂的上诉理由成立。（眉山气雾剂厂诉眉山市人民政府、眉山市国土资源局土地行政登记案，2005年第2期第41页）

192　**【继受责任】**【行政职权变更为新的行政机关行使的，先前行政机关行使该职权的行政法律后果，应由新机关承受】

根据法律法规等的规定，某行政职权由某一行政机关变更为其他行政机关行使的，某一行政机关先前行使该职权的行政法律后果，应由现行使该职权的其他机关承担。（张成银诉徐州市人民政府案，法案例(2005)3-43）

1988年9月，徐州市人民政府根据原城乡建设环境保护部1987年4月21日颁布的《城镇房屋所有权登记暂行办法》，向原告张成银颁发了鼓房字第1741号房屋所有权证，而根据此后的行政规章和法律规定，徐州市颁发房屋所有权证的职权由现徐州市房产管理局行使，徐州市人民政府颁发给张成银的鼓房字第1741号房屋所有权证的行政法律后果，应由现徐州市房产管理局承担责任，故徐州市人民政府对曹春芳的复议申请，有复议管辖权。（张成银诉徐州市人民政府房屋登记行政复议决定案，2005年第3期第43页）

193　**【劳动教养】**【被决定劳动教养的人不服劳动教养决定的，可以直接向人民法院提起诉讼】

履行行政复议职责的机关，应当是作出具体行政行为的上一级行政机关或其他法定机关，而不能由作出具体行政行为的机关自行复议。对于被决定劳动教养的人对劳动教养决定不服的，我国法律法规未规定行政复议前置程序，因此，被决定劳动教养的人可以向作出劳动教养决定的上一级行政机关或者法律、法规规定的行政机关申请复议，也可以直接向人民法院提起行政诉讼。（白光华诉天津市劳动教养管理委员会案，法案例(2007)3-46）

《劳动教养试行办法》第十二条第二款规定的“由审批机关组织复查”不是指行

政复议程序。根据《中华人民共和国行政复议法》第二条的规定，公民、法人或者其他组织认为具体行政行为侵犯其合法权益，可以向行政机关提出行政复议申请。所谓行政复议，是指公民、法人或其他组织认为具体行政行为侵犯其合法权益，按照法定的程序和条件，向作出该具体行政行为的上一级行政机关或法定机关提出申请，并由该机关对具体行政行为的合法性和适当性进行审查并作出复议决定的活动。根据《中华人民共和国行政复议法》第一条的规定，设置行政复议程序的目的，是为了防止和纠正违法的或者不当的具体行政行为，保护公民、法人和其他组织的合法权益，保障和监督行政机关依法行使职权。由此可见，履行行政复议职责的机关，应当是作出具体行政行为的上一级行政机关或其他法定机关，而不能由作出具体行政行为的机关自行复议。《劳动教养试行办法》第十二条第二款规定："被决定劳动教养的人，对主要事实不服的，由审批机关组织复查。"这里规定的"审批机关"，即是作出劳动教养决定的机关；这里规定的"复查"亦不同于"复议"，而是指原审批机关进行重新审查。因此，该规定是指由作出劳动教养决定的机关自行复查，而不是由作出劳动教养决定这一具体行政行为的上一级行政机关或其他法定机关进行行政复议。

《中华人民共和国行政诉讼法》第三十七条规定："对属于人民法院受案范围的行政案件，公民、法人或者其他组织可以先向上一级行政机关或者法律、法规规定的行政机关申请复议，对复议不服的，再向人民法院提起诉讼；也可以直接向人民法院提起诉讼。法律、法规规定应当先向行政机关申请复议，对复议不服再向人民法院提起诉讼的，依照法律、法规的规定。"据此，公民、法人或者其他组织认为具体行政行为侵犯其合法权益的，除法律、法规明确规定应当先向行政机关申请复议，对复议不服再向人民法院提起诉讼的以外，可以自由选择申请行政复议或者直接向人民法院提起行政诉讼。对于被决定劳动教养的人对劳动教养决定不服的，我国现行法律、法规并没有明确规定必须先向作出劳动教养决定的上一级行政机关或者其他法定机关申请复议，对复议不服才能向人民法院提起诉讼，即没有就此规定行政复议前置程序。因此，被决定劳动教养的人对劳动教养决定不服的，可以向作出劳动教养决定的上一级行政机关或者法律、法规规定的行政机关申请复议，也可以直接向人民法院提起诉讼；直接向人民法院提起行政诉讼的，人民法院应当受理。原审裁定认定上诉人白光华未经行政复议程序直接向法院提起行政诉讼不当，裁定驳回起诉，属于适用法律错误，应当纠正。（白光华不服天津市劳动教养管理委员会劳动教养决定案，2007 年第 3 期第 46 页）

194 【被拆房屋评估报告】【拆迁裁决机关应当审查被拆房屋的评估报告是否送达了被拆迁人、房屋承租人】

正当程序原则要求被拆房屋的评估报告应当送达被拆迁人、房屋承租人，以保障他们及时了解被拆迁房屋的评估结果，对评估结果有异议时及时提出意见、申请复估。拆迁裁决机关在裁决过程中，应当审查被拆房屋评估报告是否送达被拆迁人、房屋承租人。在有关拆迁材料的送达回证上未有房屋评估报告的送达情况记载，也无见证人的记载的，不能认定已送达了被拆房屋的评估报告。（陆廷佐诉上海市闸北区房屋土地管理局案，法案例(2007)8-44）

被上诉人闸北房地局提供的、由上诉人陆廷佐之子陆达签收的送达回证上，"房屋评估报告"一项已经从送达材料目录中划掉，该送达回证上亦未另外注明房屋评估报告的送达情况。故根据该送达回证，不能证明房屋评估报告已经向上诉人送达；在该送达回证上，"见证人"一栏为空白，亦无关于上海市闸北区北站街道长春里居民委员会工作人员沈美贞、卢莉华陪同送达的记载，不能据此认定沈美贞、卢莉华系送达材料时的在场见证人。因此，虽然沈美贞、卢莉华出具了由上海市闸北区北站街道长春里居民委员会盖章的情况说明，被上诉人和一审第三人圣和圣公司据此主张已经在沈美贞、卢莉华陪同下向上诉人送达了房屋评估报告，但该情况说明与送达回证的记载存在矛盾，亦不能证明房屋评估报告已经向上诉人送达。综上，根据本案现有证据，不能认定一审第三人申请被上诉人就涉案被拆房屋作出裁决前，已经向上诉人送达了涉案被拆房屋的评估报告。

拆迁过程中，基于正当程序原理，为保护被拆迁人、房屋承租人的合法权益，被拆房屋的评估报告应当送达被拆迁人、房屋承租人，以保障被拆迁人、房屋承租人及时了解被拆房屋的评估结果，对于评估结果有异议的及时提出意见、申请复估。拆迁裁决机关在裁决过程中，应当就被拆房屋评估报告是否送达被拆迁人、房屋承租人的问题进行审查。（陆廷佐诉上海市闸北区房屋土地管理局房屋拆迁行政裁决纠纷案，2007 第 8 期第 44 页）

195 【正当程序要求】【正当程序要求有权机关先行撤销原行政行为并给予相对人合理弥补，再作出新的授益行政行为】

在规范性文件已经授予相对人一定专营权的情况下，按照正当程序，有权机关应当在依法先行修正、废止或者撤销该文件，并对相对人基于信赖行政批准行为的合法投入给予合理弥补后，才可以作出新的授益行政行为。有权机关不顾生效规范性文件确定的相对人的合法权益，径行作出新的授益行政行为，损害了相对人的信赖利益，违反了法定程序。（益民公司诉河南省周口市政府案，法公字(2005)第

8-23号）

一、关于《招标方案》的合法性

（一）市计委具有组织城市天然气管网项目招标工作的职权。周口市城市天然气管网项目系“西气东输”利用工作的组成部分，在本案招标活动开始之前，从中央到河南省地方，此项工作已经交由各级计委负责。根据国务院2000年专题会议关于“要求国家计委牵头成立西气东输工程建设领导小组，协调西气东输工程中的上下游衔接，落实市场和相关政策”之精神，及2002年5月27日河南省人民政府办公厅豫政办(2002)35号《关于加快推进西气东输利用工作的通知》关于“各级计委为西气东输利用工作的责任联系单位，配合同级政府和上级政府做好各项工作”之规定，市计委有权参与“西气东输”利用工作。周口市城市天然气管网既是市重点项目，也是省级重点项目，根据2002年3月18日周口市委编制委员会向市直各单位下发的周编(2002)25号《周口市发展计划委员会职能配置、内设机构和人员编制方案》关于市计委“负责市重点项目或受省委托的重大项目建设过程中的招标、投标”工作之具体规定，市计委有权组织城市天然气管网项目招标工作，并发布《招标方案》。建设部1997年第62号令《城市燃气管理办法》第四条虽有“县级以上地方人民政府城市建设行政主管部门负责本行政区域内的城市燃气管理工作”之规定，但鉴于国务院及河南省两级地方政府已将“西气东输”利用工作交各级计委负责，故该规定不能适用于本案。

（二）原周口地区建设局于2000年7月7日作出的周地建城(2000)10号文批准益民公司为管道燃气专营单位(河南省燃气管理实施办法第二条规定燃气包含天然气)，并载明“能与天然气西气东输工程接轨”，据此，益民公司已取得了燃气专营权。在招标活动开始之前，周地建城(2000)10号文仍然生效，很显然对《招标方案》、《中标通知书》及54号文的作出构成障碍。尽管市计委有权组织城市天然气管网项目招标工作，但在周地建城(2000)10号文已经授予益民公司燃气专营权的情况下，按照正当程序，市计委亦应在依法先行修正、废止或者撤销该文件，并对益民公司基于信赖该批准行为的合法投入给予合理弥补之后，方可作出《招标方案》。因此，市计委置当时仍然生效的周地建城(2000)10号文于不顾，径行发布《招标方案》属于违反法定程序，亦损害了益民公司的信赖利益。被上诉人市计委辩称，周地建城(2000)10号文中的“专营”系专业经营之意，而非独家经营，故周地建城(2000)10号文并非招标及特许行为之障碍。本院认为，根据该文所援引的“一个城市只允许批准一家管道燃气经营单位的原则”及其他法律依据，该文中的“专营”应当解释为独家经营，市计委的答辩理由缺乏法律依据，本院不予采纳。（益民公司诉河南省周口市政府等行政行为违法案，【2004】行终字第6号，2005年第8期第23页）

宪法、行政法编 / 宪法

1 【冒名上学】【冒名上学从形式上表现为侵犯被冒名的受教育者的姓名权，实质上是侵犯其依照宪法所享有的公民受教育的基本权利】

教育机构应当对报到新生进行严格审查，杜绝冒名上学的情况发生，使被冒名的受教育者享有接受教育的机会。冒名者冒名上学后，又通过撤换档案等冒名参加工作的，侵权行为一直延续。这种侵权行为从形式上表现为侵犯被冒名的受教育者的姓名权，实质上是侵犯被冒名的受教育者依照宪法所享有的公民受教育的基本权利。（齐玉苓诉陈晓琪等案，法案例(2001)5-158）

又由于济宁商校对报到新生审查不严，在既无准考证又无有效证明的情况下接收陈晓琪，才让陈晓琪冒名上学成为事实，从而使齐玉苓失去了接受委培教育的机会。陈晓琪冒名上学后，被上诉人滕州教委帮助陈克政伪造体格检查表；滕州八中帮助陈克政伪造学期评语表；济宁商校违反档案管理办法让陈晓琪自带档案，给陈克政提供了撤换档案材料的机会，致使陈晓琪不仅冒名上学，而且冒名参加工作，使侵权行为得到延续。该侵权是由陈晓琪、陈克政、腾州八中、腾州教委的故意和济宁商校的过失造成的。这种行为从形式上表现为侵犯齐玉苓的姓名权，其实质是侵犯齐玉苓依照宪法所享有的公民受教育的基本权利。各被上诉人对该侵权行为所造成的后果，应当承担民事责任。（齐玉苓诉陈晓琪等以侵犯姓名权的手段侵犯宪法保护的公民受教育的基本权利纠纷案，2001 年第 5 期第 158 页）

2 【受教育权】【中等职业教育机构应当向在学校接受教育且完成规定学业的学生颁发学业证书】

中等职业教育机构应当根据《教育法》和《技工学校学生学籍管理规定》的规定，向在学校接受教育且完成规定学业的学生颁发学业证书。以受教育者的毕业证书已交上级主管单位为由，不向受教育者颁发毕业证的行为，侵犯了受教育者的受教育权。（杨宝玺诉天津服装技校案，法案例(2005)7-43）

被告服装技校作为从事培养技术工人的中等职业教育学校，应根据《中华人民共和国教育法》第四十二条第一款第（三）项的规定和 1990 年 5 月 4 日劳动部关于颁发《技工学校学生学籍管理规定》第三十条“学生学完教学计划规定的全部课程，毕业考核和操行总评（毕业鉴定）成绩合格者，准予毕业，由学校发给毕业证书”的规定，向在学校接受教育且完成规定学业的学生颁发学业证书。现服装公司以原告杨宝玺的毕业证书已交上级主管单位为由，不向杨宝玺颁发毕业证的行为，缺乏法律依据，侵犯了杨宝玺依法应享有的受教育权，故应承担相应的法律责任。（杨宝玺诉天津服装技校不履行法定职责案，2005 年第 7 期第 43 页）

宪法、行政法编 / 国家赔偿法

第一章 总 则

3 **【精神损失费】**【赔偿请求人要求赔偿义务机关支付精神损失费的请求，超出了《国家赔偿法》规定的赔偿范围】

人民检察院认为赔偿请求人涉嫌犯罪案的证据达不到确实、充分的起诉条件而撤销的，视为无法证明赔偿请求人有犯罪事实。不能证明赔偿请求人的犯罪事实而将其逮捕，是无犯罪事实的错误的逮捕。赔偿义务机关应当对赔偿请求人予以国家赔偿，但赔偿以《国家赔偿法》所规定的赔偿范围为准。赔偿请求人可以要求赔偿义务机关对侵犯其人身自由作出赔偿，并消除影响、恢复名誉、赔礼道歉，但对于支付精神损失费的请求，因超出了《国家赔偿法》规定的赔偿范围，法院不予支持。（黄景嘉请求国家刑事赔偿案，法案例(2002)6-214）

平湖市人民检察院以涉嫌贪污为理，强制限制赔偿请求人黄景嘉204天的人身自由，事实清楚。黄景嘉涉嫌贪污案最终因平湖市人民检察院认为证据达不到确实、充分的起诉条件而撤销，实际上是无法证明犯罪嫌疑人有犯罪事实。不能证明犯罪嫌疑人的犯罪事实而将其逮捕，就是没有犯罪事实的错误的逮捕。

赔偿义务机关平湖市人民检察院对赔偿请求人黄景嘉的赔偿申请，已经作出了不予确认的决定；复议机关嘉兴市人民检察院经复议，维持了平湖市人民检察院的决定。上述两个决定，致使黄景嘉的国家刑事赔偿申请，应当进入国家赔偿程序而没有进入国家赔偿程序。对平湖市人民检察院作出的不予确认决定以及嘉兴市人民检察院作出的复议决定，应视为赔偿义务机关和复议机关已经分别作出了不予赔偿的决定。赔偿请求人黄景嘉认为赔偿义务机关和复议机关的决定违反国家赔偿法的规定，向本院赔偿委员会提出申请赔偿的请求，本院应该依法予以受理。

《中华人民共和国国家赔偿法》第二十五条规定："国家赔偿以支付赔偿金为主

要方式。”第二十六条规定：“侵犯公民人身自由的，每日的赔偿金按照国家上年度职工日平均工资计算。”赔偿义务机关对受害人予以国家赔偿，应该以国家赔偿法所规定的赔偿范围为准。赔偿请求人黄景嘉要求赔偿义务机关平湖市人民检察院对侵犯其人身自由作出赔偿，并消除影响、恢复名誉、赔礼道歉，符合法律规定。平湖市人民检察院应当依法作出赔偿，并为赔偿请求人消除影响，恢复名誉，赔礼道歉。但赔偿请求人黄景嘉要求赔偿义务机关支付精神损失费，超出了国家赔偿法规定的赔偿范围，且没有其他法律依据，依法不予支持。（黄景嘉国家刑事赔偿案，2002 年第 6 期第 214 页）

第二章 行政赔偿

4 **【行政赔偿范围】**【行政赔偿范围只限于违法行政行为对受害人人身权或财产权造成的实际侵害】

《国家赔偿法》规定的行政赔偿范围,是指违法行政行为对受害人人身权或者财产权造成的实际侵害。高等教育机构拒绝对受教育者颁发证书,只是使其失去了与同学同期就业的机会,未对其人身权和财产权造成实际损害。受教育者以高等教育机构未按时颁发毕业证书致使其既得利益受到损害为由提出的赔偿经济损失主张,法院不予支持。(田永诉北京科技大学案,法案例(1999)4-139)

《中华人民共和国国家赔偿法》第三条、第四条规定的行政赔偿范围,只包括违法行政行为对受害人人身权或者财产权造成的实际侵害。目前,国家对大学生毕业分配实行双向选择的就业政策,并非学生毕业后就能找到工作,获得收入。因此,被告北京科技大学拒绝颁发证书的行为,只是使原告田永失去了与同学同期就业的机会,并未对田永的人身权和财产权造成实际损害。故田永以北京科技大学未按时颁发毕业证书致使其既得利益受到损害为由提出的赔偿经济损失主张,不能成立。(田永诉北京科技大学拒绝颁发毕业证、学位证行政诉讼案,1999 年第 4 期第 139 页)

5 **【抢险救助行为】**【当事人要求公安机关在正当抢险救助过程中致其财产损失给予行政赔偿的主张,法院不予支持】

公安机关在情况紧急,无法采取其他更安全、有效的措施的前提下,为抢救伤者造成他人财产损失的,属正当的抢险救助行为,不具有违法性。当事人要求公安机关在抢险过程中致其财产损失给予行政赔偿,不符合《国家赔偿法》的规定。(陈宁诉庄河市公安局案,法案例(2003)3-33)

警方是在司机韩勇被夹在发生事故的轿车驾驶室里生死不明,需要紧急抢救的情况下,决定实施强行打开驾驶室车门措施的。由于当时其他方法都不能打开已经变形的车门,为及时抢救出韩勇而采取气焊切割车门的方法,实属情况紧急,迫不得已。因为不及时打开车门,就无法对生死不明的韩勇实施紧急救护;尽早打开车门救出韩勇,就有可能挽救其生命。气焊切割车门的方法虽然会破损车门,甚至造成汽车的毁损,但及时抢救韩勇的生命比破损车门或者造成汽车的毁损更为重要。因为相对人的生命而言，破损汽车车门或者汽车致他人利益损害明显较小，警方在紧急情况下作出强行打开车门抢救韩勇的决定，具有充分的合理性，而且在采取措施之前，警方已经尽可能地采取了相应的防范措施。

虽然气焊切割车门导致了轿车的失火，但该行为从性质上属于警方正当的抢险救助行为，没有超出交通警察依法履行职责的范围。上诉人陈宁要求警方对在不得已情况下的紧急救助行为所造成的损失给予行政赔偿，是没有法律依据的。又由于事故现场客观条件的限制，无法准确判断司机韩勇的生死状况，故不能以事后证实的结果为理由，认定警方对韩勇的救助行为没有实际的意义，故上诉人陈宁认为警方实施的紧急抢险行为不当的理由亦不成立。

庄河市公安局交通警察大队在接到报警后，即派人赶赴现场处理事故，是履行交通警察的职责。在处理事故中，警方根据司机韩勇生死不明的情况，判断应立即从发生事故的汽车中将其救出送往医院，并无不当。在其他方法都无法打开已经变形的车门时，不得不采取破损车门的措施并不违法。虽然该措施后来导致了汽车的毁损，但由于当时情况紧急，无法采取其他更安全、有效的措施抢救韩勇。警方在救人过程中虽然造成了汽车的毁损，但不具有违法性，原告陈宁要求庄河市公安局对抢险过程中致使其汽车毁损给予行政赔偿，不符合国家赔偿法的有关规定。庄河市公安局对此作出不予赔偿的决定是正确的，应予维持。（陈宁诉庄河市公安局行政赔偿纠纷案，2003 年第 3 期第 33 页）

6 **【实际损害后果】**【相对人不能证明具体行政行为造成的损害后果实际存在的，法院不予支持国家赔偿请求】

行政相对人认为行政机关的具体行政行为违法造成其权益损害的，有权要求国家赔偿，但应证明损害与赔偿请求之间存在因果关系。不能证明实际存在损害后果的，法院不予支持赔偿请求。（上海汇兴实业公司诉上海浦江海关案，法案例(2004)1-38）

《中华人民共和国海关法》（以下简称海关法）第六十二条规定："进出口货物，进出境物品放行后，海关发现少征或者漏征税款，应当自缴纳税款或者货物、物品放行之日起一年内，向纳税义务人补征。"国家赔偿法第二条规定："国家机关和国家机关工作人员违法行使职权侵犯公民、法人和其他组织的合法权益造成损害的，受害人有依照本法取得国家赔偿的权利。"最高人民法院《关于审理行政赔偿案件若干问题的规定》第三十三条规定："被告的具体行政行为违法但尚未对原告合法权益造成损害的，或者原告的请求没有法律根据的，人民法院应当判决驳回原告的诉讼请求。"原告汇兴公司委托他人以错误的商品编号向海关申报进口人工草坪，浦江海关对此未予严格审核，致使少征了汇兴公司的税款。浦江海关发现少征税款后,依照海关法的规定向汇兴公司补征税款并无不当。汇兴公司虽然有权以浦江海关原征税行为造成其损失为由,要求国家赔偿,但由于汇兴公司提供的工程施工合同约定的单价,包括人工草坪、铺设所需辅料及人工费用等证据,与赔偿请求之间无法律上的因果关系,亦不能证明实际存在着损害的后果,故不予支持。(上海汇兴实业公司诉上海浦江海关行政赔偿案,2004 年第 1 期第 38 页)

第三章　刑事赔偿

7　**【侵犯名誉权】**【未经审判确定有罪即公开嫌疑人的罪行，侵犯了其名誉权】

人民检察院以追缴赃款为名追缴了他人的合法财产的，应当返还财产。未经审判确定有罪，人民检察院就在新闻媒体上公开他人的“罪行”，侵犯了他人的名誉权，应当承担消除影响、恢复名誉、赔礼道歉的责任。他人主张国家赔偿的，应依照《国家赔偿法》规定的标准计算，间接经济损失不予赔偿。（仇惠南请求刑事赔偿案，法案例（1997）3-106）

泗阳县人民检察院在办案期间，以“追缴赃款”为名追缴了仇惠南个人的合法财产，侵犯了仇惠南的财产权。依照国家赔偿法第十六条第（一）项的规定，仇惠南有取得赔偿的权利。依照国家赔偿法第二十八条第（一）项的规定，泗阳县人民检察院应当返还财产。泗阳县人民检察院在未经审判确定有罪的情况下，即在新闻媒体上公开仇惠南的所谓“罪行”，侵犯了仇惠南的名誉权。依照国家赔偿法第三十条的规定，泗阳县人民检察院应当承担消除影响、恢复名誉、赔礼道歉的责任。对仇惠南的赔偿，只能依照国家赔偿法规定的标准计算，仇惠南要求赔偿的间接经济损失无法律依据，法院不予支持。（仇惠南请求国家赔偿案，1997 年第 3 期第 106 页）

8　**【溯及力】**【行政侵权行为持续至《国家赔偿法》施行后，《国家赔偿法》施行前应予赔偿的部分，当时无规定的，可以参照《国家赔偿法》予以赔偿】

《国家赔偿法》不溯及既往，是指国家机关及其工作人员行使职权时侵犯公民、法人或者其他组织合法权益的行为，发生并结束于《国家赔偿法》施行以前的，不适用《国家赔偿法》，应当适用行为时的规定进行处理。《国家赔偿法》施行后法院改判撤销了原审错误判决，错误判决造成的侵权行为发生在《国家赔偿法》施行前，但侵权状态一直持续至《国家赔偿法》施行后的，对属于《国家赔偿法》施行以后应予赔偿的部分，应当适用《国家赔偿法》予以赔偿；属于施行以前应予赔偿的部分，当时无规定的，可以参照《国家赔偿法》予以赔偿。（郑传振请求刑事赔偿案，法案例（1998）4-145）

法复（1995）1 号批复中关于国家赔偿法不溯及既往的规定，是指国家机关及其工作人员行使职权时侵犯公民、法人或者其他组织合法权益的行为，发生并结束于

1994 年 12 月 31 日以前的，不适用国家赔偿法，应当适用行为时的规定进行处理。本案是 1995 年 3 月 15 日再审改判撤销了原审对郑传振盗窃罪的判决部分。郑传振因盗窃罪被错判，一直羁押至 1995 年 4 月 24 日才被释放。错误判决造成的侵权虽然发生在 1995 年 1 月 1 日之前，但是侵权行为一直持续至 1995 年 1 月 1 日以后。所以对郑传振的刑事赔偿申请中属于 1995 年 1 月 1 日以后应予赔偿的部分，应当适用国家赔偿法予以赔偿，属于 1994 年 12 月 31 日以前应予赔偿的部分，当时没有规定的，也可以参照国家赔偿法予以赔偿。（郑传振申请南平市中级人民法院刑事赔偿案，1998 年第 4 期第 145 页）

9 **【无罪】**【经审理确认无罪的，赔偿请求人有权申请决定对其错误逮捕的检察机关进行国家赔偿】

赔偿请求人经审判机关审理后确认无罪，有权申请决定对其错误逮捕的检察机关进行国家赔偿。生效判决没有认定请求人犯罪情节显著轻微，不认为是犯罪的内容，检察机关不能引用《国家赔偿法》规定的免责条款拒绝赔偿。赔偿请求人要求检察机关在侵权范围内消除影响、恢复名誉和赔礼道歉的，应当支持。但是，对于赔偿聘请律师费用和上诉期间的差旅费、误工费等经济损失，法院不予支持。（杨培富请求刑事赔偿案，法案例（1999）4-143）

赔偿请求人杨培富因破坏通讯设备一案，经三级审判机关审理后，均确认其无罪。阳城县人民检察院对没有犯罪事实的杨培富错误逮捕，杨培富有权依照国家赔偿法第十五条第（二）项的规定，申请取得赔偿。赔偿义务机关阳城县人民检察院应当依照国家赔偿法第二十条第一款的规定，给予赔偿。三级人民法院的判决，是对杨培富没有犯罪事实的确认，其中并无认为杨培富犯罪情节显著轻微，不认为是犯罪的内容。阳城县人民检察院引用国家赔偿法规定的免责条款拒绝赔偿，理由不能成立，该院对杨培富作出的“审查刑事赔偿申请通知书”应当撤销。

赔偿请求人杨培富被错误逮捕的事实，发生于《国家赔偿法》施行之前，延续至国家赔偿法施行之后。根据最高人民法院《关于〈中华人民共和国国家赔偿法〉溯及力和人民法院赔偿委员会受案范围问题的批复》第一条规定：“发生在 1994 年 12 月 31 日以前但持续至 1995 年 1 月 1 日以后，并经依法确认的，……属于 1994 年 12 月 31 日以前应予赔偿的部分，……参照《国家赔偿法》的规定予以赔偿”。

国家赔偿法第三十条规定：“赔偿义务机关对依法确认有本办法第三条第（一）、（二）项、第十五条第（一）、（二）、（三）项规定的情形之一，并造成受害人名誉权、荣誉权损害的，应当在侵权行为影响的范围内，为受害人消除影响，恢复名誉，赔礼道歉。"赔偿请求人杨培富要求阳城县人民检察院在阳城县范围内为其消除影响、恢复名誉和赔礼道歉，于法有据，应当支持。杨培富要求阳城县人民检察院赔偿其聘请律师费用和上访期间的差旅费、误工费等经济损失，没有法律依据，不予支持。（杨培富申请刑事赔偿案，1999 年第 4 期第 143 页）

第四章 赔偿方式和计算标准

10 **【不确定的利益】**【不确定的利益,不属于直接损失】

行政机关的具体行政行为是否直接造成相对人损失,是确认其应否承担赔偿责任的前提。不确定的利益,不构成直接损失。(上海汇兴实业公司诉上海浦江海关案,法案例(2004)1-38)

所以,在本案中,汇兴公司在履行补交纳税义务时是否直接造成损失,是确认浦江海关应否承担赔偿责任的前提。根据国家赔偿法的规定,如果汇兴公司认为浦江海关的补征行为造成了其直接损失,就应对自己的赔偿主张负举证责任。汇兴公司提供的有关人工草坪的出售合同、协议书及电汇凭证等证据,虽可以证明进口的人工草坪是在浦江海关的补征行为之前已经销售,但由于汇兴公司出售人工草坪的单价为每平方米102元至180元不等,收益的幅度相差较大,故浦江海关关于征税数额并非合同定价的主要因素,合同定价主要是由市场调节的主张可以成立。汇兴公司主张的销售收入减少,是指以较高价格销售出人工草坪而获得利益为前提的,而较高利益的实现在销售中是受到供求关系等各种不确定因素决定的,属于不确定的利益,故不构成直接损失。由于汇兴公司提供的证据不能证明原征税行为造成其直接损失,故汇兴公司的行政赔偿请求不能成立,原审法院判决驳回汇兴公司的诉讼请求是正确的。(上海汇兴实业公司诉上海浦江海关行政赔偿案,2004年第1期第38页)

第五章 其他规定

11 **【国家赔偿确认案件的受理范围】**【民事诉讼胜诉后，当事人以执行时机已过、判决难以执行为由申请国家赔偿确认的，不属于法院受理国家赔偿确认案件的范围】

人民法院在民事诉讼、行政诉讼过程中，违法采取强制措施、保全措施或者对判决、裁定及其他生效法律文书执行错误，并且造成损害的，由国家承担赔偿责任。对于民事诉讼中可能出现的错误裁判，法律规定了救济程序予以纠正。民事诉讼胜诉后，当事人可就被执行人的财产状况穷尽各种强制手段，被执行人是否有能力履行债务，不应当由国家承担赔偿责任。（辽宁省海城市甘泉镇光华制兜厂请求国家赔偿案，法公字(2007)第7-32号）

对于民事诉讼中可能出现的错误裁判，民事诉讼法规定了救济程序予以纠正。本案当事人制兜厂依法主张自己的合法权益，并得到法院支持。胜诉后，其仍可依法就胜诉时被执行人的财产状况穷尽各种强制手段，被执行人是否有能力履行债务，均不应由国家承担赔偿责任。根据《中华人民共和国国家赔偿法》第三十一条以及最高人民法院《关于审理人民法院国家赔偿确认案件若干问题的规定（试行）》第四条的规定，人民法院在民事诉讼、行政诉讼过程中，违法采取强制措施、保全措施或者对判决、裁定及其他生效法律文书执行错误，并且造成损害的，才由国家承担赔偿责任。在此范围内的确认申请，才属于国家赔偿违法确认案件的受理范围。本案制兜厂提出的确认申请，不在上述法律规定的受理范围之内。故吉林省高级人民法院认定本案确认申请不属于法律规定的受理范围正确，但未依法作出不予受理决定不当，受理后，对本应不予受理的确认申请未予驳回亦不当。（辽宁省海城市甘泉镇光华制兜厂申请国家赔偿确认案，【2007】确申字第1号，2007年第7期第32页）

宪法、行政法编 / 行政复议法

第二章　行政复议范围

12 【**驳回申诉请求**】【驳回当事人对就具体行政行为提出的申诉请求，不属于行政复议的受理范围】

信访答复对申诉人的现实权利义务状态没有产生新的影响，未改变原有的行政法律关系的，属于行政机关驳回当事人对具体行政行为提起申诉的重复处理行为。行政机关驳回当事人就具体行政行为提出的申诉请求，仅是告知当事人该具体行政行为正确，没有改变原有行政法律关系或者形成新的行政法律关系，对当事人的权利义务没有产生新的影响，不属于行政复议的受理范围。（杨一民诉成都市政府案，法案例(2007) 10-43）

行政复议的受理范围，应当是行政机关作出的影响公民、法人及其他组织的权利义务关系的具体行政行为。本案中，成都市教育局作出的信访答复，对原告杨一民的现实权利义务状态并未产生新的影响，亦未改变原有的行政法律关系，属于行政机关驳回当事人对具体行政行为提起申诉的重复处理行为。行政机关驳回当事人就具体行政行为提出的申诉请求，实际上仅是告知当事人该具体行政行为正确，并说明当事人就该具体行政行为提出的申诉请求依法不应支持。驳回当事人申诉的信访答复既没有改变原有行政法律关系，也没有形成新的行政法律关系，对当事人的权利义务没有产生新的影响，故不属于行政复议的受理范围。（杨一民诉成都市政府其他行政纠纷案，2007 年第 10 期第 43 页）

第五章 行政复议决定

13 【正当程序原则】【行政机关在可能作出对他人不利的行政决定时，应当专门听取利害关系人的意见】

《行政复议法》虽然未明确规定行政复议机关必须通知第三人参加复议，但根据正当程序的要求，行政机关在可能作出对他人不利的行政决定时，应当专门听取利害关系人的意见。行政复议机关未听取利害关系人的意见即作出于其不利的行政复议决定，构成严重违反法定程序。（张成银诉徐州市人民政府案，法案例(2005)3-43）

行政机关在进行行政复议时虽可以采取书面审查的办法，但张成银作为原徐州市房地产管理机关1988年颁发的鼓房字第1741号房屋所有权证的持证人，与徐州市人民政府对该证的复议审查结果有着直接的利害关系，徐州市人民政府应当通知张成银参加行政复议，由于徐州市人民政府无法证明已采取适当的方式通知张成银参加行政复议，应属严重违反行政程序，且作出的徐政行决[2004]24号行政复议决定的结论中也有复议审查对象不具体的瑕疵。

行政复议法虽然没有明确规定行政复议机关必须通知第三人参加复议，但根据正当程序的要求，行政机关在可能作出对他人不利的行政决定时，应当专门听取利害关系人的意见。本案中，复议机关审查的对象是颁发鼓房字第1741号房屋所有权证行为，复议的决定结果与现持证人张成银有着直接的利害关系，故复议机关在行政复议时应正式通知张成银参加复议。本案中，徐州市人民政府虽声明曾采取了电话的方式口头通知张成银参加行政复议，但却无法予以证明，而利害关系人持有异议的，应认定其没有采取了适当的方式正式通知当事人参加行政复议，故徐州市人民政府认定张成银自动放弃参加行政复议的理由欠妥。在此情形下，徐州市人民政府未听取利害关系人的意见即作出于其不利的行政复议决定，构成严重违反法定程序。（张成银诉徐州市人民政府房屋登记行政复议决定案，2005年第3期第43页）

宪法、行政法编 / 行政处罚法

第一章　总　　则

14　**【履行处罚程序】**【卫生行政主管部门作出没收实施违法行为的工具时，应当依据《行政处罚法》履行相关处罚程序】

采集血液须以取得卫生行政许可为前提，未经批准擅自采集脐带血，卫生行政主管部门可作出取缔该违法行为的行政强制决定。卫生行政主管部门作出没收实施违法行为的工具时，应当适用《行政处罚法》，未依据《行政处罚法》的规定履行相关处罚程序的，行政处罚不能成立。（再胜源公司诉上海市卫生局案，法案例(2005)1-41）

根据《中华人民共和国献血法》（以下简称献血法）和管理办法的规定，卫生行政管理机关是对采供血进行监督、管理的行政主管机关。再胜源公司委托医院采集脐带血，目的是分离干细胞后进行储存，以备用于储存人临床治疗血液性疾病。献血法和管理办法虽未对血液中全血的组成、成分血的种类予以详细列明，但从医学及法律规范的角度分析，脐带血应属于血液中全血的范畴，故再胜源公司采集血液的事实成立。同时，上述法律和规章均明确规定，采集血液须以取得卫生行政许可为前提，再胜源公司未得到卫生行政部门批准擅自采集脐带血，卫生局据此适用献血法和管理办法的规定，对其作出取缔的行政强制决定，适用法律正确。卫生局在作出被诉具体行政行为之前，进行了调查取证，之后亦制作了强制决定书，并送达给再胜源公司，行政程序合法。但卫生局在取缔再胜源公司违法行为的同时，决定对再胜源公司液氮生物容器予以没收，而没收是法律规定的行政处罚措施，卫生局作出没收决定时，必须适用《中华人民共和国行政处罚法》（以下简称行政处罚法）规定的处罚程序，……但卫生局在作出取缔的同时，对再胜源公司又课以没收液氮容器，具有行政制裁性质，属于我国法律规定的行政处罚种类，而卫生局在作出该没收决定时，未依据行政处罚法的规定履行相关处罚程序，故该行政处罚依法不能成立。（再胜源公司诉上海市卫生局行政强制决定案，2005 年第 1 期第 41 页）

15 **【虚假陈述行为】**【因虚假陈述被给予行政处罚后，不免除对投资者造成的损失承担民事赔偿责任】

行政责任与民事责任是两种不同的法律责任，不存在重复或追加处罚的问题。当事人因虚假陈述行为被给予行政处罚后，不影响其对因给投资者造成的损失承担民事赔偿责任。（陈丽华等 23 名投资人诉大庆联谊公司等案，法案例（2005）11-30）

关于第一点。作为司法解释，《证券赔偿案件规定》制定的依据和解释的对象，既包括证券法，也包括民法通则和公司法等法律。本案所涉虚假陈述行为虽然发生于证券法施行前，不能依照证券法追究行为人的责任，但任何民事行为均须遵循民法通则确立的诚实信用原则，遵守法律、行政法规以及相关行业规则确定的义务，否则就应依据民法通则和相关法律、行政法规的规定承担民事责任。《股票管理暂行条例》是国务院颁布的旨在监管证券市场的行政法规，其中不仅明确规定了证券发行人、上市公司和承销商等证券市场主体在证券市场中的信息披露义务，规定了对虚假陈述行为的行政处罚，而且还规定了虚假陈述行为人应当承担民事赔偿责任。该行政法规及相关行政规章、行业规则，是确定当事人是否违反民法通则诚实信用原则并构成侵权的具体标准。本案所涉虚假陈述行为，发生于《股票管理暂行条例》颁布施行之后，中国证监会依据该条例对虚假陈述行为作出认定和处罚，原判也将该条例作为法律依据，并根据《证券赔偿案件规定》作出裁判，并无不当。上诉人大庆联谊公司称原判以证券法为依据来确定行为人的赔偿责任，经核对原判文本，并无此事，这是大庆联谊公司对原判的误读。大庆联谊公司又称《股票管理暂行条例》不具有行政法规效力、已经废止，该理由没有任何法律依据。如前所述，《股票管理暂行条例》对虚假陈述行为人，不仅规定应予行政处罚，还规定应承担民事赔偿责任，而且民法通则第一百一十条也有"时承担民事责任的公民、法人需要追究行政责任的，应当追究行政责任"的规定。行政责任与民事责任是两种不同的法律责任，不存在重复或追加处罚的问题。大庆联谊公司因虚假陈述行为被中国证监会予以行政处罚，不影响其对因给投资者造成的损失承担民事赔偿责任。大庆联谊公司称原判令其承担民事责任属于重复处罚，对其于证券法生效前实施的虚假陈述行为应免除民事赔偿责任的上诉理由，不能成立。（陈丽华等 23 名投资人诉大庆联谊公司等虚假陈述侵权赔偿纠纷案，2005 年第 11 期第 30 页）

宪法、行政法编 / 矿产资源法

16 【地热】【地热作为矿产资源,必须依法取得采矿权后才能开采】

矿产资源属于国家所有。开采矿产资源,必须依法申请取得采矿权。地热作为矿产资源,必须依法取得采矿权后才能开采。未取得采矿权开采地热,是违法的,应当进行处罚。(福建省水电勘测设计研究院诉福建省地矿厅案,法案例(1998)1-37)

国务院根据矿产资源法制定并发布、1994年3月27日起施行的实施细则第二条规定:“矿产资源是指由地质作用形成的,具有利用价值的,呈固态、液态、气态的自然资源。矿产资源的矿种和分类见本细则所附《矿产资源分类细目》。”所附的细目(一)能源矿产中,列有地热;细目(四)水气矿产中,列有地下水。由此可见,地热与地下水是两个不同的概念。国家技术监督局在1989年8月29日发布、1990年6月1日起实施的GB11615-89号国家标准《地热资源地质勘查规范》中规定,地热资源是指在我国当前技术经济条件下,地壳内可供开发利用的地热能、地热流体及其有用组分。该标准将地热资源按温度分为高温地热资源、中温地热资源和低温地热资源三类。其中低温地热资源里,又将小于90℃大于或等于25℃的地热分为热水、温热水、温水三项。本案涉及的地下热水平均温度为72℃,是地热,不是地下水。

全国人大常委会于1986年3月19日颁布并于1986年10月1日起施行(已于1996年8月29日修正)的矿产资源法第三条规定:“矿产资源属于国家所有……开采矿产资源,必须依法申请取得采矿权。”第九条第二款规定:“省、自治区、直辖市人民政府地质矿产主管部门主管本行政区域内矿产资源勘查、开采的监督管理工作。”法律已经明确,地热作为矿产资源,必须依法取得采矿权后才能开采。勘查、开采地热的监督管理工作,在省一级行政区域内,是由省地质矿产行政部门主管的。矿产资源法第三十九条规定:“违反本法规定,未取得采矿许可证擅自采矿的,……责令停止开采、赔偿损失,没收采出的矿产品和违法所得,可以并处罚款”。1987年4月29日国务院根据矿产资源法发布的采矿登记办法第二十七条第(一)、(二)项规定,对于“开办矿山企业,未办理采矿登记手续擅自开工的”,“正在建设或者正在生产的矿山企业，从本办法发布之日起满一年无正当理由不申请办理采矿登记手续的”，可以给予警告、罚款、通知银行停止拨款等处罚。本案原告设计院作为全民所有制的事业单位，没有依法取得采矿权而开采地热，是违法的，应当依法进行处罚。（福建省水电勘测设计研究院不服省地矿厅行政处罚案，1998 年第 1 期第 37 页）

刑法编 / 刑法

第一编　总　　则

第一章　刑法的任务、基本原则和适用范围

1 【酌情赔偿】【诽谤行为给受害人带来一定经济损失的，应当酌情赔偿】

故意捏造和散布足以损害他人的人格、名誉的虚构的事实，手段恶劣，情节严重的，构成诽谤罪。诽谤行为给受害人带来一定经济损失的，应当酌情赔偿。（沈涯夫等诽谤案，法案例(1988)2-90）

被告人沈涯夫、牟春霖不顾狄振智有精神病史的事实，违反"要否定精神病的诊断结论必须要作司法医学鉴定"的规定，拒不接受有关医生、同事、受害人住地部分群众、当事人单位组织、上级领导机关的忠告和规劝，故意捏造和散布足以损害自诉人杜融人格、名誉的虚构的事实，手段恶劣，情节严重，影响很坏，其行为已构成《中华人民共和国刑法》第一百四十五条第一款规定的诽谤罪。由于被告人的犯罪行为使被害人遭受了一定经济损失，依照刑法第三十一条的规定，应酌情赔偿受害人的经济损失。（沈涯夫、牟春霖诽谤案，1988 年第 2 期第 90 页）

2 【计算机犯罪】【利用计算机信息系统从事危害他人利益的活动，危害计算机信息系统安全的，构成破坏计算机信息系统罪】

任何组织或者个人，利用其掌握的知识入侵计算机信息系统从事危害国家利益、集体利益和公民合法利益的活动，危害计算机信息系统安全的，构成破坏计算机信息系统罪。（吕薛文破坏计算机信息系统案，法案例(2000)3-97）

伴随着计算机信息系统不断深入社会生活的各个领域,针对计算机信息系统的犯罪也逐渐增多,成为社会不安定的一种因素。依法惩治这类犯罪活动,已成为刑法的一项重要任务。

国务院1994年2月18日发布的《中华人民共和国计算机信息系统安全保护条例》第七条规定:"任何组织或者个人,不得利用计算机信息系统从事危害国家利益、集体利益和公民合法利益的活动,不得危害计算机信息系统的安全。"被告人吕薛文违反这一规定,利用其掌握的知识入侵广州主机、蓝天BBS主机信息系统,取得控制该系统的最高权限,实施了增设最高权限的账户和普通账户,对广州主机存储、处理和传输的数据进行删改、监测,3次修改广州主机的最高权限密码等3种破坏行为。(吕薛文破坏计算机信息系统案,2000年第3期第97页)

3 **【共同犯罪】**【共同犯罪,须各共同犯罪人具有共同犯罪的故意】

共同犯罪,须各共同犯罪人具有共同犯罪的故意,即各共同犯罪人通过意思联络,知道自己是和他人配合共同实施犯罪,认识到共同犯罪行为的性质以及该行为所导致的危害社会的结果,并且希望或者放任这种结果的发生。不了解他人真正的犯罪意图,不清楚他人所实施的犯罪行为的性质,被蒙骗或者出于自己的错误认识,在错误理解犯罪性质的情况下参与他人实施的犯罪的,不构成共同犯罪,应当依据行为人的犯罪实际情况,按照主客观一致的原则正确定罪处罚。(李彬等绑架案,法案例(2008)8-35)

根据刑法第二十五条的规定,共同犯罪是指二人以上共同故意犯罪,各共同犯罪人必须具有共同犯罪的故意。所谓共同犯罪的故意,是指各共同犯罪人通过意思联络,知道自己是和他人配合共同实施犯罪,认识到共同犯罪行为的性质以及该行为所导致的危害社会的结果,并且希望或者放任这种结果的发生。如果行为人并不了解他人真正的犯罪意图,不清楚他人所实施的犯罪行为的性质,而是被他人蒙骗或者出于自己的错误认识,在错误理解犯罪性质的情况下参与他人实施的犯罪,则不能认定该行为人与他人实施了共同犯罪,而应当依据该行为人的犯罪实际情况,按照主客观一致的原则正确定罪处罚。本案中,被告人燕玉峰、刘钰、刘少荣、刘超事先并未参与被告人李彬、袁南京、胡海珍、东辉合谋实施绑架犯罪,是在袁南京的纠集下,误认为是帮助他人索取债务,并基于该目的而实施了非法扣押、拘禁他人的犯罪行为。故燕玉峰、刘钰、刘少荣、刘超的行为不构成绑架共同犯罪,而应当依照刑法第二百三十八条第三款的规定,以非法拘禁罪定罪处罚。燕玉峰、刘钰、刘少荣在将被害人石林清放回后,又伙同刘川以胁迫手段向石林清索取巨额钱款,其行为构成敲诈勒索罪,应依法予以处罚。(天津市人民检察院第一分院诉李彬、袁南京、胡海珍、东辉、燕玉峰、刘钰、刘少荣、刘超绑架案,2008年第8期第35页)

第二章 犯　　罪

第一节 犯罪和刑事责任

4 **【咨询费】**【利用业余时间翻译技术资料提取咨询费且无侵吞故意与客观行为，不构成贪污罪】

贪污犯罪侵犯的直接客体须是公共财产。组织他人利用业余时间翻译、印刷技术资料并有偿转让而提取咨询费，属于科学技术人员在完成本职工作和不侵犯本单位技术权益、经济利益的前提下，业余从事技术工作的咨询服务的行为，且行为人对咨询费的处理有明确书面记载，客观上也没有贪污行为，没有侵害公共财产，不构成贪污罪。（赵恒东无罪释放案，法案例(1987)1-14）

……赵恒东组织人员利用业余时间，翻译、印刷、并依法签订合同，有偿转让"PC 资料"，从中提取 30% 的咨询费是合法的。

二、赵恒东主观上没有侵吞 10 万余元的故意。赵恒东对盈利的处理意见，在其工作日记本、工作总结中均有记载："这笔款数额大，不好处理，只好存起来，到年终根据情况再处理，必要时交给所里一些，再交省科协一些，作为对工作有贡献同志的奖励。我个人得多少由单位定"。"我个人意见 10 万元交所，由所里按咨询方面的规定，分配给参与这项工作的人，提成后的余款，能买台轿车，产权归所，学会有使用权"。以上意见，赵恒东向沈阳计算技术研究所副所长兰贵兴、刘广迪及张振宇等领导同志汇报过。赵恒东还在不同时间、地点，曾向多人讲过以上意见。这些均有人证明。

三、赵恒东在客观上没有贪污的行为。赵恒东虽然将这笔款以本人和其妻的名字存入银行，但在自己建立的现金账上均有明确记载，且签订咨询合同是公开进行的，按有关文件规定提取 30% 咨询费是人所共知的；赵恒东虽然兼任计算机学会副秘书长，但他还是计算技术研究所的人。因此，计算技术研究所有关规定对赵恒东如何处理这笔款有制约和限制作用；赵恒东组织翻译、印刷"PC 资料"，全部账目由所财务处代管，收支是受所监督的。

四、赵恒东提取的咨询费是科技人员业余从事劳动应得的报酬。我国刑法规定，贪污犯罪侵犯的直接客体必须是公共财产，没有侵害公共财产不构成贪污罪。赵恒东组织二十余名科技人员利用业余时间翻译"PC 资料"所得收入，按照中央在科技体制改革的决定中关于“科学技术人员在完成本职工作和不侵犯本单位技术权益、经济利益的前提下，可以业余从事技术工作的咨询服务，收入归己”的规定，提取30%咨询费是合情合理的。（赵恒东无罪释放案，1987 年第 1 期第 14 页）

5 **【投机倒把罪】**【制作、倒卖淫秽录像带，情节严重，触犯了投机倒把罪，应以投机倒把罪论处】

以营利为目的，大量进行制作和倒卖淫秽录像带的非法活动，以制作、贩卖淫书淫画罪论处。制作、倒卖淫秽录像带，情节严重，不仅触犯了制作、贩卖淫书淫画罪，也触犯了投机倒把罪，应以投机倒把罪论处。（陈爱连投机倒把案，法案例(1989)4-130）

上诉人陈爱连以营利为目的，大量进行制作和倒卖淫秽录像带的非法活动，应以刑法第一百七十条制作、贩卖淫书淫画罪论处。陈爱连制作、倒卖淫秽录像带，情节严重，不仅触犯了制作、贩卖淫书淫画罪，也触犯了投机倒把罪，应以投机倒把罪论处。原审对上诉人陈爱连以投机倒把定罪正确，量刑适当，其上诉理由不能成立。据此，该院于 1989 年 10 月 16 日依照《中华人民共和国刑事诉讼法》第一百三十六条第一项的规定，裁定驳回上诉，维持原判。（陈爱连投机倒把案，1989 年第 4 期第 130 页）

6 **【社会危害性】**【判断某一行为是否构成犯罪，关键看其是否具有社会危害性】

判断某一行为是否构成犯罪的关键是其是否具有社会危害性。当事人以个人身份与他人协商达成协议，依靠自己掌握的专业技术，主要利用业余时间为他人提供技术服务，领取相应报酬，未侵犯本单位的技术权益、经济利益，不仅不具有犯罪所必需的社会危害性，而且对社会作出了有益的贡献，不能当犯罪处理。（王丽生贪污案，法案例(1992)4-143）

根据《中华人民共和国刑法》第十条规定，判断某一行为是否构成犯罪，关键是看该行为是否具有社会危害性。被告人王丽生依靠自己的专业技术，主要利用业余时间承揽了扬州化肥厂单体回收装置总体设计任务。该厂采用他的设计后，节省了投资，并一次试车成功，获得了明显的经济效益。王丽生的行为不仅不具有犯罪所必需的社会危害性，而且对社会作出了有益的贡献，故不能当犯罪处理。

王丽生事先并非接受单位委托承揽扬州化肥厂单体回收装置的设计工作，而是以个人身份与该厂谈妥提供设计服务条件后，为满足该厂要有单位正规手续才能领取现金的要求和日后支取服务报酬的方便，才假市设计室和省设计院名义，与该厂签订协议的。此行为不应视为王丽生受单位委托从事公务。同时，该项设计任务主要是王丽生利用业余时间完成的，且在工艺、管线等方面的设计，同他曾设计过的单体回收装置基本原理的应用不一样。因此，根据他与化肥厂的协议，他有权领取相应的劳动报酬，符合1985年3月《关于科学技术体制改革的决定》中"科学技术人员在完成本职工作和不侵犯本单位技术权益、经济利益的前提下，可以业余从事技术工作和咨询服务，收入归己"的规定。王丽生领取的1万元现金，除他人参与设计应分得部分外，其余是自己应得的报酬，并非属于公共财产。因此，王丽生的行为不具有利用职务之便，非法占有公共财产的故意，不符合贪污罪的本质特征。

王丽生的承揽设计和领取报酬中一些做法欠妥。这属批评教育的问题，不能用刑法加以惩治。

综上所述，被告人王丽生的行为，不构成贪污罪。抗诉和第一审判决，仅以王丽生欺骗单位领导这一表面现象，认定王丽生是受委托从事公务，继而作出"1.5万元是公款"和"王丽生将公款据为己有"的结论，是错误的。第一审判决虽然宣告王丽生无罪，但是据以宣告无罪的理由不当，应予纠正。扬州化肥厂单体回收装置的总体设计工作，虽然是被告人王丽生主要利用业余时间完成的，但也占用了一部分工作时间，而且还有省设计院其他人的劳动。因此，对扬州化肥厂付出的报酬，应当由省设计院参照科技人员利用业余兼职从事技术服务的有关规定去进行分配。市设计室未参加设计工作，仅因出借公章和账号便从王丽生处取得报酬4000元，是违法所得，应予追缴。第一审判决在宣告王丽生无罪的同时，又将包括他的劳动报酬在内的1.4万元全部没收上缴国库，实属不当，应予改判。杭州市下城区人民检察院的抗诉理由与本案事实不符，不予采纳。（宣告王丽生无罪案，1992年第4期第143页）

7 **【销售数额】**【《刑法》规定生产、销售伪劣产品，销售数额达到一定标准的，应当受刑事追究】

对于生产、销售伪劣产品犯罪，《全国人大常委会关于惩治生产、销售伪劣商品犯罪的决定》规定违法所得即牟利的数额达到二万元以上的追究刑事责任。《刑法》规定销售数额达到五万元以上的予以刑事惩处，不论当事人是牟利还是亏本。（郭庆文生产、销售伪劣产品案，法案例（1999）3-99）

至于郭庆文提出对其处罚"应依照刑法从旧兼从轻的原则，适用决定"的上诉理由，经查：郭庆文的犯罪行为发生于1997年10月1日刑法施行之前。1993年7月2日通过的决定第一条规定："生产者、销售者在产品中掺杂、掺假，以假充真，以次充好或者以不合格产品冒充合格产品，违法所得数额二万元以上不满十万元的，处二年以下有期徒刑或者拘役，可以并处罚，情节较轻的，可以给予行政处罚"，第十二条规定:“依照本决定判处罚金的,罚金的数额为违法所得的一倍以上五倍以下。”而刑法第一百四十条则规定:“依照本决定判处罚金的,罚金的数额为违法所得一倍以上五倍以下。”而刑法第一百四十条则规定:“生产者、销售者在产品中掺杂、掺假,以假充真,以次充好或者以不合格产品冒充合格产品,销售金额五万元以上不满二十万元的,处二年以下有期徒刑或者拘役,并处或者单处销售金额百分之五十以上二倍以下罚金”。两相比较,主刑看起来并无区别,但在追究刑事责任的数额标准和构成要件上,刑法将“违法所得数额二万元上满十万”修改为“销售金额五万元以上不满二十万元”。决定中所说的“违法所得”,系指牟利的数额。而刑法所说的“销售数额”,则不管行为人是牟利还是亏本,只要销售数额达到五万元以上的标准,就应当受到刑事追究。(郭庆文生产、销售伪劣产品案,1999 年第 3 期第 99 页)

8 **【账号和密码】**【对计算机信息系统上的账号和密码进行修改、增加,应承担刑事责任】

计算机信息系统上的账号和密码,是以数据形式表现出来的计算机信息系统功能的一部分。对计算机信息系统上的账号和密码进行修改、增加的行为,触犯《刑法》,应当承担刑事责任。在计算机主机系统中安装并调试网络安全监测软件,是对计算机信息系统中存储、处理或者传输的应用程序进行删除、修改、增加的操作,触犯了《刑法》的规定。无论出于何种目的,非法进入计算机信息系统进行删除、修改等操作,致使计算机信息系统不能正常运行,造成严重后果的,都是犯罪行为。(吕薛文破坏计算机信息系统案,法案例(2000)3-97)

《中华人民共和国刑法》第二百八十六条第一款规定:“违反国家规定,对计算机信息系统功能进行删除、修改、增加、干扰,造成计算机信息系统不能正常运行,后果严重的,处五年以下有期徒刑或者拘役;后果特别严重的,处五年以上有期徒刑。”第二款规定:“违反国家规定,对计算机信息系统中存储、处理或者传输的数据和应用程序进行删除、修改、增加的操作,后果严重的,依照前款的规定处罚。”计算机信息系统上的账号和密码,是以数据形式表现出来的计算机信息系统功能的一部分。被告人吕薛文对计算机信息系统上的账号和密码进行修改、增加,其行为触犯了刑法第二百八十六条第一款的规定。而吕薛文在广州主机系统中安装并调试网络安全监测软件,则是对计算机信息系统中存储、处理或者传输的应用程序进行删除、修改、增加的操作,其行为触犯了第二百八十六条第二款的规定。吕薛文的行为已经危害了计算机信息系统的安全,造成广州主机管理失控、不能正常运行的严重后果,构成破坏计算机信息系统罪,应当依法处以刑罚;对其用于犯罪的本人财物,应当依照刑法第六十四条的规定,予以没收上缴国库。无论出于何种目的,非法进入计算机信息系统进行删除、修改等操作，致使计算机信息系统不能正常运行，造成严重后果的，都是刑法规定的犯罪行为。（吕薛文破坏计算机信息系统案，2000 年第 3 期第 97 页）

9　**【社会危害不大】**【伪造居民身份证未造成严重危害，不构成犯罪】

社会危害性是犯罪的本质特征，是认定犯罪的基本依据。对社会危害不大不认为是犯罪的行为，不具有刑事违法性和应受刑罚惩罚性。因此，把握行为的社会危害性程度，是界定罪与非罪的关键。当事人身份证丢失后，因户籍管理机关不能补办，遂伪造一张身份证，但个人身份信息是真实的，且是用于正常的个人生活。伪造居民身份证违法，但未对社会造成严重危害，属于情节显著轻微危害不大，不构成犯罪。（张美华伪造居民身份证案，法案例(2004)12-26）

我国刑法第十三条的规定，揭示了犯罪应当具有社会危害性、刑事违法性和应受刑罚惩罚性等基本特征，其中社会危害性是犯罪的本质特征，这是认定犯罪的基本依据。某种表面符合刑法分则规定的犯罪构成客观要件的行为，只要它属于刑法第十三条规定的对社会危害不大不认为是犯罪的行为，则也就不具有刑事违法性和应受刑罚惩罚性。因此，把握行为的社会危害性程度，是界定罪与非罪的关键。《中华人民共和国居民身份证法》第一条规定："为了证明居住在中华人民共和国境内的公民的身份，保障公民的合法权益，便利公民进行社会活动，维护社会秩序，制定本法。"第八条规定："居民身份证由居民常住户口所在地的县级人民政府公安机关签发。"由此可见，居民身份证法是公民维护自己合法权益和进行社会活动时不可或缺的身份证明。张美华的户口从原址迁出后，一直无法落户。由于缺乏"常住户口所在地"这一要件，其身份证丢失后，户籍管理机关不能为其补办，使其在日常生活中遇到困难。在此情况下，张美华雇用他人伪造一张身份证，仅将此证用于正常的个人生活。张美华使用的居民身份证虽然是伪造的，但该证上记载的姓名、住址、身份证编码等个人身份信息却是真实的，不存在因使用该证实施违法行为后无法查找违法人的可能。张美华在使用银行信用卡时虽有透支，但都能如期如数归还，且在日常生活和工作中无违法乱纪的不良记录。法庭调查证明，张美华伪造并使用伪造居民身份证的目的，是为了解决身份证遗失后无法补办，日常生活中需要不断证明自己身份的不便。张美华伪造居民身份证虽然违法，但未对社会造成严重危害，属于情节显著轻微危害不大。一审法院根据刑法第十三条的规定认定张美华的行为不是犯罪，并无不当。抗诉机关以张美华用伪造的居民身份证申领银行信用卡并在银行透支现金，推定张美华的行为具有潜在的社会危害性，没有事实根据，其抗诉理由不充分，不予支持。（上海市静安区人民检察院诉张美华伪造居民身份证案，2004 年第 12 期第 26 页）

10 【短暂神志异常】【服食摇头丸等毒品后出现短暂神志异常而犯罪的，应承担刑事责任】

明知自己吸食毒品后会产生短暂神志异常的情况下仍自愿服食摇头丸，导致神志异常实施杀人行为，与醉酒后的短暂神志异常而犯罪在本质上是相同的，行为人应当承担刑事责任。（彭崧故意杀人案，法案例（2007）7-34）

上诉人彭崧应对其杀人行为承担刑事责任。首先，根据《中华人民共和国刑法》（以下简称刑法）的有关规定，在以下几种情形下行为人对其实施的造成一定损害后果的行为不负刑事责任：1. 行为人实施刑法规定的犯罪行为时尚未达到刑事责任年龄，即实施故意杀人、故意伤害致人重伤或者死亡、强奸、抢劫、贩卖毒品、放火、爆炸、投毒等犯罪行为时不满14周岁，实施刑法规定的其他犯罪行为时不满16周岁；2. 精神病人在不能辨认或者不能控制自己行为的时候造成危害结果，经法定程序鉴定确认的；3. 为了使国家、公共利益、本人或者他人的人身、财产和其他权利免受正在进行的不法侵害，而采取的制止不法侵害的正当防卫行为，对不法侵害人造成损害但没有超过必要限度的；4. 为了使国家、公共利益、本人或者他人的人身、财产和其他权利免受正在发生的危险，不得已采取的紧急避险行为，造成损害但没有超过必要限度的。上诉人彭崧在服食摇头丸药性发作后实施杀人行为，导致被害人阮召森死亡，其行为具有严重的社会危害性，且显然不属于上述刑法规定的不负刑事责任的情形。

其次，上诉人彭崧并未患有任何精神病，其服食摇头丸后产生的短暂神志异常，与醉酒后的短暂神志异常在本质上是相同的。我国刑法第十八条规定，醉酒的人犯罪，应当负刑事责任。根据该规定，因醉酒后出现短暂神志异常而犯罪的应当负刑事责任。因此，因吸毒后出现短暂神志异常而犯罪的，也应当负刑事责任。

第三，吸食包括摇头丸在内的毒品是违法行为。上诉人彭崧曾经多次服食摇头丸，并出现过服药后的幻想症状。对此彭崧自己完全清楚。案发当晚，作为一个具有正常行为能力的人，在明知自己吸食毒品后会产生短暂神志异常的情况下，彭崧仍然自愿服食摇头丸，最终导致神志异常而实施杀人行为。正是彭崧的自愿吸毒行为，使其陷于神志异常状态，并在此状态下实施犯罪行为，造成严重的危害后果。故彭崧应当对自己的行为承担刑事责任。（福州市人民检察院诉彭崧故意杀人案，2007年第7期第34页）

第二节　犯罪的预备、未遂和中止

11 **【虚拟财产】**【虚拟财产脱离了所有人的控制，构成犯罪既遂】

行为人着手实施秘密窃取虚拟财产行为后，虚拟财产脱离了所有人的控制，行为人非法占有的目的已经达到的，犯罪既遂。所有人通过虚拟财产发行人追回部分虚拟财产的，是其挽回财产损失的一种手段，与犯罪形态无关。（孟动等网络盗窃案，法案例(2006)11-33）

被告人孟动、何立康通过互联网窃取被害单位茂立公司的Q币，茂立公司发现后及时通知了Q币的发行单位腾讯公司，腾讯公司在网上通过封存方式，帮助茂立公司追回15 019个Q币。对追回的这部分Q币，辩护人认为是犯罪未遂，依法可减轻处罚。

审判实践中，具体盗窃案件不存在唯一的盗窃未遂认定标准，只能根据法律规定的“着手实行犯罪”、“犯罪未得逞”、“犯罪未得逞是由于犯罪分子意志以外的原因”等三个条件，结合盗窃财物种类，认定犯罪既遂或者未遂。

被害单位茂立公司控制的Q币，对应着该公司在现实生活中享有的财产。被告人孟动、何立康通过互联网窃取茂立公司的Q币，是想非法占有这部分Q币所对应的茂立公司在现实生活中享有的财产。本案事实证明，何立康着手实施秘密窃取行为后，Q币瞬间即脱离了茂立公司的控制，到了孟动指定的买家账户，孟动在770号牡丹卡上收到了买家汇款。此时二人的盗窃行为已经完成，实施该行为要达到的非法占有目的也已经达到，理当认定犯罪既遂。至于何立康将一部分Q币转往自己与朋友的账户内，是二人对赃物的处理问题；腾讯公司通过封存方式在网上追回15 019个Q币，是被害单位挽回财产损失的一种手段，均与二人的犯罪形态无关。（上海市黄浦区人民检察院诉孟动、何立康网络盗窃案，2006年第11期第33页）

第三节　共同犯罪

12 **【从犯】**【难以认定是否为从犯的，不予认定】

共同犯罪同案人均在逃，根据案件的事实和行为人在共同犯罪中的地位和作用难以认定是否为从犯的，不予认定。（黄永柱非法拘禁案，法案例(2001)6-208）

被告人黄永柱一伙的犯罪情节是恶劣的，影响较坏，应依法严惩。黄永柱的辩护人提出，黄永柱是本案从犯，应当从轻处罚。由于本案同案人均在逃，根据本案的事实和黄永柱在共同犯罪中的地位和作用认定其是否为本案从犯，缺乏充足的证据证实，故对此辩护意见不予采纳。鉴于本案的发生有一定社会原因，黄永柱是初犯，认罪态度较好，可以酌情从轻处罚。（黄永柱非法拘禁案，2001 年第 6 期第 208 页）

13 【同一犯罪目的】【共同犯罪的行为人在实施各自行为时有同一犯罪目的】

参与共同故意犯罪的行为人，都有同一的犯罪目的。各行为人在实施各自行为时，都明知会侵害国有、集体所有财产的合法所有权，都希望达到这一目的的，是共同故意犯罪。各行为人为实现同一犯罪目的而各自实施危害社会的行为时，其犯罪动机可能不同。但是，犯罪动机不同，不影响犯罪的构成。（唐志华等贪污、职务侵占、企业人员受贿案，法案例(2002)2-55）

三印厂是印包公司下属的国有企业，其企业财产是国有财产，被告人张龙海、刘恺恺是在该企业中工作的国家工作人员。精工厂是印包公司与外方合资企业下属的集体企业，其企业财产为集体所有，被告人邵先初、张勇是该集体企业的工作人员。被告人唐志华不在受害单位三印厂、精工厂工作，既不是国家工作人员，也不是集体企业的工作人员，但其利用自己在印包公司的关系和影响，拉拢、指使张龙活、刘恺恺、邵先初、张勇为其办事，利用他们职务上的便利，把这两个厂本来可以不支出的 366.7 万余元资金转移到自己设立的既无资金、又无经营资源和能力的私营公司，予以侵吞、侵占。依照上述法律和司法解释的规定，唐志华、张龙海采用转手加价开具发票的手段骗取三印厂国有财产 24.55 万余元，其行为构成贪污罪；唐志华和邵先初、张勇采用转手加价开具发票的手段侵占精工厂财物 264.5 万余元，其行为构成职务侵占罪，均应依法惩处。

刑法第二十五条规定："共同犯罪是指二人以上共同故意犯罪。"参与共同故意犯罪的行为人，都有同一的犯罪目的。本案各被告人的犯罪目的是明确的，就是要把三印厂、精工厂的国有和集体所有的财产，转化为被告人唐志华的私有财产。唐志华所以能在没有合法经营或代理关系的情况下从三印厂、精工厂攫取到巨额资金，离不开被告人张龙海、邵先初、张勇利用各自职务上的便利给予的积极合作。各被告人在实施各自行为时，都明知会侵害国有、集体所有财产的合法所有权，但都希望达到这一目的，因此他们的行为是共同故意犯罪。

在共同故意犯罪中，各个行为人虽然都是为实现同一犯罪目的而各自实施着危害社会的行为，但促使各个人行为人实施危害社会行为的犯罪动机可以不同。犯罪动机不同，不影响犯罪的构成。本案中，被告人唐志华是在贪财动机的驱使下实施危害社会的行为，而被告人张龙海、刘恺恺、邵先初、张勇则或是出于感谢唐志华对自己的照顾，或是请唐志华给自己谋求职位等犯罪动机，才与唐志华共谋，分别利用自己职务上的便利实施危害社会的行为，以达到将各自经营管理的国有、集体财产送归唐志华私有的犯罪目的。在为实现这一犯罪目的的共同犯罪中，张龙海、刘恺恺、邵先初、张勇利用各自职务上的便利实施的私自增设进货环节、虚列各项费用的犯罪行为，是必不可少的组成部分。（唐志华等五人贪污、职务侵占、企业人员受贿案，2002 年第 2 期 55 页）

14 **【未分得赃款】**【未分得赃款不证明无犯罪的目的和犯罪的动机】

以侵犯财产为目的的共同故意犯罪，个别行为人可能不参与分赃。是否参与分赃或者分得多少赃物，不是认定犯罪是否构成的关键。没有分赃不影响定罪，只能作为量刑时酌情考虑的情节。（唐志华等贪污、职务侵占、企业人员受贿案，法案例(2002)2-55）

以侵犯财产为目的的共同故意犯罪中，不排除个别行为人不参与分赃的情形。认定此类犯罪是否构成的关键，不是看行为人通过是否得到赃物或者得到多少赃物，而是看刑法所保护的财产关系是否被侵犯以及被侵犯的程度。被告人张龙海、刘恺恺、邵先初、张勇在参与共同犯罪中没有分得赃款，这是事实。他们以及他们的辩护人就此提出，这证明他们既没有犯罪的目的，也没有犯罪的动机，因而不构成犯罪。没有分赃，不影响定罪，只能作为量刑时酌情考虑的一个情节。此辩解和辩护意见，不能成立。（唐志华等五人贪污、职务侵占、企业人员受贿案，2002 年第 2 期 55 页）

15 **【难分主从】**【在共同犯罪中的作用相当的，都是主犯】

以非法占有为目的，编写、传播木马病毒程序，利用木马病毒程序截取他人网上银行账号、密码，并窃取他人网上银行的存款，构成盗窃罪。在共同盗窃犯罪中，共同犯罪参与人在共同盗窃中分工明确、相互配合，对造成危害结果的作用相当，难分主从的，都是主犯。（余刚等盗窃案，法案例(2005)8-34）

在共同盗窃应怡红存款时，被告人余刚编写了“木马”病毒程序、提供了“周忠舫”账户并从“周忠舫”账户内提取了盗窃款；被告人唐君积极与余刚和被告人贺斌合谋，向贺斌传送了“木马”病毒程序，并把应怡红账户内的存款汇入“周忠舫”账户；贺斌在网络上传播“木马”病毒程序，截取他人网上银行的账户、密码后交给唐君。三名被告人在共同盗窃中分工明确、相互配合，对造成危害结果的作用相当，难分主从。在共同盗窃刘长征存款时，贺斌向被告人贺科提供了用“木马”病毒程序截取的网上银行账号、密码，贺科知道该账号、密码是贺斌从网上截取的，因此以进行虚假网络游戏装备交易的手段，通过网络中介商，将刘长征账户内的 2730 元存款划归己有。对造成的这一危害结果，贺斌、贺科的作用相当，亦难分主从。余刚、贺斌、贺科的辩护人认为，余刚、贺斌、贺科在各自参与的共同犯罪中起次要作用，是从犯，对这些辩护意见均不予采纳。刑法第六十一条规定："对于犯罪分子决定刑罚的时候，应当根据犯罪的事实、犯罪的性质、情节和对于社会的危害程度，依照本法的有关规定判处。"第五十二条规定："判处罚金，应当根据犯罪情节决定罚金数额。"第六十四条规定："犯罪分子违法所得的一切财物，应当予以追缴或者责令退赔；对被害人的合法财产，应当及时返还；违禁品和供犯罪所用的本人财物，应当予以没收。没收的财物和罚金，一律上缴国库，不得挪用和自行处理。"被告人余刚、贺斌犯罪后分得的赃款虽然均高于被告人唐君，但余刚、贺斌与被告人贺科在审理中均能主动退赔被害人的经济损失，对此三人可以酌情从轻处罚。（南京市玄武区人民检察院诉余刚等四人盗窃案，2005 年第 8 期第 34 页）

第四节 单位犯罪

16 【**自然人犯罪**】【自然人将犯罪所得的部分赃款用于归还其任职公司的欠款的，不属单位犯罪】

公司高管以个人名义实施的犯罪行为，与单位无关。行为人将犯罪所得的部分赃款用于归还其任职公司的欠款，是行为人对犯罪所得赃款的使用，与单位犯罪无关。（曹娅莎等金融凭证诈骗案，法案例(1999)3-97)

被告人曹娅莎虽然是潍坊市海州实业有限公司的经理，但是其金融凭证诈骗犯罪行为都是以个人名义实施的，与海州实业有限公司无关。至于曹娅莎将诈骗所得的一部分赃款用于归还海州实业有限公司欠银行的贷款，只是个人对犯罪所得赃款的使用，也与单位犯罪无关。（曹娅莎、刘锦祥金融凭证诈骗案，1999 年第 3 期第 97 页）

17 【**加盖公章**】【只在自然人签订的购销合同上加盖单位公章，不知也未参与实施犯罪行为的，不属于单位犯罪】

单位应自然人的请求在自然人签订的合同上加盖单位的公章，不知道其实施犯罪行为，也未参与该犯罪行为，应认定构成自然人犯罪，不属单位犯罪。（郭庆文生产、销售伪劣产品案，法案例(1999)3-99)

原判认定上诉人郭庆文生产、销售伪劣产品，销售金额 12.6 万元，违法所得 6 万余元的犯罪事实清楚，证据确实充分，定性准确，依法追究其刑事责任是正确的。郭庆文提出"系单位犯罪"的上述理由，经查，光明蓄电池厂只是在郭庆文要求帮忙的情况下，在郭庆文签订的购销合同上加盖了公章。该厂对郭庆文生产、销售伪劣产品并不知情，更未参与郭庆文的生产、销售活动。郭庆文生产、销售伪劣产品纯属其个人行为，故“系单位犯罪”的上诉理由不能成立，不予采纳。（郭庆文生产、销售伪劣产品案，1999 年第 3 期第 99 页）

18 **【利用公司的外壳】**【利用公司的外壳实施的犯罪行为是自然人犯罪】

为进行非法集资活动而设立公司，公司设立后以实施集资诈骗为主要活动，是利用公司的外壳实施的自然人犯罪。（许官成等集资诈骗案，法案例(2009)10-38）

被告人许官成伙同他人以非法占有为目的，采取虚构事实，以高回报率为诱饵的方法非法集资，骗取他人财物，数额特别巨大并且给人民利益造成特别重大损失，其行为构成集资诈骗罪。许官成作为北京冠成公司、南京冠成公司法定代表人，负责全面工作，策划、指挥集资诈骗活动，在共同犯罪中系主犯，一审判决许官成犯集资诈骗罪，判处死刑，缓期二年执行，剥夺政治权利终身，没收个人全部财产准确，予以核准。

对于是否构成集资诈骗罪，要分析行为人在主观上是否具有非法占有集资款的故意；在客观方面，行为人是否使用诈骗方法非法集资，集资数额是否达到法定的标准。集资诈骗罪量刑的幅度，由非法集资的数额以及集资诈骗造成社会危害的大小决定。本案中，被告人骗取集资款合计人民币 33 278 700 元，公安机关只追回了一小部分，该事实符合刑法第一百九十九条“数额特别巨大并且给国家和人民利益造成特别重大损失”的规定。因此，本案的关键是犯罪主体的认定、行为人是否采取诈骗的方法非法集资、行为人是否具有非法占有集资款的故意。法院认为，虽然本案被害人确实是与几个涉案公司而非与被告人许官成、许冠卿、马茹梅签订合同，在名义上涉案行为是以单位名义实施的，但实际上，集资诈骗所得未归单位所有，集资款项均打入许官成、许冠卿、马茹梅的个人账户，由三被告人占有、支配。最高人民法院《关于审理单位犯罪案件具体应用法律有关问题的解释》第二条规定：“个人为进行违法犯罪活动而设立的公司、企业、事业单位实施犯罪的，或者公司、企业、事业单位设立后，以实施犯罪为主要活动的，不以单位犯罪论处。”本案中，许官成为进行非法集资活动而设立北京冠成公司、南京冠成公司，且前述公司设立后以实施集资诈骗为主要活动，本案实际上是利用公司的外壳实施的自然人犯罪，不应认定为单位犯罪。（江苏省南京市人民检察院诉许官成、许冠卿、马茹梅集资诈骗案，2009 年第 10 期第 38 页）

第四章　刑法的具体运用

第一节　量　　刑

19　**【积极退赃】**【尚有部分赃款未追回的，不属积极退赃】

在被采取强制措施，检察机关掌握了犯罪事实证据的情况下，行为人逐步交待了犯罪事实，后又推翻部分犯罪事实的，不属于坦白全部罪行，不可以酌情从宽处罚。尚有部分赃款未追回的，不属积极退赃。（张国荣受贿案，法案例(1990)4-27）

上诉人张国荣被采取强制措施后，在检察机关掌握了受贿犯罪的确凿证据的情况下，才逐步交待了犯罪事实，以后又推翻部分犯罪事实，不符合两高《通知》关于坦白全部罪行，可以酌情从宽处罚的规定。张国荣受贿22万余元，除追回12万余元外，尚有人民币10万余元赃款未追回，不属积极退赃。（张国荣受贿案，1990年第4期第27页）

20　**【领导指使】**【在主管领导指使下实施的放纵走私犯罪行为，可以从轻处罚】

国家工作人员明知是走私行为仍然予以放纵，情节严重的，构成放纵走私罪。放纵走私犯罪行为是国家工作人员在其主管领导指使下实施的，可以从轻处罚。（高庆亭等走私、放纵走私案，法案例(1999)1-28）

被告人高庆亭在担任济南海关副关长期间，违反海关法规，伙同他人进行走私，走私货物价值和偷逃税额均超过法定犯罪数额，走私的物资系成批量的，且用于生产、销售领域，而非小量生活用品，故其行为构成走私普通货物罪，公诉机关指控其犯走私普通物品罪属定性不当。1988年1月21日全国人大常委会通过的《关于惩治走私罪的补充规定》（以下简称补充规定）第四条第一款第（一）项规定："走私货物、物品价值在五十万元以上的，处十年以上有期徒刑或者无期徒刑，并处走私货物、物品价值一倍以上五倍以下罚金或者没收财产……"。1997年10月1日施行的《中华人民共和国刑法》第十二条规定："本法施行以前的行为，……如果当时的法律认为是犯罪，依照总则第四章第八节的规定应当追诉的，按照当时的法律追究刑事责任，但是如果本法不认为是犯罪或者处刑较轻的，适用本法"。刑法第一百五十三条第一款第（一）项规定："走私货物、物品偷逃应缴税额在五十万元以上的，处十年以上有期徒刑或者无期徒刑，并处偷逃应缴款额一倍以上五倍以下罚金或者没收财产……”。高庆亭的行为无论依补充规定，还是依刑法规定，都是犯罪行为，两相比较，刑法是以偷逃应缴税额量刑，比补充规定以走私货物价值量刑要轻。因此，对高庆亭的犯罪行为，应当依照刑法第一百五十三条第一款第（一）项的规定处罚。同时，依照刑法第五十七条第一款之规定，应当并处剥夺政治权利终身。高庆亭及其辩护人关于没有参与走私、只是放纵走私的辩护意见，经查：高庆亭参与走私，有其多次供述，供述的情节与证人证言一致，有伪报品名的报关单书证和济南海关查扣的走私手表、传呼机成套散件等物证在案证实，高庆亭还亲自到机场为李勇健接运走私货物，证据确实充分，其辩解和辩护人的意见没有事实根据，不予采纳。被告人刘贵良身为海关工作人员，违反海关法规，徇私舞弊，明知是走私行为却予以放纵，情节严重，其行为触犯了刑法第四百一十一条的规定，公诉机关指控其犯放纵走私罪成立。鉴于被告人刘贵良是在高庆亭的指使下实施的犯罪行为，其辩护人要求从轻处罚的意见，可以采纳。（高庆亭、刘贵良走私、放纵走私案，1999 年第 1 期第 28 页）

21 【平等】【确定刑罚须与行为人所犯罪行相适应】

在法律面前人人平等，任何公民犯罪都应依法受到刑事追究。对犯罪分子确定刑罚，必须与其所犯罪行相适应。行为人的历史表现反映出的主观方面的情节，可在量刑时酌情考虑。（褚时健等贪污、巨额财产来源不明案，法案例(1999)2-59）

于辩护人提出的被告人褚时健以及乔发科曾对玉溪卷烟厂作出重大贡献，应从轻处罚的辩护意见，本院认为，被告人褚时健以及乔发科在担任玉溪卷烟厂领导期间，为“玉烟”发展作出了贡献，对此，党和政府给予了政治上、物质上的荣誉和待遇，但无论功劳多大，都不因此而享有超越法律的特权。在法律面前人人平等，任何公民犯罪都应依法受到刑事追究。我国刑法第六十一条规定，对于犯罪分子决定刑罚的时候，应当根据犯罪的事实、犯罪的性质、情节和对于社会的危害程度，依照本法的有关规定判处。被告人褚时健以及乔发科利用职务之便侵吞公款，数额特别巨大，属情节特别严重，这是被告人承担刑事责任的基础，确定刑罚必须与所犯的罪行相适应。至于被告人的历史表现反映出的主观方面的情节，可在量刑时酌情考虑。（褚时健等贪污、巨额财产来源不明案，1999 年第 2 期第 59 页）

22 【高级领导干部犯罪】【国家高级领导干部犯罪情节特别严重的，应予严惩】

国家高级领导干部受贿数额特别巨大，严重破坏了国家机关正常工作秩序，侵害了国家工作人员职务的廉洁性，犯罪情节特别严重，依法应当严惩。赃款是否被

追缴，不是应当从轻处罚的情节。（成克杰受贿案，法案例(2000)5-161）

被告人成克杰身为国家工作人员，利用担任中共广西壮族自治区委员会副书记、广西壮族自治区人民政府主席的职务便利，伙同李平或单独接受他人请托，为他人谋取利益，非法收受财物，其行为已构成受贿罪。被告人成克杰的受贿数额特别巨大，其作为高级领导干部，所犯罪行严重破坏了国家机关正常工作秩序，侵害了国家工作人员职务的廉洁性，败坏了国家工作人员的声誉，犯罪情节特别严重，依法应予严惩。虽然成克杰受贿的赃款已被追缴，但不足以据此对其从轻处罚。（成克杰受贿案，2000 年第 5 期第 161 页）

23 **【出售被查封财产】**【行为人亲属交出出售被查封财产所得款，不影响对行为人犯罪行为的认定】

出卖被人民法院依法查封的财产，构成非法处置查封财产罪。行为人亲属将出售被查封财产所得款交到了公安机关，不影响非法处置查封财产犯罪行为的定性。行为人亲属交出出售款，可以作为对行为人从轻处罚的情节考虑。（李志强非法处置查封财产案，法案例(2001)4-134）

刑法将破坏查封情节严重的行为规定为非法处置查封财产罪，有利于确保法律的尊严得以实现。被告人李志强在经济活动中拖欠货款不还，当被权利人起诉到人民法院后，又无视国家法律制度，竟敢将被人民法院依法查封的财产出卖了大部分，其行为破坏了国家的司法制度，扰乱了民事诉讼活动，情节严重。如果对李志强的行为不以犯罪论处，公民对国家法律的信仰就会落空，法律的尊严地位将会动摇。由于被告人李志强的亲属将出售查封木材所得款 3 万元交到了公安机关，使霍城林场诉讼李志强拖欠货款纠纷一案的判决顺利执行。应当看到，李志强的亲属能将出售查封木材所得款交到公安机关，第一是因为法院工作人员察觉得早并报案及时，李志强及其亲属来不及和不敢转移、挥霍该款，从而使他们有条件这样做；第二是因为在报案后，公安机关及时采取了果断的侦查强制措施，使李志强及其亲属及时感受到法律的威慑力量，认识到继续抗法的严重后果，从而才能做出这样的决定。可以说，如果不是公安机关及时以非法处置查封财产案立案侦查，则不会有李志强的亲属自动交回出售款的举动。因此，不能因李志强的亲属已将出售款交回，霍城林场的债权已经实现，就认为李志强非法处置查封财产的行为不属情节严重，从而认为其不构成犯罪。李志强亲属的行为确实使拖欠货款纠纷一案的判决得以顺利执行，这一事实可作为对李志强从轻处罚的情节考虑。（李志强非法处置查封财产案，2001 年第 4 期第 134 页）

24 **【生活所需】**【因生活所需非法买卖炸药未造成严重社会危害，可以在法定刑以下处罚】

非法买卖炸药的行为构成非法买卖爆炸物罪。因生活所需非法买卖炸药，没有造成严重社会危害，经教育确有悔改表现，可以在法定刑以下判处刑罚。（查从余等非法买卖爆炸物案，法公字(2005)第5-20号）

被告人查从余、黄保根非法买卖炸药的行为，已构成非法买卖爆炸物罪。非法买卖爆炸物情节严重，应依法惩处。鉴于查从余、黄保根确因生活所需非法买卖炸药，没有造成严重社会危害，经教育确有悔改表现，对二被告人可以在法定刑以下判处刑罚。（铜陵市狮子山区人民检察院诉查从余、黄保根非法买卖爆炸物案，(2004)刑复字第216号，2005年第5期第20页）

第三节　自首和立功

25 **【投案自首】**【向本单位交代了全部贪污事实，视为投案自首】

国家工作人员利用职务便利实施犯罪行为后，在亲属的规劝下向本单位交代了全部贪污事实，退清赃款的，视为投案自首。（刘文胜贪污案，法案例(1989)4-129）

被告人刘文胜身为国家工作人员，利用职务之便，贪污公款18.9700万余元，其行为构成《中华人民共和国刑法》第一百五十五条第一款规定的贪污罪。根据全国人大常委会《关于惩治贪污罪贿赂罪的补充规定》第二条第(1)项的规定，应当严惩。刘文胜犯罪后，在亲属的规劝下，向本单位交代了全部贪污事实，全部退还赃款，应视为投案自首。（刘文胜贪污案，1989年第4期第129页）

26 **【立功】**【检举他人的犯罪事实未按刑事追究，立功不成立】

在侦查期间，检举他人犯罪事实，但未被追究刑事责任的，立功不成立。检举行为使检察机关及时追回流失的国有资产的，可在量刑时作为酌定从轻情节。（褚时健等贪污、巨额财产来源不明案，法案例(1999)2-59）

被告人褚时健因涉嫌其他犯罪被采取强制措施期间，在司法机关尚未完全掌握被告人褚时健、罗以军、乔发科共同贪污3551061美元的事实前，交待了这一犯罪事实，应按自首论；在侦查期间，检举他人重大犯罪线索，经查证属实，有重大立功表现。被告人罗以军在侦查期间检举他人侵占公共财产线索，但检举的事实未按刑事追究，立功不能成立；关于重大立功表现，指被告人罗以军检举被告人褚时健贪污1156万美元的重大犯罪事实，因对被告人褚时健的这一指控本院不予确认，故被告人罗以军重大立功表现亦不能成立，但该行为使检察机关及时追回流失在境外的巨额国有资产，可在量刑时作为酌定从轻情节。（褚时健等贪污、巨额财产来源不明案，1999 年第 2 期第 59 页）

27 **【如实供述】**【交待共同犯罪人藏匿地点，属如实供述犯罪事实】

在被传唤至公安机关进行讯问后，如实供述罪行，不是自动投案。交待了共同故意犯罪人藏匿地点，是如实供述犯罪事实，不属于协助侦查机关抓获同案犯。（郝景文等盗窃案，法案例(2000)2-62）

被告人郝景龙是在其犯罪事实已被公安机关发觉，将其传唤至公安机关进行讯问后，才供述了犯罪事实。刑法第六十七条规定："犯罪以后自动投案，如实供述自己的罪行的，是自首。"郝景龙虽如实供述了自己的罪行，但不是自动投案，不符合自首的条件。至于郝景龙交待了郝景文藏匿在其家中，是其如实供述犯罪事实的表现之一，并非协助侦查机关抓获同案犯。郝景龙及其辩护人提出"郝景龙的行为属自首，且协助公安机关抓获同案犯郝景文"的辩解、辩护意见，不能成立。（郝景文、郝景龙盗窃案，2000 年第 2 期第 62 页）

28 **【揭发犯罪】**【在死刑复核期间有重大立功的，从轻处罚】

在死刑复核期间揭发他人犯罪事实，经查证属实，构成重大立功，依法应予以从轻处罚。（杨湘海贩卖、运输毒品案，法案例(2002)1-29）

鉴于杨湘海在我院复核期间，揭发他人非法制造、销售枪支，经查证属实，构成重大立功，依法应予以从轻处罚。（杨湘海贩卖、运输毒品案，2002 年第 1 期第 29 页）

第五节 缓　　刑

29 **【履行义务】**【催促家属履行了法律义务的，可以宣告缓刑】

拒不执行人民法院判决的，行为人归案后认罪态度较好，催促家属履行了已经发生法律效力的法律文书确定的法律义务的，可以宣告缓刑。（陈建明拒不执行人民法院判决案，法案例(1994)3-116）

被告人陈建明与赵素英之间的债务纠纷，在人民法院主持下，双方自愿达成调解协议。该调解协议既是当事人双方协商结果的记录，又是人民法院认可和批准当事人之间协议的法律文书。它经双方当事人签收后，与生效的判决、裁定具有同等的法律效力。被告人陈建明无视国家法律，有履行能力而拒不履行已经发生法律效力的调解协议，采取欺骗、躲避的方法，公然拒绝执行，其行为情节严重，根据

《中华人民共和国民事诉讼法》第一百零二条第一款第（六）项和最高人民法院《关于适用〈中华人民共和国民事诉讼法〉若干问题的意见》第123条（3）项的规定，应当依照《中华人民共和国刑法》第一百五十七条规定的拒不执行人民法院判决罪予以处罚。鉴于被告人陈建明归案后认罪态度较好，催促家属支付了人民币2万元，美金1000元，可以从轻处罚，而且适用缓刑不致再危害社会，可以依照刑法第六十七条第一款的规定，对其宣告缓刑。（陈建明拒不执行人民法院判决案，1994年第3期第116页）

第八节　时　　效

30 **【追缴违法所得】**【追诉期限已过不予追究刑责，但应当追缴违法所得】

根据《刑法》，追诉期限已过的，不再追究行为人的刑事责任。但是，其违法所得应当依法追缴。（孙爱勤介绍贿赂案，法案例（2002）6-193）

上诉人孙爱勤在刘以江托其帮忙介绍开发单位时，介绍并引见刘以江与朱锦顺、周伟二人相识。促成他们之间的联合开发后，孙爱勤收受了刘以江所送的现金，并分别转送给朱、周等人。孙爱勤事先没有与朱锦顺、周伟共谋收取刘以江的好处，也没有与刘以江共谋给朱、周二人送礼。因此其主观上，既不具有与他人共同受贿的故意，也不具有与他人共同行贿的故意。客观上，孙爱勤只是在行贿人与受贿人之间实施了引见、沟通、撮合的行为，既不是共同行贿，也不是共同受贿，而是介绍贿赂。

朱锦顺是集体所有制的公司工作人员，在经济往来中收受回扣，按照《关于惩治贪污罪贿赂罪的补充规定》第四条的规定，这种行为应以受贿论处。但是修订后的刑法规定的受贿罪，其主体必须由国家工作人员构成。朱锦顺不是国家工作人员，按照修订后刑法的规定，其行为已经不能构成受贿罪。《关于惩治违反公司法的犯罪的决定》虽然规定"公司董事、监事或者职工利用职务上的便利，索取或者收受贿赂，数额较大的"构成商业受贿罪，但该决定是从1995年2月28日公布施行的，对发生于1993年的这种行为不能适用。朱锦顺收受刘以江贿赂的行为尚且不能构成犯罪，上诉人孙爱勤向其介绍贿赂，当然也不构成犯罪。一审认定孙爱勤是商业受贿罪的共犯，是定性错误。周伟具有国家工作人员身份，上诉人孙爱勤向周伟介绍贿赂，其行为触犯了1979年刑法第一百八十五条第三款的规定，构成介绍贿赂罪，应当处三年以下有期徒刑或者拘役。其在介绍贿赂过程中分得的5万元，是违法所得。

无论根据1979年刑法第七十六条的规定，还是根据修订后刑法第四章第八节的规定，法定最高刑为不满五年有期徒刑的犯罪，经过五年都不再追诉。1979年刑法第七十七条还规定："在人民法院、人民检察院、公安机关采取强制措施以后，逃避侦察或者审判的，不受追诉期限的限制。"第七十八条规定："追诉期限从犯罪之日起计算；犯罪行为有连续或者继续状态的，从犯罪行为终了之日起计算。""在追诉期限以内又犯罪的，前罪追诉的期限从犯后罪之日起计算。"上诉人孙爱勤于1994年6月犯介绍贿赂罪，至2001年6月21日被拘留。期间，孙爱勤没有被采取过任何强制措施，也没有重新犯罪。根据1979年刑法，介绍贿赂罪的五年追诉期限已过，依法不能再追究其刑事责任。但是其违法所得，应当依法追缴。（孙爱勤介绍贿赂案，2002年第6期第193页）

第二编　分　　则

第二章　危害公共安全罪

31　**【交通肇事】**【酒后高速驾驶摩托车逆行冲关将突然出现的拦截人撞伤致死，构成交通肇事罪】

行为人酒后高速驾驶摩托车，为逃避检查和扣车逆行冲关，无法预料到他人会突然出现在逆行车道上进行拦截。对将拦截人撞伤致死的后果，无法认定行为人事先在主观上持有明知或者放任的心理态度，应认定行为人构成交通肇事罪。（陈孙铭交通肇事案，法案例(1999)4-133）

本案的关键是被告人陈孙铭对高速驾驶摩托车冲关时将游希良撞死的严重后果，在主观上是持放任的态度，还是持应当预见而没有预见或轻信能够避免的过失态度。要认定陈孙铭的主观罪过如何，必须从当时的具体情况进行具体分析。

经向公安交通管理部门咨询，表明：驾驶员从发现需要停车的情况后，到制动停车，一般约需时间2秒钟。正常人的反应能力参数为1.25秒，即发现前方有目标反映到大脑需0.5秒，从大脑反应到手、脚并采取制动措施需0.75秒。这只是个参数，还要受技术熟练程度、反应能力大小等因素影响。如果喝过酒，反应能力相对迟钝。

案发时，执勤的武警战士和收费站的工作人员都站在检票亭台阶上，被告人陈孙铭为逃避检查，拟从当时无人无车的东边逆行车道强行通过。游希良是在听到喊声后从十余米外跑向被撞地点。此时，除陈孙铭正驾驶着高速行驶的摩托车，注意力集中在前方，加上收费站内检票亭的遮挡，视线广角相对狭窄，陈无法看见游希良的活动情况。

收费站工作人员示意被告人陈孙铭停车时，摩托车距离该站北口有45米。顺济桥收费站全长32米。被害人游希良被撞点距离该站南口外2米。三段距离相加，共计79米。当时，陈孙铭驾驶的摩托车车速为每小时80公里以上。即使按每小时80公里的车速计算，每秒钟应行驶22米，通过79米的路程所需时间为3.5秒。该收费站每个机动车道口宽6.8米，撞击点位于东边道口中间，距离路边3.4

米。游希良从西边车道的外侧越过西边车道到东边车道的中间，最小距离为10.2米。按照正常人的跑步速度，游希良跑完这段距离所需时间为2秒。如果以收费站工作人员喊停车时为起点，当游希良跑到被撞点时，陈孙铭距此仅有1.5秒的行驶路程。在此情况下，即使陈孙铭发现游希良后就采取制动措施，相撞也是不可避免的。如果再考虑到陈孙铭当晚喝了酒，反应能力减弱，反应时间相对要延长，或者游希良并不是一听到喊声就向被撞点跑等因素，则陈孙铭的制动反应距离就更短，相撞更不可避免。

被告人陈孙铭实施从当时无人无车的逆行车道上冲关的行为是故意的，其故意的内容是为了逃避检查和扣车；陈孙铭当时无法预料到游希良会突然出现在逆行车道上进行拦截，在他发现后，车速和距离已经决定了相撞是不可避免的，因此，无法认定陈孙铭对发生将游希良撞死的严重后果事先在主观上持有明知或者放任的心理态度。

原审被告人陈孙铭违反交通法规，酒后高速驾驶摩托车，为逃避检查逆行冲关，以致发生将突然跑至公路中间拦截违章行车的执勤武警战士撞伤致死的严重后果，其行为构成交通肇事罪，且情节特别恶劣。福建省高级人民法院依照1979年刑法第一百一十三条的规定对陈孙铭定罪量刑，并无不当，应予维持。最高人民检察院认为陈孙铭的行为构成故意杀人罪的抗诉理由不能成立，不予采纳。（陈孙铭交通肇事抗诉案，1999年第4期第133页）

32 **【明知有危险】**【明知教育教学设施有危险继续投入使用致使发生重大事故的，构成教育设施重大安全事故罪】

《刑法》规定的教育设施重大安全事故罪侵犯的客体，是公共安全和教学管理秩序，犯罪主体是对教育教学设施负有维护义务的直接人员，犯罪的主观方面表现为过失，犯罪的客观方面表现为不采取措施或者不及时报告致使发生重大伤亡事故的行为。教育机构负责人不履行职责将存在安全隐患的接送学生车辆进行检修并排除危险，发生交通事故的，驾驶员应对其违反交通运输法规的行为承担责任，明知教育教学设施有危险而将其继续投入使用的教育机构负责人，应认定其构成教育设施重大安全事故罪。（高知先等过失致人死亡案，法案例(2005)1-37）

原审被告人乔永杰违反交通运输法规，驾驶机动车发生重大交通事故，致4人死亡、2人重伤、车辆烧毁的严重后果，情节特别恶劣，应依法惩处，一审以交通肇事罪定罪处罚，是正确的。主管人员、肇事车辆的管理所有人，只有在指使、强令他人违章驾驶而造成重大交通事故的情况下，才能以交通肇事罪定罪处罚。上诉人高知先既不是交通事故中的直接肇事者，本案证据也不能证明高知先指使、强令乔永杰违规操作，却能证明在得知车辆出现故障后，高知先租用其他车辆将故障车上的幼儿送走,并告知乔永杰修理故障车。可见,一审认定高知先指使乔永杰违规驾驶,缺乏证据支持,高知先的行为不应构成交通肇事罪。刑法第一百三十八条规定:"明知校舍或者教育教学设施有危险,而不采取措施或者不及时报告,致使发生重大伤亡事故的,对直接责任人员,处三年以下有期徒刑或者拘役;后果特别严重的,处三年以上七年以下有期徒刑。"这是刑法规定的教育设施重大安全事故罪。该罪侵犯的客体,是公共安全和教学管理秩序,主体是对教育教学设施负有维护义务的直接人员,主观方面表现为过失,客观方面表现为不采取措施或者不及时报告致使发生重大伤亡事故的行为。"不采取措施",既包括没有采取任何措施,也包括没有采取任何有效措施。幼儿园是实施幼儿教育的机构;本案事故车辆,是月亮船幼儿园专用于接送幼儿的工具,是教育教学设施。上诉人高知先作为月亮船幼儿园园长,对该教育教学设施的安全负有直接责任。高知先明知该车油路堵塞急需检修,不履行职责将该车交给专业人员检修以便排除危险,却让原审被告人乔永杰使用这个已确定存在安全隐患的教育教学设施接送幼儿。本案车毁人伤亡的危害后果,固然是乔永杰违反交通运输法规的行为直接造成的,但其中3名幼儿被烧死、2名幼儿被烧伤,却与高知先明知教育教学设施有危险而将其继续投入使用的行为有因果关系。高知先的行为有严重的社会危害性,应当以教育设施重大安全事故罪追究其刑事责任。(郑州市中原区人民检察院诉高知先、乔永杰过失致人死亡案,2005年第1期第37页)

第三章　破坏社会主义市场经济秩序罪

第二节　走　私　罪

33 **【串通走私】**【国家工作人员串通走私分子共谋走私的，构成走私罪】

国家工作人员利用职务便利，为走私分子武装掩护走私物品，构成走私罪。(杨明基等走私案，法案例(1994)2-81)

被告人杨明基、林寿儒身为国家公安边防人员，在负责缉私工作期间，为牟取非法所得，竟执法犯法，违反海关法规，利用职务之便，为走私分子武装掩护走私香烟，其行为均已构成《全国人民代表大会常务委员会关于惩治走私罪的补充规定》(以下简称《规定》)第四条第(1)项规定的走私罪。杨明基在共同走私犯罪中起策划和组织作用，依照刑法第二十三条规定是本案主犯，应当依法从重处罚。

林寿儒在共同走私犯罪中起次要作用，依照刑法第二十四条第一款的规定是本案从犯，依照该条第二款规定，应当比照主犯减轻处罚。被告人杨明基犯走私罪，其掩护走私物品价额特别巨大，情节特别严重，应依照《规定》第四条第(1)项的规定予以处罚，并没收其个人财产，依照刑法第五十三条第一款的规定，对杨明基剥夺政治权利终身；被告人林寿儒犯走私罪，其参与掩护走私物品价额巨大，鉴于系本案从犯，应当依照《规定》第四条第(1)项的规定，比照主犯杨明基减轻处罚，并没收个人财产，依照刑法第五十三条第一款的规定，对林寿儒剥夺政治权利终身。

广东省高级人民法院经审理认为，上诉人杨明基关于是为单位掩护走私香烟牟利一节，经查，其向单位领导提出为单位掩护走私香烟牟利时，即被领导制止，本人仍一意孤行，擅自串通走私分子共谋走私香烟，从中牟取暴利，为首组织人员武装掩护走私活动，其个人走私香烟的犯罪行为，有同案人的证词和其他证据证实。杨明基否认个人掩护走私香烟，无事实证据，上诉理由不能成立。林寿儒以其是受杨明基的指使参与掩护走私为由，要求从轻处罚。经查，林寿儒积极参与武装掩护走私，从中牟取暴利，本应从严惩处，鉴于其系从犯，一审已减轻判处，现上诉要求还要从轻，据理不足，不予采纳。(杨明基、林寿儒走私案，1994 年第 2 期第 81 页)

34 **【犯罪故意】**【构成走私制毒品罪,必须具有明知是制毒物品而进行走私的犯罪故意】

构成走私制毒物品罪,必须在主观上具有明知是制毒物品而走私的犯罪故意。行为人虽然有走私行为,但是不知道走私的是易制毒物品,不能认定其具有走私制毒品的主观故意的,不能判定构成走私制毒物品罪。(谢杰威等走私制毒物品案,法案例(2007)9-30)

经查,原审被告人谢杰威在越南开办海皇公司,从事虾壳素、虾壳糠的生产属实,该项生产需要使用盐酸、烧碱等化学原料也是事实。因越南当地的盐酸价格高于中国,为降低生产成本,提高经营利益,谢杰威、梁雁玲实施了从国内购买盐酸,然后走私运到越南的用于生产的行为,其行为虽然具有走私的故意,也具有非法牟利的目的,但谢杰威、梁雁玲并不了解盐酸是否属于制毒物品,是否可以用来制造毒品,且所走私的盐酸系浓度在30%以下的副产盐酸。谢杰威、梁雁玲走私盐酸的目的是为了海皇公司加工生产虾壳素、虾壳糠,并非运到越南进行非法交易,更不是为了制造毒品。为此,海皇公司经过申报,在越南取得了进口22000吨盐酸的批文。根据刑法的规定,构成走私制毒物品罪必须在主观上具有明知是制毒物品而走私的犯罪故意,抗诉机关关于"只要行为人主观上明知是在走私盐酸,就可以认定具有走私制毒物品的犯罪故意,至于行为人是否知道盐酸是易制毒物品,不能作为认定其是否具有走私制毒物品的主观故意的依据"的抗诉理由不能成立。综上,不能认定谢杰威、梁雁玲具有走私制毒物品的犯罪故意。综上,原判虽然关于部分事实的认定不清,但认定盐酸不属国家管制的制毒化学品,原审被告人谢杰威、梁雁玲不具有明知是制毒物品而进行走私的犯罪故意,其走私盐酸的行为不构成走私制毒物品罪正确,抗诉机关的抗诉理由不能成立。虽然谢杰威、梁雁玲实施了走私盐酸的行为,但因其走私货值仅为人民币15 000元左右,偷逃税款不足5万元,故该行为依法不构成走私普通货物、物品罪。(海南省洋浦经济开发区初级检察院诉谢杰威、梁雁玲走私制毒物品案,2007年第9期第30页)

第三节　妨害对公司、企业的管理秩序罪

35 **【未捞取私利】**【在签订合同过程中未捞取私利,不影响签订合同失职被骗罪的构成】

签订合同失职被骗罪的主体,是国有公司、企业、事业单位中能够对签订与履行合同起领导、决策、指挥作用的主管人员,不包括受命从事签署、履行工作的人员。国有公司、企业、事业单位直接负责的主管人员应当在签订合同前认真履行审

查签约对方的主体资格、履约能力等职责。轻信可以避免被骗的危害后果，放弃履行自己的职责，导致国家财产遭受重大损失的，构成签订合同失职被骗罪。在签订合同过程中未捞取私利，不影响犯罪构成。（赵晨签订合同失职被骗案，法案例(2001)3-93）

刑法第一百六十七条规定："国有公司、企业、事业单位直接负责的主管人员，在签订、履行合同过程中，因严重不负责任被诈骗，致使国家利益遭受重大损失的，处三年以下有期徒刑或者拘役；致使国家利益遭受特别重大损失的，处三年以上七年以下有期徒刑。"此条罪的主体，是国有公司、企业事业单位中能够对签订与履行合同起领导、决策、指挥作用的主管人员，并非指受命从事签署、履行工作的人员。被告人赵晨是国有企业的主管人员，在本案所涉合同的签订过程中，其所起的决策作用是显而易见的，符合此罪对主体的特殊要求。赵晨担负着管理、经营国有资产的重任，应当知道合同的签订、履行具有一定的风险，有被骗的可能，因此应当在签订合同前认真履行审查签约对方的主体资格、履约能力等职责。由于有朋友介绍，赵晨就轻信被骗的危害后果可以避免。在这种过失心理的驱使下，赵晨放弃履行自己的职责。赵晨的主观心态，符合此罪对主观方面的要求。因此，当客观方面发生了近130万元的国有财产被诈骗的危害结果后，赵晨的行为确已构成签订合同失职被骗罪。

红康建材是城乡总公司设立的法人，其法定代表人沈才兴是被告人赵晨的下属。沈才兴只是在赵晨的指挥下，从事了签订合同的具体工作。该合同从名义上是城乡总公司签章，与红康建材无关；从本质上说也是城乡总公司的法定代表人赵晨决定成交此笔业务，与红康建材无关。赵晨以合同是由沈才兴出面为红康建材的业务签署的，红康建材是独立法人，沈才兴应对合同负责的辩解理由，不能成立。事实证明，在合同签订过程中，沈才兴多次提出要了解签约对方的真实情况，均未被赵晨接受；当沈才兴以本单位无款为由再次推托时，赵晨又主张先向红康房产借支，因此借贷决非红康建材的主动行为，而是赵晨决定由城乡总公司出资的一种周转方式。葛海根以大通公司的名义声称出售线材，只是想骗取货款。当诈骗得逞后，此笔货款已被用于还债及挥霍。在此笔货款上，形成了葛海根诈骗城乡总公司的关系，没有形成红康建材与大通公司之间的债权债务关系。辩护人关于红康建材本可通过法律途径去追偿大通公司的欠债，由于红康建材放弃了追诉权，才致遭受巨大损失的辩护意见，与事实不符，不能成立。赵晨严重不负责任使国家财产遭受重大损失，其失职行为已构成犯罪。赵晨在签订此笔合同过程中没有捞取任何私利，并不影响犯罪构成。辩护人关于赵晨的行为不构成犯罪的辩护意见，不予采纳。（赵晨签订合同失职被骗案，2001年第3期第93页）

第四节　破坏金融管理秩序罪

36 **【还本返利】**【以买卖合同的形式约定还本返利的义务，属变相吸收公众存款】

非法吸收公众存款，是指未经中国人民银行批准，向社会不特定对象吸收资金，出具凭证，承诺在一定期限内还本付息的活动。变相吸收公众存款，是指未经中国人民银行批准，不以吸收公众存款的名义，向社会不特定对象吸收资金，承诺履行的义务与吸收公众存款性质相同的活动。未经金融主管机关批准，采取向社会公众销售投资型塔位，承诺到期退单兑付和向社会公众高息借款的手段，变相吸收公众存款数额巨大，后果严重的，构成非法吸收公众存款罪。（渭南市尤湖塔园有限责任公司等非法吸收公众存款、惠庆祥挪用资金案，法案例(2008)6-36）

陕西省高级人民法院二审认为：根据取缔办法的规定，非法吸收公众存款，是指未经中国人民银行批准，向社会不特定对象吸收资金，出具凭证，承诺在一定期限内还本付息的活动；变相吸收公众存款，是指未经中国人民银行批准，不以吸收公众存款的名义，向社会不特定对象吸收资金，但承诺履行的义务与吸收公众存款性质相同的活动。在本案中，尤湖塔园公司与客户签订的合同，表面上是塔位销售合同，但双方在合同中明确约定，尤湖塔园公司对购买塔位的客户承担两年期还本返利的义务。此外，该公司推出的所谓"投资型"塔位不与特定死者的骨灰相对应，该公司承诺既可以根据塔位销售合同逐年返利，也可以更名、退单。所谓退单，是指由尤湖塔园公司按照市场价回购。由于尤湖塔园公司的虚假操作，在没有任何依据的情况下，投资型塔位的价格被不定期地不断调高，因此在退单的时候，尤湖塔园公司除了向用户返还购买时的原价，还需支付增值的部分，事实上就是变相的"返本付息"。因此，尤湖塔园公司的上述行为符合取缔办法第四条规定的变相吸收公众存款的特征，构成非法吸收公众存款罪，其上诉理由不能成立，不予采纳。

上诉人尤湖塔园公司未经金融主管机关批准，采取向社会公众销售投资型塔位，承诺到期退单兑付和向社会公众高息借款的手段，变相吸收公众存款，数额巨大，后果严重，严重扰乱了金融秩序和社会秩序，其行为已构成非法吸收公众存款罪，依法应予惩处。上诉人惠庆祥作为该公司法定代表人和总经理，直接参与并组织、领导了该公司全部犯罪活动，是单位犯罪中直接负责的主管人员，依法构成非法吸收公众存款罪。原审被告人陈创作为该公司西安办事处负责人，组织、领导该公司在西安地区的非法吸收公众存款行为，也是单位犯罪中直接负责的主管人员；原审被告人冯振达是单位犯罪的直接责任人员，均应以非法吸收公众存款罪定罪处罚。（陕西省渭南市人民检察院诉渭南市尤湖塔园有限责任公司、惠庆祥、陈创、冯振达非法吸收公众存款，惠庆祥挪用资金案，2008 年第 6 期第 36 页）

第七节 侵犯知识产权罪

37 【**特别法**】【非法经营的犯罪行为涉及侵犯著作权时，优先适用侵犯知识产权罪的规定】

未经工商登记、未获得《音像制品经营许可证》，擅自销售侵权音像复制品的，属于非法经营犯罪行为。当非法经营的犯罪行为涉及侵犯著作权时，因特别法优于一般法，应当认定行为人构成侵犯知识产权罪。（顾然地等人非法经营案，法案例(2005)9-32）

起诉书认为，被告人顾然地未经工商登记、未获得国家管理部门颁发的《音像制品经营许可证》，擅自销售侵权音像复制品，情节特别严重；被告人吴东、库迪、吴世彪在明知顾然地未取得《音像制品经营许可证》而销售侵权音像复制品的情况下，仍积极参与、帮助其销售，情节特别严重，均应以非法经营罪追究 4 名被告人的刑事责任。顾然地及其辩护人认为，顾然地没有生产只是销售了侵权音像复制品即盗版 DVD，顾然地销售盗版 DVD 的行为不在中国，无需申领《音像制品经营许可证》，故其行为不构成非法经营罪。吴东、库迪、吴世彪的辩护人均以吴东、库迪、吴世彪没有非法经营的故意和行为为由，认为起诉指控的罪名不当。

刑法第二百二十五条规定："违反国家规定，有下列非法经营行为之一，扰乱市场秩序，情节严重的，处五年以下有期徒刑或者拘役，并处或者单处违法所得一倍以上五倍以下罚金；情节特别严重的，处五年以上有期徒刑，并处违法所得一倍以上五倍以下罚金或者没收财产：(一) 未经许可经营法律、行政法规规定的专营、专卖物品或者其他限制买卖的物品的；(二) 买卖进出口许可证、进出口原产地证明以及其他法律、行政法规规定的经营许可证或者批准文件的；(三) 未经国家有关主管部门批准，非法经营证券、期货或者保险业务的；(四) 其他严重扰乱市场秩序的非法经营行为。"没有《音像制品经营许可证》而销售侵权音像复制品，当然扰乱市场秩序，属于该条规定的非法经营犯罪行为中的一种行为。但音像制品涉及著作权，刑法第三章第七节"侵犯知识产权罪"对侵犯著作权行为有专门规定。当非法经营的犯罪行为涉及侵犯著作权时，第二百一十八条就与侵犯知识产权罪的规定构成普通法与特别法的关系。此种情况下，特别法应当优先适用。（上海市人民检察院第二分院诉顾然地等人非法经营案，2005 年第 9 期第 32 页）

38 **【销售侵权复制品罪】**【销售明知是未经著作权人许可而复制的侵权音像复制品，构成销售侵权复制品罪】

为了营利，在未取得《音像制品经营许可证》的情况下，低价购进明知是侵权的音像复制品并予以销售的，属单纯销售侵权复制品的间接侵犯著作权或者邻接权的行为，构成销售侵权复制品罪。（顾然地等人非法经营案，法案例(2005)9-32）

对销售侵权音像复制品且违法所得数额巨大的行为，刑法第三章第七节中有两个条文涉及。第二百一十七条规定："以营利为目的，有下列侵犯著作权情形之一，违法所得数额较大或者有其他严重情节的，处三年以下有期徒刑或者拘役，并处或者单处罚金；违法所得数额巨大或者有其他特别严重情节的，处三年以上七年以下有期徒刑，并处罚金：（一）未经著作权人许可，复制发行其文字作品、音乐、电影、电视、录像作品、计算机软件及其他作品的；（二）出版他人享有专有出版权的图书的；（三）未经录音录像制作者许可，复制发行其制作的录音录像的；（四）制作、出售假冒他人署名的美术作品的。"第二百一十八条规定："以营利为目的，销售明知是本法第二百一十七条规定的侵权复制品，违法所得数额巨大的，处三年以下有期徒刑或者拘役，并处或者单处罚金。"第二百一十七条中的发行虽然涵盖了第二百一十八条中的销售行为，但很明显，第二百一十七条的立法目的，在于打击那些未经著作权或者邻接权人许可而复制，直接侵犯著作权或者邻接权的行为；就像盗窃后销赃一样，复制后发行，通常是此罪的一个后续的不另罚的行为。第二百一十八条的立法目的，则在于打击没有复制，只是单纯销售侵权复制品的间接侵犯著作权或者邻接权的行为。

被告人顾然地为了营利，在未取得《音像制品经营许可证》的情况下，低价购进明知是侵权的音像复制品，然后高价销往国外。这种行为虽然扰乱市场秩序，但在本案中，市场秩序不是受侵害的主要客体，那些著作权人和录音录像制作者的著作权与邻接权，才是我国刑法要保护而被顾然地的行为所侵害的主要客体。对顾然地的行为，应当依照刑法第二百一十八条规定的销售侵权复制品罪定罪量刑。（上海市人民检察院第二分院诉顾然地等人非法经营案，2005 年第 9 期第 32 页）

第八节 扰乱市场秩序罪

39 **【捏造】**【捏造是指虚构、编造不符合事实真相或者并不存在的事实】

刑法上规定的"捏造"，是指虚构、编造不符合事实真相或者并不存在的事实，包括无中生有的完全虚构、在真实情况的基础上虚构部分事实以歪曲事实真相。无论采取何种形式，只要加以散布，均可以产生损害他人商品声誉的效果。在只有个别产品可能存在瑕疵，尚未通过其他合法途径解决纠纷的情况下，即向社会公众散布该产品存在质量问题的言论，应当属于捏造并散布虚假事实的行为。（陈恩等损害商品声誉案，法案例(2004)6-17）

所谓"捏造"是指虚构、编造不符合事实真相或者并不存在的事实，既包括无中生有的完全虚构，也包括在真实情况的基础上虚构部分事实以歪曲事实真相。无论采取上述何种形式，只要加以散布，均可以产生损害他人商品声誉的效果。陈恩等人在只有个别空调可能存在瑕疵，且尚未通过其他合法途径解决纠纷的情况下，即向社会公众散布上述言论，应当属于捏造并散布虚假事实的行为。上诉人金月根虽然提供了连云港市工商局拍摄的两张空调照片，以证明空调不制热，但该证据只能间接证明陈恩等人曾经向有关部门投诉过空调的质量问题，不能直接证明空调存在质量问题。因此，该证据和上诉人的行为不属于捏造并散布虚假事实行为的上诉理由及辩护意见，一并不予采纳。（上海市奉贤区人民检察院诉陈恩等人损害商品声誉案，2004 年第 6 期第 17 页）

40 【强迫交易】【强行索取与合理价格相差悬殊的服务费，构成强迫交易罪】

《刑法》规定的抢劫罪的犯罪主体，是年满 14 周岁并具有刑事责任能力的自然人；犯罪侵犯的客体是公私财物所有权和公民人身权利，侵犯的对象是国家、集体、个人所有的各种财物和他人人身；犯罪主观方面表现为直接故意，并具有将公私财物非法占有的目的；犯罪客观方面表现为对公私财物的所有者、保管者或者守护者当场使用暴力、胁迫或者其他对人身实施强制的方法，立即抢走财物或者迫使被害人立即交出财物。《刑法》规定的强迫交易罪的犯罪主体包括自然人、单位；犯罪侵犯的客体是交易相对方的合法权益和商品交易市场秩序；犯罪主观方面表现为直接故意，目的是在不合理的价格或不正当的方式下进行交易；犯罪客观方面表现为向交易相对方施以暴力、威胁手段，强迫交易相对方买卖商品、提供或者接受服务，情节严重的行为。

强迫交易罪与抢劫罪二罪在犯罪的前提条件、侵犯的客体、犯罪目的上不同，在犯罪的客观方面也有所不同。抢劫罪无须任何前提条件，强迫交易罪则必须在行为人与被害人间存在一笔交易；抢劫罪侵犯的客体是公私财物所有权和公民人身权利，强迫交易罪侵犯的客体是交易相对方的合法权益和商品交易市场秩序；抢劫罪的目的是将公私财物非法占有，强迫交易罪的目的是在不合理的价格或不正当的方式下进行交易；抢劫罪使用的暴力、胁迫手段，一般都足以危及被害人的身体健康或生命安全，其强度要大于强迫交易罪使用的暴力、威胁手段。在出租车营运中违背乘客的意志，驾驶员单独或伙同采取暴力、威胁手段，强行索取与合理价格相差悬殊的高额出租车服务费，严重侵犯了乘客的合法权益及出租车市场交易

秩序,构成强迫交易罪。(朱波伟等抢劫案,法案例(2006)4-38)

刑法第二百六十三条规定:“以暴力、胁迫或者其他方法抢劫公私财物的,处三年以上十年以下有期徒刑,并处罚金;有下列情形之一的,处十年以上有期徒刑、无期徒刑或者死刑,并处罚金或者没收财产:(一)入户抢劫的;(二)在公共交通工具上抢劫的;(三)抢劫银行或者其他金融机构的;(四)多次抢劫或者抢劫数额巨大的;(五)抢劫致人重伤、死亡的;(六)冒充军警人员抢劫的;(七)持枪抢劫的;(八)抢劫军用物资或者抢险、救灾、救济物资的。”这是刑法规定的抢劫罪。本罪的犯罪主体是年满14周岁并具有刑事责任能力的自然人;犯罪侵犯的客体是公私财物所有权和公民人身权利,侵犯的对象是国家、集体、个人所有的各种财物和他人人身;犯罪主观方面表现为直接故意,并具有将公私财物非法占有的目的;犯罪客观方面表现为对公私财物的所有者、保管者或者守护者当场使用暴力、胁迫或者其他对人身实施强制的方法,立即抢走财物或者迫使被害人立即交出财物。

刑法第二百二十六条规定:“以暴力、威胁手段强买强卖商品、强迫他人提供服务或者强迫他人接受服务,情节严重的,处三年以下有期徒刑或者拘役,并处或者单处罚金。”这是刑法规定的强迫交易罪。本罪的犯罪主体除自然人以外,还包括单位;犯罪侵犯的客体是交易相对方的合法权益和商品交易市场秩序;犯罪主观方面表现为直接故意,目的是在不合理的价格或不正当的方式下进行交易;犯罪客观方面表现为向交易相对方施以暴力、威胁手段,强迫交易相对方买卖商品、提供或者接受服务,情节严重的行为。

二罪比较,犯罪的前提条件不同,犯罪侵犯的客体不同,犯罪目的不同,犯罪的客观方面也有所不同。抢劫罪无需任何前提条件,而强迫交易罪则必须在行为人与被害人之间存在一笔交易;抢劫罪侵犯的客体是公私财物所有权和公民人身权利,强迫交易罪侵犯的客体是交易相对方的合法权益和商品交易市场秩序;抢劫罪的目的是将公私财物非法占有,强迫交易罪的目的是在不合理的价格或不正当的方式下进行交易;二罪客观方面虽然都有暴力、胁迫内容,但由于犯罪侵犯的客体不同,决定了抢劫罪使用的暴力、胁迫手段,一般都足以危及被害人的身体健康或生命安全,其强度要大于强迫交易罪使用的暴力、威胁手段。

被告人朱波伟、雷秀平都是出租车驾驶员,被害人皮广思、杨建国都是出租车乘客。朱波伟与皮广思、杨建国之间,建立了服务与接受服务的交易关系,也因为存在这种关系才相遇在一起。朱波伟从事营运业务过程中,雷秀平与朱波伟相聚,明知朱波伟正在为乘客提供服务。在朱波伟为乘客提供服务的过程中,朱波伟、雷秀平使用暴力和威胁手段,强行从皮广思、杨建国身上搜取钱财。从表象上看,朱波伟、雷秀平使用的这些手段与抢劫无异。但是,朱波伟、雷秀平实施的暴力和威胁行为,其强度不足以危及被害人的身体健康或生命安全。结合二被告人使用证照真实、齐全的车辆作案，作案后将乘客送抵目的地，到目的地后主动把密码箱交还给乘客，给乘客退还一部分钱财等情节分析，朱波伟、雷秀平不是以非法占有公私财物为目的，而是要以不合理的价格完成交易。因此，朱波伟、雷秀平的行为，不符合抢劫罪构成要件，而是强迫交易。朱波伟、雷秀平身为出租车驾驶员，为牟取非法利益而无视国法，在出租车正常营运过程中违背被害人意志，单独或伙同采取暴力、威胁手段，强行索取与合理价格相差悬殊的高额出租车服务费，严重侵犯了交易对方的合法权益及出租车市场交易秩序，强迫交易情节严重，其行为触犯刑法第二百二十六条的规定，构成强迫交易罪。（重庆市渝中区人民检察院诉朱波伟、雷秀平抢劫案，2006 年第 4 期第 38 页）

第四章 侵犯公民人身权利、民主权利罪

41 【索取与勒索】【绑架罪与非法拘禁罪的区别】

《刑法》规定的绑架罪，是指以勒索财物为目的，或者为获得人质，使用暴力、胁迫、麻醉或者其他方法，劫持他人的行为。绑架罪侵犯的客体是他人的生命权、健康权、人身自由权，侵害的对象为任何有生命的自然人；犯罪的客观方面表现为违背他人的意志，以暴力、胁迫或者其他方法，在他人不能、不敢或不知反抗的情况下，把他人劫离原地并加以控制的行为；犯罪的主观方面表现为直接故意，且以勒索财物为目的，或者将他人作为人质。

《刑法》规定的非法拘禁罪，是指以拘押、禁闭或者其他强制方法，非法剥夺他人人身自由的行为。非法拘禁罪的犯罪主体多为国家工作人员或者是达到刑事责任年龄并具有刑事责任能力的自然人；侵犯的客体是他人的身体自由权；侵害的对象是依法享有人身权利的任何自然人；犯罪的客观方面表现为没有法律根据，不依法定程序而非法拘留、逮捕、监禁或者以其他方法剥夺他人人身自由的行为；犯罪的主观方面表现为直接故意，并以剥夺他人人身自由为目的。以索取欠债为目的而非法剥夺债务人或者债务人亲属的人身自由的行为，构成非法拘禁罪。

以勒索财物为目的的绑架罪与以索取债务为目的的非法拘禁罪的相似处是：犯罪主体都可以是自然人，犯罪所侵害的客体都包括人身自由权，犯罪的客观方面都表现为以强制的方法剥夺他人人身自由权的行为，犯罪的主观方面都以得到财物为目的。区别是：以取得财物为目的的绑架罪勒索的财物为他人所有，通常为被害人及其亲属所有；犯罪人在实施犯罪行为前，一般与被害人或者其亲属不存在财物往来的关系。非法拘禁罪索取的债务，是被害人或者其亲属所欠犯罪人的债务；犯罪人在实施犯罪行为前，与被害人或者其亲属存在着债权债务关系。（黄永柱非法拘禁案，法案例(2001)6-208）

被告人黄永柱与携带凶器的陈博等人一起挟持并控制邹红星，当阴谋败露时这伙人又将邹红星砍成轻伤，严重侵害了邹红星的人身权利，依法应当受刑罚处罚。

刑法第二百三十九条第一款规定："以勒索财物为目的绑架他人的，或者绑架他人作为人质的，处十年以上有期徒刑或者无期徒刑，并处罚金或者没收财产；致使被绑架人死亡或者杀害被绑架人的，处死刑，并处没收财产。"

此条规定的绑架罪，是指以勒索财物为目的，或者为获得人质，使用暴力、胁迫、麻醉或者其他方法，劫持他人的行为。此罪的犯罪主体为达到刑事责任年龄并具有刑事责任能力的自然人；侵犯的客体是他人的生命权、健康权、人身自由权，侵害的对象为任何有生命的自然人；犯罪的客观方面表现为违背被害人的意志，以暴力、胁迫或者其他方法，在被害人不能、不敢或不知反抗的情况下，把被害人劫离原地并加以控制的行为；犯罪的主观方面表现为直接故意，且以勒索财物为目的，或者将被害人作为人质。

刑法第二百三十八条规定："非法拘禁他人或者以其他方法非法剥夺他人人身自由的，处三年以下有期徒刑、拘役、管制或者剥夺政治权利。具有殴打、侮辱情节的，从重处罚。""犯前款罪，致人重伤的，处三年以上十年以下有期徒刑；致人死亡的，处十年以上有期徒刑。使用暴力致人伤残、死亡的，依照本法第二百三十四条、第二百三十二条的规定定罪处罚。""为索取债务非法扣押、拘禁他人的，依照前两款的规定处罚。""国家机关工作人员利用职权犯前三款罪的，依照前三款的规定从重处罚。"

此条规定的非法拘禁罪，是指以拘押、禁闭或者其他强制方法，非法剥夺他人人身自由的行为。此罪的犯罪主体虽多为国家工作人员，但也可以是达到刑事责任年龄并具有刑事责任能力的一般公民；侵犯的客体是他人的身体自由权，即公民按照自己的意志和利益，在法律规定的范围内作为和不作为的权利；侵害的对象是依法享有人身权利的任何自然人；犯罪的客观方面表现为没有法律根据，不依法定程序而非法拘留、逮捕、监禁或者以其他方法剥夺他人人身自由的行为；犯罪的主观方面表现为直接故意，并以剥夺他人人身自由为目的。根据本条第三款的规定，以索取欠债为目的而非法剥夺债务人或者债务人亲属的人身自由的行为，构成非法拘禁罪。

从以上分析可以看出，以勒索财物为目的的绑架罪和以索取债务为目的的非法拘禁罪，有很多相似之处。二罪的犯罪主体都可以由一般公民构成，犯罪所侵害的客体都包括人身自由权，犯罪的客观方面都表现为以强制的方法剥夺他人人身自由权的行为，犯罪的主观方面都以得到财物为目的。二罪的区别在于：以取得财物为目的的绑架罪勒索的财物为他人所有，通常为被害人及其亲属所有；犯罪人在实施犯罪行为前，一般与被害人或者其亲属不存在财物往来的关系。非法拘禁罪索取的债务，则是被害人或者其亲属所欠犯罪人的债务；犯罪人在实施犯罪行为前，与被害人或者其亲属存在着债权债务关系。（黄永柱非法拘禁案，2001 年第 6 期第 208 页）

42　**【索要债务】**【索要非法债务不否定目的是索要债务】

索要的债务不因是非法的，而否定挟持被害人的目的是索要债务。出于索要债务的目的，以强制的方法实施了非法剥夺他人人身自由的行为，即使索要的债务是非法的，也应当以非法拘禁罪论处。（黄永柱非法拘禁案，法案例(2001)6-208）

本案被告人黄永柱受其上线、被害人邹红星的亲属蒋月娥的欺骗宣传，为参与传销活动，曾向蒋月娥交纳过3900元。在接受传销培训期间，一起参加培训的传销人员黄建、王飞、陈博等人识破传销骗局，鼓动参加培训的人去找上线把本钱拿回来。黄永柱在这些人的鼓动下，参与了挟持邹红星的行动。蒋月娥只欠黄永柱3900元，而黄永柱一伙通过挟持邹红星却索要6万元，这是否为勒索财物？答案是否定的。因为：1. 蒋月娥虽然只欠黄永柱3900元，而且黄永柱在交代挟持邹红星的目的时始终如一的供述是，他只想要回自己的3900元出资，"我们找不到蒋月娥，所以就把邹红星抓起来，逼邹红星的老婆把做传销的钱还给我们"。这与邹红星关于"他们想找蒋月娥要回他们作传销的3900元，但找不到蒋月娥，而我和蒋月娥有亲属关系，所以他们就冲我来了"的陈述相吻合。说明要债是黄永柱参与挟持邹红星的唯一目的。2. 黄永柱在交代其同伙为什么参与挟持邹红星时供述，除了他没有发展下线外，其他几个同伙都有下线，这几个同伙不仅要讨回自己的3900元，还要为下线讨回3900元。传销人员刘荣虎在被问到本案案情时也交代："后来听说他们（指挟持邹红星的一伙人）又冲去海景花园把中级控制住，不许中级跑掉，好把我们的款退还我们"，并说参与挟持邹红星的王飞就是他的上线的上线。刘荣虎的交代，印证了黄永柱的上述供述属实。3. 参与挟持邹红星的前后一共有8人，其中7人都是蒋月娥发展的下线。就按这7人每人交给蒋月娥3900元计算，已达27300元。考虑到可能还有人要为自己的下线索要出资款，因此索要债务的总数达6万元是可以理解的。4. 参与挟持邹红星的这伙人是被蒋月娥等人欺骗来海南搞传销活动的。他们除了每人交出3900元出资款外，往来的路费及参加所谓培训几个月期间的生活费，平均要花费数千元。在他们看来，这些损失都是蒋月娥给他们造成的，理应由蒋月娥偿还。所以他们每人准备向蒋月娥索要的绝不仅仅是3900元。正如被害人邹红星所述，"蒋月娥收了他们每人3900元，而且他们做传销这段时间又花了几千元，所以他们要每人拿回一万元"。这些情节说明，参与挟持邹红星的这伙人虽然提出索要6万元，也是事出有因，仍然是以索要债务为目的，不具有勒索的因素。（黄永柱非法拘禁案，2001年第6期第208页）

第五章　侵犯财产罪

43　【类推定罪】【行为人侵占受委托在其实际控制下的财物的，应适用类推，以盗窃罪定罪判刑】

以非法占有为目的，窃取他人财物，数额巨大，具有社会危害性，构成犯罪。行为人侵占的财物是受委托在其实际控制下的他人财物的，因《刑法》未有明文规定，应当依法适用类推，以盗窃罪对行为人定罪判刑。（马晓东侵占他人财产类推案，法案例(1990)1-28）

最高人民法院审判委员会审核认定：被告人马晓东以非法占有为目的，窃取他人财物3.9500万余元，数额巨大，具有社会危害性，已构成犯罪，应处以刑罚。马晓东的行为与盗窃罪的主体、主观方面的客体相符合。但是，马晓东所侵占的财物，是失主委托在其实际控制下的他人财物，这与盗窃罪的客观方面即秘密窃取公私财物的行为不相符合。这种犯罪我国刑法分则没有明文规定，应当依法适用类推，对被告人定罪判刑。这种犯罪与刑法第一百五十二条规定的盗窃罪最相类似。原审类推定罪是正确的，但量刑过重。（马晓东侵占他人财产类推案，1990年第1期第28页）

44　【股票】【股票可以成为故意毁坏财物罪的犯罪对象】

刑法上的财物分为有体物、无体物。具有一定经济价值、能成为权利主体依法享有的权益的物，可以成为故意毁坏财物罪的犯罪对象。股票代表的财产权利，可以成为故意毁坏财物罪的犯罪对象。为泄私愤秘密侵入他人股票账户操纵他人股票的进出，故意造成他人账户内的资金巨大损失，构成故意毁坏财物罪。

法律和司法解释未明确规定以股票为犯罪对象的故意毁坏他人财物行为如何计算损失数额，可参照最高人民法院《关于审理盗窃案件具体应用法律若干问题的解释》的规定，按被盗当日证券交易所公布的该种股票成交的平均价格计算犯罪数额。（朱建勇故意毁坏财物案，法案例(2004)4-27）

一、关于对被告人朱建勇的行为能否用刑法评价的问题

……被告人朱建勇为泄私愤，秘密侵入他人的账户操纵他人股票的进出，短短十余日间，已故意造成他人账户内的资金损失19.7万余元。这种行为，侵犯公民的私人财产所有权，扰乱社会经济秩序，社会危害性是明显的，依照刑法第二百七十

五条的规定,已构成故意毁坏财物罪,应当受刑罚处罚。

二、关于股票所代表的财产权利能否作为故意毁坏财物罪的犯罪对象问题

故意毁坏财物罪,是指故意毁灭或者损坏公私财物,数额较大或者有其他情节严重的行为。法律规定故意毁坏财物罪,旨在通过保护公私财物,进而保护该财物权利主体的权益。刑法意义上的财物,既包括有体物,也包括无体物,只要它具有一定经济价值,能成为权利主体依法享有的权益,就可以成为故意毁坏财物罪的犯罪对象。电力、煤气等无形财产,已经被刑法分则和相关的司法解释明确规定为盗窃罪的犯罪对象。股票所代表的财产权利,也可以成为故意毁坏财物罪的犯罪对象。

三、关于犯罪数额的计算问题

故意毁坏财物是否构成犯罪,数额多少是一个要件。股票不同于一般财物,既有即时行情、当日最高价、当日最低价,也有平均价、成交价、收盘价,等等,而且其价格呈不断波动状态。对以股票为犯罪对象的故意毁坏他人财物行为,如何计算损失数额,目前法律和司法解释都未明确规定。最高人民法院在《关于审理盗窃案件具体应用法律若干问题的解释》第5条规定,盗窃股票的,数额"按被盗当日证券交易所公布的该种股票成交的平均价格计算。"故意毁坏财物罪与盗窃罪同为侵犯财产类的犯罪,因此应参照上述司法解释计算本案的犯罪数额。(上海市静安区人民检察院诉朱建勇故意毁坏财物案,2004年第4期第27页)

45 **【公司经济性质】**【公司经济性质不明,无法认定公司董事及法定代表人对公司资金享有什么权利】

在公司经济性质不明的情况下,无法认定公司董事及法定代表人对公司资金享有什么权利。其转款炒股的行为,不能认定构成挪用资金罪。(刘国平挪用资金案,法案例(2004)8-24)

抗诉机关补充提交的证据,尚不能证实高校铸造厂、三晋公司、福涌公司开办之初,国有、集体单位曾给上列企业投资,故认定这三个单位为公有制经济性质的企业,证据不足。在公司经济性质不明的情况下,无法认定作为三晋公司董事、福涌公司法定代表人的原审被告人刘国平对公司资金享有什么权利。因此,尽管刘国平转款炒股的事实清楚、证据确实,但还不能构成刑法第二百七十二条第一款规定的挪用资金罪。一审认定事实清楚,证据确实,适用法律判决刘国平无罪,是正确的。抗诉机关的抗诉理由,缺乏事实根据和法律依据,不予采纳。(晋中市人民检察院诉刘国平挪用资金案,2004年第8期第24页)

46 **【入户抢劫】**【兼有生活功能的公开营业场所，不属于“户”】

刑法上的“入户抢劫”中的户，是指公民以居住、生活为目的，与外界相对隔离的场所。其他为生产、经营、学习设立的场所，不宜认定为“户”。以营业为目的开设的公开营业场所，虽然部分区域兼有生活功能，但不具有居民私人住宅相对封闭性的特征的，应认定其为营业场所。以抢劫营业款为目的实施的犯罪，构成抢劫罪，但不应认定为构成入户抢劫。（魏培明等抢劫案，法案例（2005）4-38）

芳芳商店系被害人公开营业的商店，该店有工商管理机关核发的营业执照，故不应认定其为居民的住宅，而是认定其为营业场所。该店由连成一体的三间店面房组成，内部各房间之间没有明确的隔离，其中两间分别用于放置货架或作为门市，另一间内有一张床和一具液化气灶具，同时也堆放着数袋大米、货架和冰柜，以上情况说明店内的生活区域与营业场所没有明确的分隔，生活功能和营业功能的区分不明显。刑法“入户抢劫”中的“户”，是指公民的私人住宅，即公民以居住、生活为目的，与外界相对隔离的场所。《最高人民法院关于审理抢劫案件具体应用法律若干问题的解释》规定：“户为他人生活的与外界相对隔离的住所，包括封闭的院落、牧民的帐篷、渔民作为家庭生活场所的渔船、为生活租用的房屋等。”根据该解释，作为刑法意义上的“户”，应当是以生活为目的或主要以生活为目的设立的场所，而其他为生产、经营、学习设立的场所，则不宜认定为“户”。芳芳商店是以营业为目的开设的公开营业场所，虽部分区域兼有生活功能，但不具有居民私人住宅相对封闭性的特征。本案事实表明，魏培明3人在实施抢劫时，芳芳商店还在营业之中。魏培明等人是以抢商店的营业款为目的而实施犯罪，犯罪意图和指向明确。被害人的卧室仍然是商店的一部分，与商店的经营区域不处于封闭的状态，故不能以魏培明等人在此亦实施了抢劫就认定构成入户抢劫。根据本案事实，魏培明、岳向海、岳雷3人虽共谋抢劫，并共同以暴力威胁为手段实施了抢劫财物的行为，均已构成抢劫罪，但尚不能认定魏培明、岳向海、岳雷3人的具体行为构成了“入户抢劫”。（上海市嘉定区人民检察院诉魏培明等人抢劫案，2005年第4期第38页）

47 **【集体决定】**【经集体研究决定，将公款划拨到名为个体实为集体的其他企业使用，不构成挪用公款罪】

因经营需要，国有公司经集体研究决定，并获得上级行政主管部门的同意，将公款划拨到名为个体实为集体的其他企业使用的，不构成挪用公款罪。（歹进学挪用公款案，法案例（2005）5-35）

挪用公款罪的主要特征是挪用公款归个人使用。歹进学在担任国有公司经理职务期间，因所在单位经营的需要，经集体研究决定，将公款划拨到名为个体实为集体的其他企业使用，虽情况属实，但其本人并没有从中谋取私人的利益，其行为不符合刑法规定的挪用公款罪的构成要件，不构成挪用公款罪。歹进学及其辩护人辩解理由成立，予以采纳。郑州市人民检察院认为应以工商营业执照为依据，认定金华机械厂属私营企业的意见，经调查核实不符合该厂的实际情况，故不予采纳。被告人歹进学身为国有公司的经理，在任职期间将本公司 387 100 元挪至金华机械厂使用的事实清楚，证据充分。歹进学虽然是以个人名义注册登记金华机械厂的，但本案的大量证据证实，成立金华机械厂是经农机公司集体研究后作出的决定，并曾经多次向上级行政主管部门的领导汇报，是在取得了上级行政主管部门同意后办理的相关手续，并非歹进学个人的决定。从金华机械厂的资金来源、职工组成、生产场地、利润分配、管理经营方式及挪用款项用途等各方面证据看，均不能证明金华机械厂为歹进学个人所有。故一审判决仅根据该厂在工商营业执照中的记载认定金华机械厂属个体性质，证据不足。（河南省新郑市人民检察院诉歹进学挪用公款案，2005 年第 5 期第 35 页）

48 **【虚拟财产】**【虚拟财产代表在现实生活中实际享有的财产，受法律保护】

网络环境中的虚拟财产代表着买受人在现实生活中实际享有的财产，应当受法律保护。刑法要保护的财产，是现实生活中的财产。网络环境中的虚拟行为没有危害现实生活中刑法所保护的客体的，不需要刑法来规范；对现实生活中刑法所保护的客体造成危害构成犯罪的，应当受刑罚惩罚。

以非法占有为目的，在网上实施侵入他人账户并秘密窃取虚拟财产的行为，侵犯了他人在现实生活中受刑法保护的财产权利，构成盗窃罪。（孟动等网络盗窃案，法案例(2006)11-33）

Q 币和游戏点卡是腾讯公司、网易公司在网上发行的虚拟货币和票证，是网络环境中的虚拟财产。用户以支付真实货币的方式购买 Q 币和游戏点卡后，就能得到发行 Q 币和游戏点卡的网络公司提供的等值网上服务，因此 Q 币和游戏点卡体现着网络公司提供网络服务的劳动价值。被害单位茂立公司是 Q 币和游戏点卡的代理销售商，按照合同约定的折扣，通过支付真实货币，从腾讯公司、网易公司得到 Q 币和游戏点卡。茂立公司付出对价后得到的 Q 币和游戏点卡，不仅是网络环境中的虚拟财产，也代表着茂立公司在现实生活中实际享有的财产，应当受刑法保护。

刑法所指的犯罪行为，是发生在现实生活中的行为，刑法所要保护的财产，也是现实生活中的财产。网络环境是对现实生活的虚拟，网络中充斥着大量凶杀、打斗、抢劫、盗窃等在现实生活中被法律禁止的虚拟行为。如果网络环境中的虚拟行为没有危害现实生活中刑法所保护的客体，则不是需要刑法来规范的行为。但是，如果虚拟行为对现实生活中刑法所保护的客体造成危害构成犯罪，就应当受刑罚惩罚。

被告人孟动、何立康以非法占有为目的，在网上实施侵入茂立公司账户并秘密窃取Q币和游戏点卡的行为，这个行为侵犯了茂立公司在现实生活中受刑法保护的财产权利，当然构成盗窃罪，应该受刑罚惩罚。（上海市黄浦区人民检察院诉孟动、何立康网络盗窃案，2006年第11期第33页）

49 **【实际交易价格】**【网络虚拟财产的损失，按其在现实生活中实际交易价格确定】

法律未明确规定如何计算网上秘密窃取虚拟财产的盗窃数额。虚拟财产在现实生活中对应的财产数据，应当以出卖人与买受人的实际交易价格来确定。（孟动等网络盗窃案，法案例(2006)11-33）

数额是盗窃罪定罪量刑的关键情节。如何计算网上秘密窃取Q币和游戏点卡的盗窃数额，目前没有明确规定。

网络用户取得Q币和游戏点卡的方式，除了支付现实货币购买外，还可以通过网络游戏中的不断"修炼"而获得。这后一取得方式使Q币和游戏点卡的价格变得模糊。前已述及，网络公司在网上发行Q币和游戏点卡，目的是回收网络用户对其提供的网上服务支付的报酬，Q币和游戏点卡体现着网络公司提供网络服务的劳动价值。因此，Q币和游戏点卡在现实生活中对应的财产数额，可以通过其在现实生活中的实际交易价格来确定。至于网络用户在网络游戏中通过不断"修炼"而获得的Q币和游戏点卡，只是网络公司吸引客户用的一种手段。这部分Q币和游戏点卡由于不参加网络公司与网络用户之间的交换，因此不影响Q币和游戏点卡的交易价格。

Q币和游戏点卡在现实生活中的交易价格有多种：1. 网络公司在网上标出的销售价格；2. 网络用户在网外互相交易形成的价格；3. 网络公司与代理商之间交易的价格；等等。具体到本案说，应当以网络公司与代理商之间的实际交易价格来确定被盗Q币和游戏点卡在现实生活中对应的财产数额。因为行为人实施盗窃行为，被害人的财产一般就会受到相应的损失，盗窃数额与被害人受到的财产损失密切相关。毕竟只有现实生活中受犯罪行为侵害的公私财产，才是刑法要保护的客体。本案中，用被害单位茂立公司与腾讯公司、网易公司在合同中约定的交换价格来计算被盗Q币和游戏点卡在现实生活中代表的财产数额，能准确反映茂立公司遭受的财产损失。在目前对Q币和游戏点卡的盗窃数额如何计算没有明确规定的情形下，起诉书没有按网上公认的Q币和游戏点卡销价计算，而是按照茂立公司购进时实际支付的价格认定盗窃数额，不仅有其合理性，而且也有充分的证据，应予认定。对本案被盗Q币和游戏点卡在现实生活中对应的财产数额,无需经权威机构作价格鉴定。(注:根据最高人民法院《关于审理盗窃案件具体应用法律若干问题的解释》第五条第（一）项1目规定,盗窃传统流通领域里的商品,按市场零售价的中等价格计算盗窃数额。)(上海市黄浦区人民检察院诉孟动、何立康网络盗窃案,2006年第11期第33页)

50　**【牵连关系】**【非法拘禁与抢劫行为有牵连关系的,以抢劫罪从重处罚】

以暴力、胁迫的方法将他人控制在酒店客房内,当场将其身边的现金劫为已有,并逼迫其在最短时间内交付巨款,不是以他人为人质向第三人勒索财物。行为人同意他人向第三人筹款,并与其在酒店客房内等待巨款的到来,不改变当场劫取他人财物的行为性质,构成抢劫罪。犯罪行为同时符合非法拘禁罪的犯罪构成,但非法拘禁行为与抢劫行为存在手段与目的上的牵连关系,应当根据“择一重处”原则,以抢劫罪从重处罚。(陈祥国绑架案,法案例(2007)1-34号)

被告人陈祥国以暴力和胁迫手段向被害人何明耀强索巨款,将何明耀身边的数千元现金据为已有,还逼迫何明耀在最短时间内筹集巨款向其交付。公诉机关指控的犯罪事实清楚,证据确实、充分,应予确认。但公诉机关关于陈祥国的行为构成绑架罪的指控不能成立。刑法第二百三十九条第款规定:“以勒索财物为目的绑架他人的,或者绑架他人作为人质的,处十年以上有期徒刑或者无期徒刑,并处罚金或者没收财产;致使被绑架人死亡或者杀害被绑架人的,处死刑,并处没收财产。”此条规定的勒索财物型绑架罪,是指行为人绑架他人作为人质,以人质的安危来要挟被绑架人以外的第三人,向第三人勒索财物的行为。在本案中,陈祥国虽然控制了何明耀的人身自由,但其目的不是以何明耀为人质来要挟何明耀以外的第三人,向第三人勒索财物,而是直接向何明耀索取财物。因此陈祥国的行为不构成绑架罪。

辩护人关于被告人陈祥国的行为构成索债型非法拘禁罪的辩护意见亦不能成立。刑法第二百三十八条第一款规定:“非法拘禁他人或者以其他方法非法剥夺他人人身自由的,处三年以下有期徒刑、拘役、管制或者剥夺政治权利。具有殴打、侮辱情节的,从重处罚。”第三款规定:“为索取债务非法扣押、拘禁他人的,依照前两款的规定处罚。”该条规定的索债型非法拘禁罪,是指行为人以索取债务(包括合法债务与非法债务)为目的,以拘留、禁闭或者其他方法故意非法剥夺他人人身自由的行为。应当指出,陈祥国强行将被害人何明耀控制在酒店客房内,其行为已非法剥夺了何明耀的人身自由,但不构成索债型非法拘禁罪。首先,陈祥国及其辩护人所称陈祥国曾为何明耀受伤一事不成立,双方之间不存在人身损害赔偿关系。陈祥国受伤是事实,但是否为何明耀受伤,没有证据证明。其次,陈祥国关于本案中的借条系何明耀事先在香港写下的辩解不成立，双方之间在案发前不存在合法或者非法的债务关系。何明耀陈述，借条是其在酒店客房内受陈祥国逼迫书写的。公安人员解救何明耀时，不仅在酒店客房内查获了借条，同时还查获了借条形成前的草稿，草稿上尚有何明耀与香港联系时记载的电话号码。如果借条是同年4月份在香港写下的，陈祥国在保留借条的同时，何以还要不合逻辑地将草稿一起保留？还有，被害人陈述和被告人供述中都说到，陈祥国开始索款的数额是15万元港币。如果4月份的借条上已经写明债务是20万元港币，何以陈祥国开始索款时又降低为15万元港币？再有，陈祥国当庭供述，借条是4月份他到香港时胁迫何明耀写下的。何明耀既然4月份在自己家里都受到过陈祥国的胁迫，何以在未带巨款又没有采取任何保护措施的情况下，又于6月份来沪时主动约见陈祥国？最后，陈祥国实施暴力、胁迫行为的目的如果仅仅是为索取20万元港币的所谓债务，何以解释其将何明耀包内的港币与人民币现金翻走装在自己身上的行为？本案种种情节证明，陈祥国当庭所作“20万元借条是4月份在香港胁迫何明耀写下”的供述不实。二人之间的债务不能认定，索债型的非法拘禁亦当然不成立。

根据刑法第二百六十三条的规定，抢劫罪是指以非法占有为目的，对公私财产的所有人或者管理人使用暴力、胁迫或其他方法，当场强行劫取财物的行为。刑法第二十三条第一款规定：“已经着手实行犯罪，由于犯罪分子意志以外的原因而未得逞的，是犯罪未遂。”综观本案案情，被告人陈祥国以暴力、胁迫的方法将被害人何明耀控制在酒店客房内，不仅当场将何明耀身边的数千元现金劫为己有，还逼迫何明耀在最短时间内交付巨款。陈祥国实施不法行为的目的只有一个，就是要非法占有何明耀的财产，而不是以何明耀为人质向何明耀以外的第三人勒索财物。由于何明耀未身带巨款，陈祥国不得不同意何明耀给香港打电话筹款，也不得不与何明耀在酒店客房内等待巨款的到来，这一情节并没有改变陈祥国当场劫取他人财物的行为性质。陈祥国的主观故意以及客观行为，符合“使用暴力、胁迫方法当场强行劫取财物”的抢劫罪特征，构成抢劫罪。陈祥国在着手实行犯罪后，由于其意志以外的原因而没有达到获得巨款的犯罪目的，是犯罪未遂。需要说明的是，陈祥国的行为虽然也符合非法拘禁罪的犯罪构成，但鉴于其非法拘禁行为与抢劫行为存在手段与目的上的牵连关系，根据“择一重处”原则，对陈祥国应当以抢劫罪从重处罚。（上海市黄浦区人民检察院诉陈祥国绑架案，2007年第1期第34页）

51 【暴力劫取财物】【使用欺骗的手段，对被害人当场实施暴力劫取财物的，构成抢劫罪】

诈骗罪是指以非法占有为目的，用虚构事实或者隐瞒真相的方法，骗取数额较大的公私财物的行为。其中“骗取”是指行为人通过虚构事实或隐瞒真相的方法，使公私财物的所有人或者管理人产生错觉，自愿地将公私财物交给行为人。行为人向被害人谎称订购商品，将被害人骗至其承租的住房内，属于欺骗，但其实施欺骗行为的目的是为下一步实施抢劫犯罪创造条件，且行为人主观上的犯罪故意是强行劫取被害人的财物的，构成抢劫罪。（白雪云等抢劫案，法案例(2008)5-37）

上诉人白雪云、王乐平、王保军等人非法占有被害人财物的犯罪手段不是骗取，而是当场劫取。

根据刑法第二百六十六条的规定，诈骗罪是指以非法占有为目的，用虚构事实或者隐瞒真相的方法，骗取数额较大的公私财物的行为。所谓"虚构事实"，是指捏造不存在的事实，骗取被害人的信任；所谓"隐瞒真相"，是指对被害人掩盖客观存在的某种事实；所谓"骗取"，是指行为人通过上述欺骗的方法，使公私财物的所有人或者管理人产生错觉，而自愿地将公私财物交给犯罪人。综上，欺骗是诈骗犯罪人非法占有公私财物的犯罪手段。本案中，上诉人白雪云、王乐平、王保军等人向被害人谎称订购电脑配件，将被害人骗至其承租的住房内，该行为确实属于欺骗，但其实施欺骗行为的目的，仅仅是将被害人诱骗至犯罪现场，为下一步实施抢劫犯罪创造条件。而各上诉人主观上所具有的犯罪故意，是强行劫取被害人随身携带的财物，事实上实际占有被害人的财物也是通过对被害人实施强制禁闭的暴力方法而实现的。

综上，上诉人白雪云、王乐平、王保军等人以非法占有为目的，通过对被害人当场实施暴力，劫取被害人随身携带的电脑配件等财物，均已构成抢劫罪。各上诉人在抢劫犯罪中分工明确，相互配合，构成共同犯罪。一审判决认定事实清楚，证据确实、充分，定罪准确，量刑适当，审判程序合法，应予维持。白雪云、王乐平、王保军及其辩护人提出的关于不构成抢劫罪的上诉理由均不能成立，不予采纳。（内蒙古自治区乌海市人民检察院诉白雪云等抢劫案，2008 年第 5 期第 37 页）

52 **【职务上的便利】**【是否利用了职务上的便利是区别盗窃罪与职务侵占罪的主要标准】

是否利用了自身的职务便利是判断构成盗窃罪或者职务侵占罪的标准。刑法规定的职务侵占罪中的"利用职务上的便利"，是指行为人在实施犯罪时，利用自身的职权，或者利用自身因执行职务而获取的主管、管理、经手本单位财物的便利条件。这里的"主管"，是指行为人在一定范围内拥有调配、处置本单位财产的权力；"管理"，是指行为人对本单位财物直接负有保管、处理、使用的职责，亦即对本单位财产具有一定的处分权；"经手"，是指行为人虽然不负有主管或者管理本单位财物的职责，但因工作需要而在特定的时间、空间内实际控制本单位财物。

构成职务侵占罪，要求行为人在非法占有本单位财产时，以其本人职务范围内的权限、职责为基础，利用其对本单位财产具有一定的主管、管理或者经手的职责，在实际支配、控制、处置本单位财物时实施非法占有行为。在自身工作中易于接触他人主管、管理、经手的本单位财物，或者熟悉作案环境，利用工作中形成的便利条件秘密窃取本单位的财产，不属于“利用职务上的便利”，以盗窃罪定罪处罚。（杨志成盗窃案，法案例(2008)11-40）

判断上诉人杨志成的行为究竟构成盗窃罪还是职务侵占罪，关键在于分析杨志成实施涉案犯罪行为时是否利用了自身的职务便利。

根据刑法第二百七十一条关于职务侵占罪的规定，所谓“利用职务上的便利”，是指行为人在实施犯罪时，利用自身的职权，或者利用自身因执行职务而获取的主管、管理、经手本单位财物的便利条件。这里的“主管”，是指行为人在一定范围内拥有调配、处置本单位财产的权力；所谓“管理”，是指行为人对本单位财物直接负有保管、处理、使用的职责，亦即对本单位财产具有一定的处分权；所谓“经手”，是指行为人虽然不负有主管或者管理本单位财物的职责，但因工作需要而在特定的时间、空间内实际控制本单位财物。因此，构成职务侵占罪，就必然要求行为人在非法占有本单位财产时，以其本人职务范围内的权限、职责为基础，利用其对本单位财产具有一定的主管、管理或者经手的职责，在实际支配、控制、处置本单位财物时实施非法占有行为。如果行为人仅仅是在自身工作中易于接触他人主管、管理、经手的本单位财物，或者熟悉作案环境，而利用上述工作中形成的便利条件秘密窃取本单位的财产，则不属于“利用职务上的便利”，应依照刑法第二百六十四条的规定，以盗窃罪定罪处罚。本案中，上诉人杨志成在实施涉案行为、非法占有本单位财物时，虽然在一定程度上确实利用了身为郑州丹尼斯有限公司电脑室人员、易于接触公司电脑的工作便利，但其既不具有主管、管理或者经手本单位财物的职责，也不具有管理本单位VIP积分卡充值系统的职责，亦不掌握VIP积分卡充值系统的程序密码，其最终实现非法占有本单位财产的犯罪目的，是通过实施秘密窃取的盗窃行为，而非利用其自身职务上的便利。

首先，郑州丹尼斯有限公司VIP积分卡的发行程序，决定了上诉人杨志成在实施涉案犯罪行为时不具有职务上的便利条件。顾客购买郑州丹尼斯有限公司的VIP积分卡，必须向该公司团购部购买，由团购部向公司财务部提出申请，最后由财务部将空白的VIP积分卡充值后向顾客发行。可见，作为郑州丹尼斯有限公司人民路店2号馆电脑员，上诉人对于郑州丹尼斯有限公司的财物根本不具有主管、经手、管理的职责，当然也就不存在利用职务上的便利实施涉案犯罪行为的基础。

其次，上诉人杨志成的工作职责，主要是负责郑州丹尼斯有限公司人民路店2号馆电脑、收款机及进销存系统的维护。杨志成所在的电脑室隶属于郑州丹尼斯有限公司信息研究开发中心，作为郑州丹尼斯有限公司VIP积分卡系统程序的研究、开发部门,该中心及其下属电脑馆的工作人员虽有机会接触到VIP积分卡系统程序,但不具有管理或者控制该系统的职责,且按照公司规定,亦不准私自破译密码进入该程序。可见,上诉人在实施涉案犯罪行为时,仅是利用了自己担任电脑管理人员、易于接触公司电脑的"工作便利",但该"工作便利"不能直接导致上诉人非法占有本单位财产。

第三,根据本案事实,上诉人杨志成系出于非法占有的目的,违反本单位的规定,私自破译密码进入本单位VIP积分卡充值管理系统程序,而后将作废的VIP积分卡激活并重新充值后用于个人消费。因此,上诉人并非利用自身职务便利进入本单位VIP积分卡充值管理系统程序,而是利用自己熟悉电脑技术的专长,以非法破译密码的方式侵入该系统程序,继而实施涉案犯罪行为,其行为属于秘密窃取,应以盗窃罪定罪处罚。(河南省郑州市金水区人民检察院诉杨志成盗窃案,2008年第11期第40页)

第六章 妨害社会管理秩序罪

第四节 妨害文物管理罪

53 **【窃取诉讼档案】**【窃取等待重新装订的诉讼档案，构成窃取国有档案罪】

《刑法》规定的窃取国有档案罪，是指采取秘密手段获取国家所有档案的行为。侵犯的客体是国家对档案的管理制度，侵害的对象是国家所有的档案，犯罪的主观方面是明知是国家所有的档案而窃取，客观方面表现为实施秘密窃取的行为。人民法院在诉讼活动中形成的案卷，属于国家的诉讼档案。实施了窃取国有档案的行为，无论犯罪动机如何，或者如何处置窃取后的国有档案，都构成窃取国有档案罪。窃取的人民法院诉讼档案有绝密、秘密级卷宗，同一行为竞合了窃取国有档案罪与非法获取国家秘密罪的，依照处罚较重的窃取国有档案罪定罪处罚。（兰成仕等窃取国有档案案，法案例(2002)3-88）

《中华人民共和国刑法》第三百二十九条第一款规定："抢夺、窃取国家所有的档案的，处五年以下有期徒刑或者拘役。"第三款规定："有前两款行为，同时又构成本法规定的其他犯罪的，依照处罚较重的规定定罪处罚。"此条规定的窃取国有档案罪，是指采取秘密手段获取国家所有档案的行为。该罪主体可由达到刑事责任年龄、具备刑事责任能力的自然人构成，侵犯的客体是国家对档案的管理制度，侵害的对象是国家所有的档案，犯罪的主观方面表现为故意，即明知是国家所有的档案而窃取，客观方面表现为实施秘密窃取的行为。

档案，是指过去和现在由国家机构、社会组织以及每个人从事政治、军事、科学、技术、文化、宗教等活动直接形成的对国家和社会有保存价值的各种文字、图表、声像等不同形式的历史记录。《中华人民共和国档案法》规定，国家所有的档案，是指由国家档案部门、国家机关、国有公司、企业、事业单位、人民团体和其他组织保管的、所有权属于国家的档案。人民法院作为国家审判机关，其在诉讼活动中形成的案卷对国家和社会均有保存价值，是所有权属于国家的诉讼档案。

本案被告人兰成仕、李兆斌都是精神正常的成年人，且均为人民法院的干部，不仅明知他们窃取的是等待重新装订的诉讼档案，而且明知这些档案是属于国家所有的档案。兰成仕、李兆斌实施窃取行为，并非想占有这些诉讼档案，只是以此来陷害本单位领导。刑法设定窃取国有档案罪，是要通过惩戒来禁止、杜绝窃取国有档案的行为，并非惩戒窃取行为造成的恶果。因此，只要行为人实施了窃取国有档案的行为即构成本罪，不问行为人的犯罪动机如何，也不问其窃取后如何处置国有档案。兰成仕、李兆斌的行为已经触犯刑法第三百二十九条第一款的规定，构成犯罪。

刑法第二百八十二条第一款规定："以窃取、刺探、收买方法，非法获取国家秘密的，处三年以下有期徒刑、拘役、管制或者剥夺政治权利；情节严重的，处三年以上七年以下有期徒刑。"此条规定的非法获取国家秘密罪，是指以窃取、刺探、收买等方法，非法获取国家秘密的行为。本案被告人兰成仕、李兆斌窃取的人民法院诉讼档案中，有绝密级卷宗 2 卷，秘密级卷宗 4 卷，一行为竞合了窃取国有档案罪与非法获取国家秘密罪。窃取国有档案罪的法定刑是五年以下有期徒刑或者拘役，非法获取国家秘密罪的法定刑是三年以下有期徒刑、拘役、管制或者剥夺政治权利。根据刑法第三百二十九条第三款关于"依照处罚较重的规定定罪处罚"的规定，对兰成仕、李兆斌的行为，不以非法获取国家秘密罪论处。

刑法第二百四十三条规定："捏造事实诬告陷害他人，意图使他人受刑事追究，情节严重的，处三年以下有期徒刑、拘役或者管制；造成严重后果的，处三年以上十年以下有期徒刑。"被告人兰成仕、李兆斌窃取国有档案是为了陷害本单位的领导，然而其陷害行为尚未达到情节严重，不另定罪。

综上所述，被告人兰成仕、李兆斌的行为已构成窃取国有档案罪，应当依法追究刑事责任。起诉书的指控定性准确。在本案中，兰成仕既积极预谋策划，又主动实施了窃取档案、拟写匿名信及转移赃物等一系列行为，归案后在证据面前仍不认罪，其无罪辩解不予采纳。李兆斌积极配合兰成仕实施犯罪行为，故其关于自己是从犯的辩解不能成立。李兆斌归案后能如实坦白自己的罪行，并能积极协助公安机关追回国有档案，确有悔罪表现，故其要求从轻处罚的意见可以采纳。（兰成仕、李兆斌窃取国有档案案，2002 年第 3 期第 88 页）

第七节　走私、贩卖、运输、制造毒品罪

54　**【持有毒品】**【无证据证明持有的毒品是用于贩卖或者吸食的，构成非法持有毒品罪】

明知是毒品海洛因仍非法持有，持有毒品的数量达到《刑法》的规定，但无证据证明是用于贩卖或者吸食该毒品的，构成非法持有毒品罪。（李光平运输、非法持有毒品案，法案例（1998）1-30）

李光平明知是毒品海洛因拒不交出仍非法持有，且无证据证明该毒品是用于贩卖还是自己吸食，其持有毒品的数量达到刑法第三百四十八条的规定，其行为已构成非法持有毒品罪。（李光平运输、非法持有毒品案，1998 第 1 期第 30 页）

55 【部门规章】【部门规章不能作为刑事审判的依据】

《刑法》规定的走私制毒物品罪，是指违反国家规定，非法运输、携带、邮寄醋酸酐、乙醚、三氯甲烷或者其他用于制造毒品的原料或者配剂进出国（边）境的行为。物品是否属于制毒物品，应当依据相关国家规定确定。根据《刑法》的规定，"国家规定"是指法律、行政法规。仅有部门规章将盐酸列入易制毒化学品，法律、行政法规未对此明确规定的情况下，行为人走私盐酸的行为，不构成走私制毒物品罪。（谢杰威等走私毒品案，法案例(2007)9-30）

根据刑法第三百五十条的规定，走私制毒物品罪是指违反国家规定，非法运输、携带、邮寄醋酸酐、乙醚、三氯甲烷或者其他用于制造毒品的原料或者配剂进出国（边）境的行为。据此，确定某种物品是否属于制毒物品，应当依据相关国家规定。刑法第九十六条规定："本法所称违反国家规定，是指违反全国人民代表大会及其常务委员会制定的法律和决定，国务院制定的行政法规、规定的行政措施、发布的决定和命令。"我国刑法、全国人大常委会《关于禁毒的决定》、最高人民法院有关司法解释以及国务院颁布的相关行政法规都没有明确规定盐酸属制毒物品。尽管对外经济贸易合作部于 1999 年以第 4 号令颁布的《易制毒化学品进出口管理规定》附录所列的 22 种易制毒化学品名称中包括了盐酸，但该规定属于部门规章，不能作为刑事审判的依据。况且在该规定之后，国家经济贸易委员会、公安部、国家工商行政管理总局于 2000 年 11 月 21 日联合下发了《关于加强易制毒化学品生产经营管理的通知》，外经贸部和公安部又于 2002 年联合发布了外经贸贸发(2002)147 号《易制毒化学品进出口国际核查管理规定》，均没有将盐酸列入易制毒化学品。依据新规定优于旧规定的原则，应以新规定为准，即依照最新部门规章，亦不能认定盐酸属于制毒物品。综上，不能认定盐酸属制毒物品，亦即不能认定原审被告人谢杰威、梁雁玲走私盐酸的行为构成走私制毒物品罪。（海南省洋浦经济开发区初级检察院诉谢杰威、梁雁玲走私制毒物品案，2007 年第 9 期第 30 页）

第八章　贪污贿赂罪

56　【支教费】【巧立名目以“支教费”的名义收取的款项,属于国家所有】

国家工作人员利用职权,巧立名目以“支教费”的名义收取的款项,其所有权应当属于国家。将该款项据为已有,构成贪污罪。(高玉林等贪污、受贿案,法案例(1998)1-28)

被告人高玉林、张洪斌、张泽田、李树青、樊本奎利用职权,巧立名目以“支教费”的名义收取的款项,其所有权应当属于国家。高玉林、张洪斌、张泽田、李树青、樊本奎身为国家工作人员,利用职务之便侵吞公款,数额特别巨大,触犯了全国人大常委会《关于惩治贪污罪贿赂罪的补充规定》第一条第一款的规定,均已构成贪污罪,应当依照该补充规定第二条(1)的规定处罚。检察机关指控高玉林、张洪斌的犯罪事实,均经庭审质证,事实清楚,证据确凿,定性准确,二被告人的辩解理由不能成立。

高玉林首先提出犯意并指使分赃,在共同犯罪中起主要作用,依照《中华人民共和国刑法》第二十三条的规定,是本案主犯,应当对共同贪污犯罪的全部犯罪数额承担刑事责任,且其本人侵吞公款数额特别巨大,犯罪情节特别严重,社会影响极坏,应当从重惩罚。张洪斌、张泽田、李树青、樊本奎是在高玉林的指使下贪污公款,依照刑法第二十四条的规定,都是从犯,应当根据各被告人的犯罪情节,比照主犯从轻处罚。其中樊本奎能揭发检举其他被告人的犯罪并已被查证属实,有立功表现,依照刑法第六十三条、第五十九条和第六十七条的规定,可以减轻处罚。(高玉林等五人贪污、受贿案,1998 年第 1 期第 28 页)

57　【不正当利益】【单位行贿罪必须以谋取不正当利益为前提】

单位行贿罪必须以谋取不正当利益为前提。不是为谋取不正当利益或者谋取的是合法权益,不构成单位行贿罪。企业严重亏损,单位及其主管人员通过行贿手段借贷的资金虽全部进入单位账目,无个人中饱私囊或挥霍等情节,但不改变行为和手段的违法性,谋取的利益属于不正当利益,应以行贿罪追究单位及其直接负责的主管人员的刑事责任。(江都市春风皮鞋厂等行贿案,法案例(1998)2-65)

依照全国人大常委会《关于惩治贪污罪贿赂罪的补充规定》第九条关于“企业事业单位、机关、团体为谋取不正当利益而行贿,……情节严重的,判处罚金,并对其直接负责的主管人员和其他直接责任人员，处五年以下有期徒刑或者拘役”的规定，单位行贿罪必须以“谋取不正当利益”为前提。如果单位不是为谋取不正当利益或者所谋取的是合法权益，则不构成此罪。被告单位皮鞋厂从1990年至1996年6月的累计产值仅有1527.5万元，但是从银行、企业借贷的资金就达1.8亿元。所借贷的资金中，用于生产经营的只有2862.63万元，占借贷资金总数的15.5%；用于还贷有1.5亿余元，占资金总数的84.5%。皮鞋厂从其他企业获取借款的行为，违反了中国人民银行发布的《贷款通则（试行）》第五十七条关于“企业之间不得办理借贷或者变相借贷的融资业务”的规定。

皮鞋厂在企业严重亏损的情况下通过行贿手段获取银行贷款，违反了中国农业银行《关于改进信贷服务加强信贷监督支持农村工业稳定协调发展的若干规定》第七条（三）项关于“借款企业基本没有自有资金，生产又不正常的；亏损企业其亏损无补偿来源的……又申请新贷款恢复生产的，一般都不能给予再贷款”的规定，既造成企业资金恶性循环，也增加了金融风险。皮鞋厂和被告人朱炳全通过行贿手段借贷资金，虽然所借贷的资金全部进入该厂账目，没有个人中饱私囊或挥霍等情节，不能改变其行为本身的违法性和手段的违法性，所谋取的利益属于“不正当利益”。皮鞋厂行贿数额巨大，情节严重，已构成单位行贿罪。原审以行贿罪追究皮鞋厂及其直接负责的主管人员朱炳全的刑事责任，是正确的。朱炳全称其行为不构成行贿罪的上诉理由，不能成立。（江都市春风皮鞋厂、朱炳全行贿案，1998年第2期第65页）

58 【一般工勤人员】【国有公司的一般工勤人员，不能成为贪污罪的主体】

行为人是国有公司雇用的一般工勤人员，对公司保管的货物没有管理权，不属于在“公司、企业或者其他国有单位中从事公务的人员”，或者“受委托管理、经营国有财产的人员”，不能成为贪污罪的主体。行为人利用当班看管货物和核对并放行车辆，代理业务员、核算员对进出货柜车进行打卡、收费的职务便利，与他人共谋、内外勾结，共同窃取公司负责保管的财产的，构成职务侵占罪。（张珍贵等职务侵占案，法案例（2002）3-86）

本案证据证实，储运公司在承包经营海关验货场后，对进入验货场的货物负有保管责任。因此，货物在受储运公司保管期间，视同储运公司所有的财产。《中华人民共和国刑法》第三百八十二条第二款规定：“受国家机关、国有公司、企业、事业单位、人民团体委托管理、经营国有财产的人员，利用职务上的便利，侵吞、窃取、骗取或者以其他手段非法占有国有财物的，以贪污论。”由于储运公司是两家国有公司投资设立的股份公司，该公司保管的财产虽可列为经手管理的国有财产，但被告人张珍贵只是该公司雇用的工作人员，从事的只是看管验货场的劳务工作，其身份是一般工勤人员，对场内货物不具有管理权，既不属于在“公司、企业或者其他国有单位中从事公务的人员”，也不属于“受委托管理、经营国有财产的人员”，因此不能成为贪污罪的主体。

《中华人民共和国刑法》第二百七十一条规定：“公司、企业或者其他单位的人员，利用职务上的便利，将本单位财物非法占为己有，数额较大的，处五年以下有期徒刑或者拘役；数额巨大的，处五年以上有期徒刑，可以并处没收财产。”被告人张珍贵通过与储运公司签订临时劳务合同，受聘为储运公司承包经营的海关验货场门岗。受聘期间，张珍贵利用当班看管场内货物和核对并放行车辆、代理业务员、核算员对进出场货柜车进行打卡、收费的职务便利，与被告人黄文章共谋，内外勾结共同窃取储运公司负责保管的货柜，其行为触犯了刑法第二百七十一条第一款的规定，构成职务侵占罪。依照刑法第二十五条的规定，张珍贵、黄文章是共同犯罪，且犯罪数额巨大，至今尚有价值76715元的货物无法追回，依法应予惩处。

被告人张珍贵、黄文章为了达到共同的犯罪目的，在本次作案中，既由张珍贵利用职务便利实施了允许拖车进入海关验货场和窃取成功后允许拖车离开验货场的行为，二人又分别实施了利用窃取的货物出场单将货柜运出保税区大门，以及销毁门岗室保存的货物出场单和货物出区登记表的非利用职务便利的行为。此次犯罪之所以能够得逞，与张珍贵利用职务便利有着必然的因果关系，二人非利用职务便利的行为占据次要地位，故应以职务侵占定罪。在此次共同犯罪中，二人缺一不可，作用相当，故不宜区分主犯、从犯。张珍贵的辩护人关于张珍贵没有管理货物的权利、义务，也就不可能利用职务之便，充其量是秘密窃取；张珍贵、黄文章的辩护人各自认为自己的委托人是本案从犯的辩护意见，与事实不符，不予采纳。（张珍贵、黄文章职务侵占案，2002年第3期第86页）

59 **【转嫁损失】**【向国有企业转嫁个人损失，是非法占有】

国有企业中的工作人员在为单位从事期货交易活动中，利用职务便利，采取欺骗手法，将私人账户上的期货合约在价格下跌时转入国有企业的账户，造成国有企业在转入当天的持仓有较大的亏损，虽没有表现为直接占有国有财产，但实质是以用国有企业亏损弥补个人损失的手段非法占有国有财产，构成贪污罪。贪污数额，应按行为人移仓当日的结算价计算。行为人转入期货合约在国有企业持仓期间发生的盈亏，由期货行情决定，发生的盈亏不是认定是否构成犯罪的情节，而是量刑时可考虑的因素。（窦沛颖等贪污案，法案例(2003)2-31）

被告人窦沛颖、冼晓玲身为国有企业中的工作人员，在为各自单位从事期货交易活动中，利用职务便利，采取欺骗手法，将私人账户上的期货合约在价格下跌时分别转入国有企业的账户，造成国有企业在转入当天的持仓亏损分别为3.84万元、

2.8万元。这种向国有企业转嫁个人损失的做法，虽然没有表现为直接地占有国有财物，但实质是以用国有企业亏损来弥补个人损失的手段占有国有财物，是非法占有的一种行为。依照刑法第三百八十二条的规定，窦沛颖、冼晓玲的行为构成贪污罪，公诉机关指控的罪名成立。本案的贪污数额，应按窦沛颖、冼晓玲移仓当日的结算价计算。

被告人窦沛颖、冼晓玲身为国有企业中的工作人员，利用职务便利，实施了把价格下跌的私人账户期货合约转入国有企业账户的行为，移仓当日给国有企业造成共计6.64万元的当天持仓亏损，这是认定二人行为构成贪污罪的事实基础。二人转入的期货合约在国有企业持仓期间发生的盈亏，虽与二人的转入行为有一定联系，但不由二人的转入行为决定，而是由期货行情决定。因此这时发生的盈亏，不是认定二人行为能否构成犯罪的情节，只是对二人量刑时可考虑的因素。

刑法第二十五条第一款规定："共同犯罪是指二人以上共同故意犯罪。"被告人冼晓玲为了牟利而开设034账户私下进行期货交易，盈利归自己，亏损即转嫁给国有企业；被告人窦沛颖为了多揽客户，同意为冼晓玲设立私人账户，并在冼晓玲预谋转嫁损失时与其配合，分别向各自所在的单位隐瞒事实真相，以实现向国有企业转嫁个人期货亏损的犯罪目的。二人是共同犯罪，应当根据二人在共同犯罪中所起的作用，分别确定刑事责任。二人转嫁亏损获取的违法所得，应当根据刑法第六十四条的规定予以追缴。（上海市黄浦区人民检察院诉窦沛颖、冼晓玲贪污案，2003年第2期第31页）

60 **【主观故意】**【不能证实具有对公款非法占有的主观故意，不构成贪污罪】

贪污罪是故意犯罪，且只能是直接故意。故意的具体内容，表现为行为人明知自己利用职务便利实施的行为会发生非法占有公共（国有）财物的结果，并且希望这种结果发生。非法占有公共（国有）财物，是行为人实施犯罪行为直接追求的犯罪目的。只能证实行为人与他人以公款兑换外币用于出国开支后，又以不正当手段冲销了这笔公款，不能排除行为人是因公使用公款，也不能证实其具有非法占有的主观故意的，不能认定构成贪污罪。（刘爱东贪污、受贿案，法案例(2004)9-22)

关于贪污罪。刑法第三百八十二条第一款规定："国家工作人员利用职务上的便利，侵吞、窃取、骗取或者以其他手段非法占有公共财物的，是贪污罪。"贪污罪是故意犯罪，行为人在主观方面表现为故意，且只能是直接故意。故意的具体内容，表现为行为人明知自己利用职务之便实施的行为会发生非法占有公共（国有）财物的结果，并且希望这种结果发生。非法占有公共（国有）财物，是行为人实施犯罪行为直接追求的犯罪目的。起诉书指控被告人刘爱东与何跃将公款兑换的美元用于出国开支，后又以不正当手段冲销了该笔支出，事实存在。但刘爱东供述，"出国前叫何跃兑换美元，是为了给领导和友邻单位做好服务工作，以及拍摄供城建参考的照片，此事事前请示了领导"，这一供述得到时任大邑县县长的证人徐松华的证言印证；刘爱东所带的3000美元，出国期间大部分用于招待同行人员，拍摄的外国城市建设照片也交给了相关人员参考并用于大邑县城建改造，这些行为有众多证人证实；出国回来后，刘爱东没有接受何跃所还的1万元私人借款，解释是以这1万元抵消其出国期间的个人支出；何跃的证言虽然没有印证刘爱东的这一解释，但却能证实刘爱东未收回何跃向其借的这1万元款。控方的证据，只能证实刘爱东与何跃以公款兑换美元用于出国开支，后又以不正当手段冲销了这笔公款，不能排除刘爱东是因公使用这笔公款，故也不能证实刘爱东对这笔公款具有非法占有的主观故意，因此指控刘爱东犯贪污罪的证据不足。依照《中华人民共和国刑事诉讼法》第一百六十二条第（三）项的规定，此项指控罪名不能成立。（成都市人民检察院诉刘爱东贪污、受贿案，2004年第9期第22页）

61 **【谋取利益】**【受贿罪中的"为他人谋取利益"包括承诺、实施和实现三个阶段】

《刑法》规定的受贿罪中的"为他人谋取利益"包括承诺、实施和实现三个阶段，行为人只要实施了其中一个阶段的行为，就构成"为他人谋取利益"。国家工作人员明知他人送钱给自己是因为有能在特殊事项上给予关照的职务，而利用职务便利接受所送的钱款，是承诺为他人谋取利益的行为。收受款项后未给他人谋取实际利益，不否定收受钱财时的权钱交易的本质，其行为构成受贿罪。（刘爱东贪污、受贿案，法案例(2004)9-22）

刑法第三百八十五条第一款规定的"为他人谋取利益"，应当包括承诺、实施和实现三个阶段。行为人只要实施了其中一个阶段的行为，就构成"为他人谋取利益"这一要件。被告人刘爱东身为国家工作人员，明知他人因其具有能在建设工程方面给予关照的职务而送钱，仍利用职务之便接受所送的钱款，是承诺为他人谋取利益。事后，刘爱东虽然没有给送钱人谋取实际利益，但却否定不了收受这笔钱财时的权钱交易情形。刘爱东收受王志明、张映松所送钱款的行为符合受贿罪的本质特征，应依法处罚。经查，刘爱东给谭绍林工作垫付款1万元以及给谭绍林、龙玉祥、刘大明三人奖金、加班费2.5万元属实，这是刘爱东对受贿所得作出的处分，不影响对受贿数额的认定，故对刘爱东关于"原判认定受贿数额有误"的上诉理由，不予采纳。刘爱东收受贿赂10万元，正是刑法第三百八十三条第（一）项规定的犯罪数额底线。刘爱东的受贿罪是其自首，且受贿后没有给行贿人谋取实际利益，并已在案发后退清全部赃款，有悔罪表现。在此情况下，原判尽管是依照刑法第三百八十三条第一项规定的最低刑罚对刘爱东判刑，仍显过重。根据本案具体情节，对刘爱东可减轻处罚。刘爱东上诉请求从轻处罚一节，应酌情考虑。原判认定事实和定罪正确，审判程序合法，但量刑不当，应当改判。（成都市人民检察院诉刘爱东贪污、受贿案，2004 年第 9 期第 22 页）

62 【公款】【以学校名义违法收取的费用，在未予查处前应视为公款】

高等教育机构在招生工作中以学校名义违法收取的费用，在行政主管部门未进行查处前，应当视为公款。截留并侵吞该违法收取的费用，侵犯了公共财物的所有权，构成贪污罪。（尚荣多等贪污案，法案例(2004)12-22)

国家行政主管部门明令禁止学校在招生工作中收取"点招费"。原商专校务会违反这一规定，擅自决定收取"点招费"，并决定将其中一部分用于奖励招生工作人员，情况属实。"点招费"是原商专以学校名义违法收取的费用，在行政主管部门未对学校的乱收费行为进行查处前，这笔费用应当视为由原商专授权学生处管理的公共财产，即公款。被告人尚荣多、李域明等人共谋截留并侵吞该款的行为，侵犯了公共财物的所有权，构成贪污罪。

2001 年 3 月 12 日的商专校务会会议纪要证明，该校校务会在研究 2000 年招生工作奖励办法时，确实形成了同意以"点招费"适当奖励在招生工作中表现突出者的意见。但这个意见不能证明，被告人尚荣多、李域明等人从此获得了隐瞒"点招费"实际收支情况并将其中 20 万元私分的权利。（成都市人民检察院诉尚荣多等人贪污案，2004 年第 12 期第 22 页）

第九章　渎　职　罪

63　**【放纵犯罪】**【使犯罪行为只受到行政处罚，放纵了犯罪】

在行政执法中发现需要追究刑事责任的案件，应当移交司法机关处理。在查办行为人滥伐林木案的过程中，明知滥伐林木数额巨大应受刑罚处罚，却指使他人修改销售账，隐瞒真相，不向司法机关移送案件，使本应追究刑事责任的滥伐林木行为只受到行政处罚，放纵了犯罪，实属情节严重，构成徇私舞弊不移交刑事案罪。（丁锡方徇私舞弊不移交刑事案件案，法案例（2003）6-18）

综上，作为宜兴市林副业局林政科科长兼林政稽查大队大队长，上诉人丁锡方的职责是认真执法，保护森林和林木，查处毁坏林木的违法、犯罪行为；在林业行政执法中，发现需要追究刑事责任的案件，应当移交司法机关处理。丁锡方在查办上坝村滥伐林木案的过程中，明知该村滥伐林木数额巨大，行为人依法应受刑罚处罚，却徇私舞弊，指使他人修改销售账，隐瞒真相，不向司法机关移送案件，致使本应追究刑事责任的滥伐林木行为只受到行政处罚，由此放纵了犯罪，实属情节严重，其行为确已构成犯罪。原审认定的基本事实清楚，证据确凿，适用法律定罪正确，量刑恰当，诉讼程序合法，应当维持。（江苏省宜兴市人民检察院诉丁锡方徇私舞弊不移交刑事案件案，2003 年第 6 期第 18 页）

64　**【故意泄露】**【不能证实辩护律师明知案卷材料是国家秘密而故意泄露的，不构成故意泄露国家秘密罪】

进入审判阶段后，检察机关在移送的案卷上未标明密级，审判机关也未将该证据材料规定为国家秘密。担任辩护人的律师没有将法院同意其复印的案件证据材料作为国家秘密保守的义务。整个诉讼活动过程中，不能证实辩护律师明知案卷材料是国家秘密，其将通过合法手续获取的案卷材料让当事人亲属查阅，不构成故意泄露国家秘密罪。（于萍故意泄露国家秘密案，法案例（2004）2-33）

本案中上诉人于萍让马明刚亲属查阅的案卷材料，是其履行律师职责时，通过合法手续，在法院从马明刚贪污案的案卷中复印的。这些材料，虽然在检察机关的保密规定中被规定为机密级国家秘密，但当案件进入审判阶段后，审判机关没有将检察机关随案移送的证据材料规定为国家秘密。于萍不是国家机关工作人员，也不属于检察机关保密规定中所指的国家秘密知悉人员。作为刑事被告人的辩护人，于萍没有将法院同意其复印的案件证据材料当作国家秘密加以保守的义务。检察机关在移送的案卷上，没有标明密级；整个诉讼活动过程中，没有人告知于萍，马明刚贪污案的案卷材料是国家秘密，不得泄露给马明刚的亲属，故也无法证实于萍明知这些材料是国家秘密而故意泄露。因此，于萍在担任辩护人期间，将通过合法手续获取的案卷材料让当事人亲属查阅，不构成故意泄露国家秘密罪。（河南省沁阳市人民检察院诉于萍故意泄露国家秘密案，2004 年第 2 期第 33 页）

经济法编 / 反不正当竞争法

第一章 总 则

1 **【非营利性单位】**【非营利性公益卫生事业单位与市场竞争有关的经营行为，受《反不正当竞争法》调整】

《反不正当竞争法》的调整对象，不仅包括经核准登记、持有工商营业执照的经营者，还包括其他从事经营行为或营利性服务等与市场竞争有关活动的法人、其他经济组织和个人。财政全额拨款的非营利性公益卫生事业单位的日常业务活动由于是营利的，是与市场竞争有关的经营行为，应当依照《反不正当竞争法》去规范。（宜昌市妇幼保健院诉宜昌市工商行政管理局案，法案例(2001)4-139）

反不正当竞争法第二条第三款规定的该法调整对象，不仅包括经核准登记、持有工商营业执照的经营者，还包括其他从事了经营行为或营利性服务等与市场竞争有关活动的法人、其他经济组织和个人。上诉人保健院虽为财政全额拨款的非营利性公益卫生事业单位，但其日常业务活动是营利的，这种活动是与市场竞争有关的经营行为，应当依照反不正当竞争法去规范。依法规范保健院的经营行为，不影响保健院将在经营中的获利用于其所称的弥补财政拨款不足。保健院上诉称其属于财政全额拨款的非营利性事业单位，所获收益用于弥补财政拨款不足，因此不应受反不正当竞争法调整的理由，不能成立。（宜昌市妇幼保健院不服宜昌市工商行政管理局行政处罚决定案，2001年第4期第139页）

2 **【如实入账】**【回扣或者折扣应当明示并如实入账】

虽然冠以“捐赠”的名义，但实质是做成交易而收受的回扣或者折扣的，应当明示并如实入账。（宜昌市妇幼保健院诉宜昌市工商行政管理局案，法案例(2001)4-139）

上诉人保健院以其在二审中提交的证据，主张其收受款、物入账是符合这些财务规定的。经查，这些证据只证明保健院对接受的捐赠款、物应当如何入账，并非指对接受的回扣或者折扣应当如何入账。而捐赠与回扣或者折扣是不同的概念。捐赠可以发生在任何时候，捐赠是无偿的，不能以受捐赠人必须对捐赠人的经营活动作出回报为前提。回扣或者折扣则发生在经营活动中，是经营者为促成经营使用的手段，接受回扣或者折扣的一方必须与经营者做成交易，才能获得回扣或者折扣。虽然保健院对收受的款、物冠以“捐赠”的名义，但不能掩盖保健院是因做成药品交易而收受了这些款、物的真相。如果保健院不与药品经销企业做成药品交易，则这些企业就不会给保健院“捐赠”。因此，保健院收受的涉案款、物，不是捐赠款、物。保健院按捐赠款、物入账的规定来主张自己对收受涉案款、物的入账是正确的，理由不能成立。由于保健院对收受的款、物虽然入了账，但不是如实入账，不符合折扣“明示并如实入账”的要求，所以保健院上诉主张这些款物是变相折扣或高额折扣，理由也不能成立。（宜昌市妇幼保健院不服宜昌市工商行政管理局行政处罚决定案，2001 年第 4 期第 139 页）

3 **【经营者资格】**【不直接从事商品经营的事业法人通过附属企业的经营活动将产品推向市场，并从中获利的，具有市场经营者资格】

《反不正当竞争法》调整的主体是经营者，即从事商品经营或者营利性服务的法人、其他经济组织和个人。从事教学科研工作的事业法人，虽不在市场上直接从事商品经营，但通过附属企业的经营活动，将其研制开发的药品和医疗器械等推向市场，并且通过附属企业的上缴，间接从市场上获利，且附属企业的上缴，已成为其经费来源之一的，应当确认其市场经营者资格。（中国药科大学诉福瑞科技公司案，法案例(2005)6-32）

《中华人民共和国反不正当竞争法》（以下简称《反不正当竞争法》）第二条第二款规定：“本法所称的不正当竞争，是指经营者违反本法规定，损害其他经营者的合法权益，扰乱社会经济秩序的行为。”第三款规定：“本法所称的经营者，是指从事商品经营或者营利性服务（以下所称商品包括服务）的法人、其他经济组织和个人。”上述条款限定了《反不正当竞争法》调整的主体是经营者，但同时也规定，经营者是指从事商品经营的法人、其他经济组织和个人。原告中国药科大学是从事教学科研工作的事业法人，其虽然不在市场上直接从事商品经营，但通过附属企业的经营活动，将其研制开发的药品和医疗器械等推向市场，并且通过附属企业的上缴，间接从市场上获利。事实上，附属企业的上缴，已经成为中国药科大学的经费来源之一。因此，中国药科大学的市场经营者资格应予确认。

两个经营者之间是否存在竞争关系，是能否提起不正当竞争诉讼的又一个条件。多年来,原告中国药科大学都是通过附属企业在药品市场上从事经营活动。“天聪1号”胶囊虽然没有药品批准文号,但被告福瑞科技公司宣称其为“现代生物医学工程提取的大脑(发育)必需营养素”,具有促进婴儿脑发育的功效。这种宣称,使“天聪1号”胶囊具有了药品的作用,也使福瑞科技公司与中国药科大学在药品市场上发生了竞争,中国药科大学有权提起不正当竞争诉讼。福瑞科技公司关于中国药科大学不具有诉讼主体资格,不能提起不正当竞争诉讼的抗辩理由,不能成立。(中国药科大学诉福瑞科技公司不正当竞争纠纷案,2005年第6期第32页)

4 【**新兴市场**】【新兴市场中的竞争秩序,适用《反不正当竞争法》规范】

《反不正当竞争法》的立法目的是维护公平的市场竞争秩序,凡存在竞争的商业化市场,都应该属于其调整范围。在文化市场、技术市场等新兴市场中的竞争秩序,应当适用《反不正当竞争法》去规范。

作者通过出售作品的出版发行权,从文化市场中换取等价物,这时的作品即成为作者经营的商品,而作者则成为文化市场中的商品经营者。其与其他作者、图书经销商、发行人、专业出版机构等存在竞争关系,均属于《反不正当竞争法》调整的市场主体。(湖南王跃文诉河北王跃文等案,法案例(2005)10-35)

首先应当解决作家是否属于反不正当竞争法调整主体、双方当事人之间是否存在竞争关系的问题,其次才能认定本案是否存在不正当竞争。

反不正当竞争法第一条规定:“为保障社会主义市场经济健康发展,鼓励和保护公平竞争,制止不正当竞争行为,保护经营者和消费者的合法权益,制定本法。”这说明,反不正当竞争法的立法目的,在于维护公平的市场竞争秩序,因此凡存在竞争的商业化市场,都应该属于其调整范围。第二条规定:“经营者在市场交易中,应当遵循自愿、平等、公平、诚实信用的原则,遵守公认的商业道德。”“本法所称的不正当竞争,是指经营者违反本法规定,损害其他经营者的合法权益,扰乱社会经济秩序的行为。”“本法所称的经营者,是指从事商品经营或者营利性服务(以下所称商品包括服务)的法人、其他经济组织和个人。”现阶段,我国除了传统的商品流通市场外,还形成了文化市场、技术市场等新兴市场。在这些新兴市场中,竞争仍是市场主体调整关系的基本方式,因此这些新兴市场中的竞争秩序,应当适用反不正当竞争法去规范。作者通过出售作品的出版发行权,从文化市场中换取等价物,这时的作品即成为作者经营的商品。反不正当竞争法第二条第三款没有将“经营者”限定在传统市场中的商品经营者或者营利性服务提供者。作者符合《反不正当竞争法》对竞争主体的要求,是文化市场中的商品经营者。在本案中,原告湖南王跃文是职业作家,以创作并发表作品为其从文化市场中获取经济利益的主要方式;被告河北王跃文亦自称作家,被告叶国军是经销图书的个体工商户,被告中元公司是图书《国风》的发行人，被告华龄出版社是专业出版机构。上述主体同在一个文化市场中活动，均在以自己的行为来分享文化市场中产生的经济利益，因此各方之间存在着竞争关系，均属于反不正当竞争法调整的市场主体。中元公司关于湖南王跃文不是市场经营者，双方之间不存在竞争关系的抗辩理由，不能成立。（湖南王跃文诉河北王跃文等侵犯著作权、不正当竞争纠纷案，2005 年第 10 期第 35 页）

第二章　不正当竞争行为

5 **【合法和善意取得】**【主张合法取得技术的，负有证实是合法和善意取得的举证义务】

认为自己使用的工艺技术不是侵权所得，而是将公知技术经消化、摸索而获得的，应当负有证实该技术源于对公知资料进行消化摸索，研制试产后取得的。只提供公知技术资料，不提供是依据哪些已知技术进行了哪些研制、配比以及具体研制的时间、地点、仪器等证据的，不能证实其技术的真实来源。（佛陶集团股份有限公司陶瓷研究所诉金昌陶瓷辊棒厂案，法案例（1995）4-133）

在通常的科研中，即使找到相同的文献和专利方面的资料，要想借鉴和参考已有资料，获得与其实质性相同的科技成果，必须经过反复的试验和摸索，况且“冷等静压精细陶瓷辊棒”项目是高难尖端、国内外首创的工艺技术，更需付出艰苦的努力。佛陶所提供的大量的研制记录和试产报告等原始资料，证实了该技术是佛陶所数十名科技人员在良好的科研设备条件下，经过不懈的努力获得的。金昌厂在诉讼中，对自己使用的冷等静压预制成型工艺技术，既然提出是将公知技术经自己消化、摸索而获得的抗辩理由，依照《中华人民共和国民事诉讼法》第六十四条第一款的规定，就应当负有证实其技术来源于对公知资料进行消化摸索，研制试产后取得的，因此是合法和善意取得的举证义务。金昌厂只提供公知技术资料，没有提供依据哪些已知技术进行了哪些研制、配比以及具体研制的时间、地点、仪器等证据，不能证实其技术的真实来源。金昌厂对自己的主张不能举证，应负败诉责任，其抗辩自己不侵权的理由不成立，不予支持。（佛陶集团股份有限公司陶瓷研究所诉金昌陶瓷辊棒厂非专利技术秘密侵权纠纷案，1995 年第 4 期 133 页）

6 **【擅自公开】**【调查公司擅自公开客户相关的秘密信息，属于不正当竞争行为】

调查公司熟知市场调查行业的惯例，签订合同时应当本着诚实信用的原则，向合同当事人告知本行业惯例。未履行告知义务的，应当承担缔约过失责任。另外，调查公司应当对涉及客户利益的信息予以保密，如要公开需经对方同意。未经权利人或利害关系人同意，擅自公开相关的秘密信息，属于不正当竞争行为。（北京中锐文化传播有限责任公司诉北京零点市场调查与分析公司案，法案例（1999）3-100）

原告中锐公司是否“买断了”被告零点公司对VCD市场的调查服务权?正如零点公司所主张的,“买断”是指西方投资者以高价与调查公司明文约定,调查公司对某一投资领域进行的调查只能为该投资者服务。本案双方当事人签订的协议中没有这样的约定。零点公司作为专业调查公司,熟知本行业的惯例,签约时应当本着诚实信用的原则,负有向对方告知本行业惯例的义务,以便对方决定是否需要“买断”调查服务权。零点公司没有履行告知义务,对此应负缔约过失责任。即便是允许零点公司自己或受他人之托做相同领域的调查,提供服务,但这样做也难免地会遇到与客户利益冲突的问题,依照公认的商业道德,调查公司亦应对涉及客户利益的信息予以保密,如要公开需经客户的同意。零点公司未经权利人或利害关系人同意,擅自公开相关的秘密信息,其行为有悖于反不正当竞争法第二条关于“经营者在市场交易中,应当遵循自愿、平等、公平、诚实信用的原则,遵守公认的商业道德”的规定,属于反不正当竞争法第十条第一款第(三)项所禁止的不正当竞争行为。(北京中锐文化传播有限责任公司诉北京零点市场调查与分析公司不正当竞争纠纷案,1999年第3期第100页)

7 **【知名服务的特有名称】**【知名服务的特有名称应当具有原创性或创先使用性,与通用名称具有显著区别】

知名服务的特有名称,是知名服务独有的、与通用名称有显著区别的服务名称。作为一种烹调方法及菜肴的通用名称,“避风塘”在避风塘公司设立之前已存在,不是由于该公司的使用,才使得消费者认可其为一种烹调方法及菜肴的通用名称。避风塘公司对“避风塘”一词的使用,无原创性和创先使用性,未对该词赋予新的特定含义而使其成为知名服务特有名称。因此,“避风塘”一词没有成为避风塘公司与同行业其他经营者之间相区别的显著标志。(避风塘公司诉德荣唐公司案,法案例(2004)6-26)

企业名称,是作为市场主体的企业的标识;字号,是企业名称的核心。当字号只有一种含义时,即使仅仅擅自使用企业名称中的字号,也可能造成消费者误认或者混淆市场主体,从而侵害相应企业的名称权。但是当字号还有其他含义时,如果他人是在原有含义上合理使用,企业名称权人无权禁止。

“避风塘”一词,除了是上诉人避风塘公司的字号,还兼具避风港湾、一种烹调方法及菜肴的通用名称等原有含义。被上诉人德荣唐公司没有把“避风塘”一词作为自己企业的字号,只是在“一种烹调方法及菜肴的通用名称”这一含义上使用该词,使用的显著性也没有超过自身企业字号,客观上不足以造成消费者对不同企业的混淆和误认,因此避风塘公司无权禁止。避风塘公司认为德荣唐公司侵犯其企业名称权的上诉理由,不能成立。

知名服务的特有名称,是指知名服务独有的、与通用名称有显著区别的服务名称。认定知名服务特有名称,除了该服务本身要成为知名服务外,还应当符合以下条件:(1) 该名称不能直接表示服务的功能、用途和质量,并且与此类服务的通用名称有显著区别。(2) 该名称应当具有原创性或创先使用性,或者是通过经营者的服务使通用名称具有了新的特定含义而形成。(3) 该服务名称应当具有显著的区别性,消费者可以自然地将该名称和特定经营者以及知名服务联系起来。一审根据上诉人避风塘公司在《〈避风塘〉的故事》中对"避风塘"一词来源的描述,认定该词除具有避风港湾的原有含义外,已引申为一种烹调方法及菜肴的通用名称,并无不当。作为一种烹调方法及菜肴的通用名称,"避风塘"一词在避风塘公司设立之前就已存在,不是由于避风塘公司的使用,才使得消费者认可其为一种烹调方法及菜肴的通用名称。因此,避风塘公司对"避风塘"一词的使用,既不具有原创性和创先使用性,也未对该词赋予新的特定含义而使其成为知名服务特有名称。"避风塘"一词没有成为避风塘公司与同行业其他经营者之间相区别的显著标志。避风塘公司认为一审对此重大事实认定不清,理由不能成立。(避风塘公司诉德荣唐公司不正当竞争纠纷案,2004 年第 6 期第 26 页)

8 **【虚假宣传】**【在广告宣传中使用通用名称,不会造成消费者对市场主体的误解的,不构成虚假宣传】

企业在广告宣传中突出自身企业字号,只是在烹调方法及菜肴的含义上使用通用名称"避风塘"一词,不会造成消费者对市场主体的误解,不构成《反不正当竞争法》第 9 条规定的虚假宣传。(避风塘公司诉德荣唐公司案,法案例(2004)6-26)

"避风塘"一词,只是一种烹调方法及菜肴的通用名称,其中既不包含质量认证和操作规范的指标体系,更不代表上诉人避风塘公司的菜肴制作或者餐饮服务方式。被上诉人德荣唐公司在广告宣传中突出自身企业字号,只是在烹调方法及菜肴的含义上使用"避风塘"一词,其行为不会造成消费者对市场主体的误解,不构成反不正当竞争法第九条规定的虚假宣传。避风塘公司关于德荣唐公司依靠他人知名服务名称所蕴涵的商业信誉来谋取不正当利益的上诉理由,不能成立。至于德荣唐公司是否剽窃避风塘公司的广告门联和广告词以及绿字白底的字样颜色,因与本案所诉的企业名称、知名服务特有名称及虚假宣传纠纷无关,不属本案二审审查范围。(避风塘公司诉德荣唐公司不正当竞争纠纷案,2004 年第 6 期第 26 页)

9 **【知名作家署名】**【借鉴、仿冒、攀附或淡化知名作家的署名,引导消费者作出错误的消费决定的,构成不正当竞争】

知名作家在作品上的署名,是图书的一种商品标识,指引消费者作出消费决定。借鉴、仿冒、攀附或淡化知名作家的署名，可能引导消费者作出错误的消费决定，从而影响到署名人的正当权益，属于不正当竞争。

他人在出版的作品里作虚假宣传，借知名作家在文化市场上的知名度来误导消费者，以达到推销自己作品的目的。出版社未进行审查，使具有虚假信息并能引人误解的内容在其出版的作品上发表；也未对图书发行人的工作进行必要监督，使虚假宣传资料流入市场，主观上对误导消费者具有过错。其他作者、图书发行人、出版社作虚假宣传，误导消费者的行为，均违反了诚实信用原则，构成对知名作家的不正当竞争。（湖南王跃文诉河北王跃文等案，法案例(2005)10-35）

作为文化市场的经营者，作者往往通过在作品上署名，来传扬自己和自己的写作方式。消费者选购图书时，作品题材和作者是其考虑的主要因素。知名作家在作品上的署名，已经成为图书的一种商品标识，发挥着指引消费者作出消费决定的重要作用。知名作家的署名一旦被借鉴、仿冒、攀附或淡化，就可能引导消费者作出错误的消费决定，从而影响到署名人的正当权益，因此这些行为属于不正当竞争。原告湖南王跃文曾因创作过系列官场题材小说而知名，《国画》是其创作的又一畅销书籍。这些作品均以“王跃文”署名，该署名直接指向湖南王跃文本人，明示着作品提供者的身份。看到这个署名的消费者，无疑会联想起湖南王跃文创作的系列作品。由于这系列作品已经在市场上享有了声誉，因此以“王跃文”署名的作品自然容易被消费者接受。在《国风》一书发行前，被告河北王跃文没有发表过任何作品。在此情况下，河北王跃文在《国风》一书的作者简介中，标榜自己“已发表作品近百万字，并触及敏感问题，在全国引起较大争议”，纯属虚假宣传。与其改名行为相联系，不难看出：河北王跃文写作这一段虚假的作者简介，就是要把《国风》一书与湖南王跃文联系起来，借湖南王跃文在文化市场上的知名度来误导消费者，从而达到推销自己作品的目的。被告中元公司明知《国画》与《国风》不是同一作者，湖南王跃文与河北王跃文不存在任何关系，仍在其制作的广告宣传资料中使用“王跃文最新长篇小说”、“《国画》之后看《国风》”、“风行全国的第一畅销小说”等词句，故意混淆两个王跃文、《国画》与《国风》的区别，无非是要攀附湖南王跃文的知名度，其目的也是要误导消费者。被告华龄出版社明知两个王跃文不同，未对河北王跃文书写的作者简介内容进行审查，以至具有虚假信息并能引人误解的内容在该社出版的《国风》一书上发表；另外，该社虽将《国风》一书的发行工作委托给中元公司办理，但未对此项工作进行必要监督，使标有该社名称的虚假宣传资料流入市场，主观上对误导消费者具有过错。民法通则第四条规定：“民事活动应当遵循自愿、公平、等价有偿、诚实信用的原则。”河北王跃文、中元公司、华龄出版社的行为均违反了诚实信用原则，构成对湖南王跃文的不正当竞争，其关于不构成不正当竞争的抗辩理由不予采纳。被告叶国军从正规渠道进货，并在获取相关委托手续后才销售《国风》一书，作为一般图书经营者，叶国军已尽合理的注意义务，对本案的不正当竞争后果不具有主观过错，无需承担赔偿责任，但若继续销售《国风》一书，则是扩大不正当竞争损害后果，故应当停止销售。

民法通则第五条规定："公民、法人的合法的民事权益受法律保护，任何组织和个人不得侵犯。"反不正当竞争法第二十条第一款规定："经营者违反本法规定，给被侵害的经营者造成损害的，应当承担损害赔偿责任，被侵害的经营者的损失难以计算的，赔偿额为侵权人在侵权期间因侵权所获得的利润；并应当承担被侵害的经营者因调查该经营者侵害其合法权益的不正当竞争行为所支付的合理费用。"综上所述，被告河北王跃文、叶国军、中元公司、华龄出版社没有侵犯原告湖南王跃文的著作权，对湖南王跃文关于各被告应承担著作权侵权责任的诉讼请求，不予支持。河北王跃文撰写虚假的作者简介，中元公司制作虚假的广告宣传资料，华龄出版社不履行必要的监督审查职责，均违反了诚实信用原则，误导了消费者，构成对湖南王跃文的不正当竞争，依法应当承担赔偿责任。叶国军经销《国风》一书没有过错，不承担赔偿责任。湖南王跃文诉请判令河北王跃文、叶国军、中元公司、华龄出版社向其赔礼道歉，连带赔偿其 50 万元。赔礼道歉是人身权利受到侵害时，侵权人承担民事责任的方式。由于各被告的行为不构成侵犯著作权，故对此项诉讼请求不予支持。（湖南王跃文诉河北王跃文等侵犯著作权、不正当竞争纠纷案，2005 年第 10 期第 35 页）

10 **【知名商品】**【知名商品是在市场上具有一定知名度，为相关公众所知悉的商品。其特有名称是其独有的，能与其他相关产品相区别的】

知名商品是指在市场上具有一定知名度，为相关公众所知悉的商品。知名商品的特有名称，是指知名商品独有的、与通用名称有显著区别的商品名称。

判定是否为知名商品，应当参照在特定市场的生产销售史、销售地域、销售数量、市场占有率、信誉情况及广告投入和覆盖面等因素进行综合判断。判定是否为知名商品的特有名称，首先应认定某一商品生产经营者在先使用。同时，该特有名称应具有显著性特征，能够与其他相关产品加以区别。（古洞春公司诉怡清源公司等案，法案例(2006)9-33)

根据我国反不正当竞争法和国家工商局《关于禁止仿冒知名商品特有的名称、包装、装潢的不正当竞争行为的若干规定》的规定，知名商品是指在市场上具有一定知名度，为相关公众所知悉的商品。知名商品的特有名称，是指知名商品独有的、与通用名称有显著区别的商品名称。

判定一个具体商品是否为知名商品，应参照该商品在特定市场的生产销售历史、销售地域、销售量、市场占有率、信誉情况及广告投入和覆盖面等因素进行综合判断。本案中，被上诉人古洞春公司虽主张其生产、销售的“野茶王”、“野茶”系列产品为知名商品，但既没有提供该产品的生产销售时间、销售地域、销售量、广告及宣传时间以及相关消费群体的评价等方面的证据，也没有提供其产品的获奖证书、媒体报道等证据。古洞春公司提交的“桃源大叶”茶获奖的证据，只能证明“桃源大叶”的产生、发展历史及其知名度，不能认定古洞春公司生产、销售的系列产品为知名商品。

判定商品的名称是否为知名商品的特有名称，首先应认定某一商品生产经营者在先使用。本案被上诉人古洞春公司成立于上诉人怡清源公司之后，古洞春公司仅向法院提交了其标有“野茶王”、“野茶”的茶叶包装盒，对该产品的生产时间无法作出判定，结合在桃源县境内还生产、销售有桃花源牌“野茶王”、灵芽牌“野茶王”等茶叶产品的事实，说明“野茶王”、“野茶”的名称已被多家企业普遍使用，为相关商品所通用。同时，知名商品的特有名称应具有显著性特征，能够与其他相关产品加以区别。本案中，“野茶王”、“野茶”只是对商品制作成分所作的描述，单独使用时并不能表明该商品的来源。因此，能够区分双方产品的是“怡清源”与“古洞春”注册商标，而不是“野茶王”、“野茶”。加之怡清源公司产品的包装装潢与古洞春公司产品的包装装潢存在明显区别，不会造成相关公众的误认，且如前所述，古洞春公司生产、销售的“野茶王”系列产品不能认定为知名商品。综上，不能认定“野茶王”、“野茶”为古洞春公司茶叶产品的特有名称。怡清源公司关于其生产、销售“野茶王”、“野针王”茶叶产品不构成对古洞春公司商品名称权的侵犯，不构成不正当竞争的上诉理由成立。（古洞春公司诉怡清源公司等不正当竞争纠纷案，2006年第9期第33页）

11 **【驰名商标】**【权利人对商标进行了长时间的广泛宣传，使商标为境内相关公众所熟知，应当认定为驰名商标】

权利人对“STARBUCKS”商标、“星巴克”商标等进行了长时间的广泛宣传，并投入了大量的资金。“STARBUCKS”系列商标具有广泛的国际知名度，权利人在华语地区对“星巴克”商标宣传、使用，使得“STARBUCKS”、“星巴克”商标为中国大陆相关公众所熟知，应当认定“STARBUCKS”商标（第42类）、“星巴克”商标（第42类）为驰名商标。（星源公司等诉上海星巴克等案，法案例（2007）6-35）

原告星源公司进入中国大陆市场后，通过特许经营方式发展经营，星巴克咖啡店连锁规模快速扩张，销售业绩亦连年巨幅上升，呈良好态势。原告对“STARBUCKS”商标、“星巴克”商标等进行了长时间的广泛宣传，并投入了大量的资金。由于“STARBUCKS”系列商标具有广泛的国际知名度，以及原告在华语地区对“星巴克”商标的宣传、使用，“STARBUCKS”、“星巴克”商标的知名度迅速扩大，已为中国大陆相关公众所熟知。基于上述事实,应当认定“STARBUCKS”商标(第42类)、“星巴克”商标(第42类)为驰名商标。(星源公司、统一星巴克诉上海星巴克、上海星巴克分公司商标侵权及不正当竞争纠纷案,2007年第6期第35页)

12 **【攀附驰名商标】**【登记的字号与驰名商标人的商标在文字上完全相同,有攀附驰名商标的明显恶意的,构成对商标权利人的不正当竞争】

经营者在市场交易中应当遵循自愿、平等、公平、诚实信用的原则,遵守公认的商业道德。经营者登记的字号与存在同业竞争关系的驰名商标人享有并许可他人使用的商标在文字上完全相同,有攀附他人驰名商标的明显恶意,并造成相关公众对商标注册人与企业名称所有人的误认或者误解,构成对商标权利人的不正当竞争。(星源公司等诉上海星巴克等案,法案例(2007)6-35)

经营者在市场交易中,应当遵循自愿、平等、公平、诚实信用的原则,遵守公认的商业道德。被告上海星巴克系经营咖啡馆、提供咖啡服务的企业,与原告星源公司存在同业竞争关系。上海星巴克登记的“星巴克”字号是其企业名称中的核心部分,与星源公司享有并许可原告统一星巴克使用的“星巴克”商标在文字上完全相同,其登记行为具有攀附他人驰名商标的明显恶意,并已造成相关公众对商标注册人与企业名称所有人的误认或者误解,构成对星源公司的不正当竞争。上海星巴克依法应承担停止侵害、消除影响、赔礼道歉、赔偿损失的民事责任。(星源公司、统一星巴克诉上海星巴克、上海星巴克分公司商标侵权及不正当竞争纠纷案,2007年第6期第35页)

第四章 法律责任

13 【合理费用】【聘请律师的费用超过司法部制定的律师收费标准的部分，法院将不予认定】

经营者违反《反不正当竞争法》的，应当承担被侵害的经营者因调查该经营者侵害其合法权益的不正当竞争行为所支付的合理费用，包括聘请律师的费用。聘请律师的费用超过司法部制定的律师收费标准的部分，是当事人和律师协商的结果，与侵权行为无关，法院将不予认定。（南京电力自动化设备总厂诉南京天印电力设备厂案，法案例（1998）2-69）

反不正当竞争法第二十条还规定，违反该法规定的经营者应当承担被侵害的经营者因调查该经营者侵害其合法权益的不正当竞争行为所支付的合理费用。本案原告自动化厂向法院提供的支出单据共计人民币124643.18元，其中为调查侵权情况而支付的出差、取证费用是40143.18元，在《中国电力报》上刊登声明支付3.2万元，聘请律师花费5.25万元。根据司法部制定的律师收费标准，本案律师收费应是9106元。聘请律师多用43394元，是自动化厂和律师协商的结果，与被告天印厂的侵权行为无关。因此本案的合理费用是81249.18元，应当由天印厂给予赔偿。（南京电力自动化设备总厂诉南京天印电力设备厂不正当竞争纠纷案，1998年第1期第69页）

经济法编 / 消费者权益保护法

第二章　消费者的权利

14　【开包查验】【商场要求顾客开包查验的公告无效】

法律未赋予商家有盘问顾客和检查顾客财物的权利，商家张贴的要求顾客将自己的提包打开供其查看的公告是无效的。

商家怀疑顾客偷拿货物，应依照法定程序提交法定机关调查处理，在公共场合质问并对顾客进行搜查的，严重侵害了顾客的名誉权，商家应承担相应的民事责任。（倪培璐等诉中国国际贸易中心案，法案例（1993）1-31）

权利，是指法律赋予公民或法人可以行使的一定行为和可以享受的一定利益。公民或法人行使某一行为，如果没有法律的依据或者不符合法律规定，都不能自认为有权利行使这样的行为。法律从未赋予市场工作人员有盘问顾客和检查顾客财物的权利，因而被告无权张贴要求顾客将自己的提包打开供被告工作人员查看的公告。尽管此公告张贴在市场门口，但由于它没有法律依据，因而是无效的，顾客有权不执行公告的规定。

……被告的工作人员怀疑二原告偷拿了市场的货物，本应依照法定程序提交法定机关调查处理，但却未这样做，而是在没有确凿证据的情况下，在公众场合叫住二原告，问其是否将未交费的货物带出市场。问话虽然是婉转的，但其贬义却是显露的。这问话不仅足以使二原告感到自己的社会地位已遭贬低，而且也实际影响了对二原告品德、声望、信用等方面应有的社会评价。因此，这种问话已使二原告的名誉受到损害。被告的工作人员又根据市场的无效公告，声称有权检查二原告的物品，将二原告带进市场内继续逼问。在此情况下，尽管形式上原告自行打开提包、解开衣扣、摘下帽子让市场工作人员查看，但其实质是市场工作人员对顾客的搜查。这种搜查只有法定机关才有权行使。因此，被告的工作人员的上述行为，已严重侵害了二原告依法享有的名誉权。民法通则第一百二十条第一款规定，公民的名誉权受到侵害时，有权要求停止侵害，消除影响，赔礼道歉，并可以要求赔偿损失。二原告的诉讼请求是合法的，应予支持。（倪培璐、王颖诉中国国际贸易中心侵害名誉权纠纷案，1993年第1期第31页）

第三章　经营者的义务

15　**【谨慎注意和照顾义务】**【经营者对正在接受其服务的消费者的人身安全负有谨慎注意和照顾的义务】

根据《消费者权益保护法》,经营者因其提供的商品或服务造成消费者的人身或财产损害时,应当承担责任。消费者在经营场所因第三人的不法行为造成身体伤害的,经营者不负法律责任,但经营者对正在接受其服务的消费者的人身安全负有谨慎注意和照顾的义务,即在其所能控制的范围内,采取其能力所及的合理措施,防止消费者的人身安全被第三人侵害,或者在这种侵害发生后尽力避免损害结果的扩大。(李彬诉陆仙芹等案,法案例(2002)4-139)

消费者权益保护法第七条规定:"消费者在购买、使用商品和接受服务时享有人身、财产安全不受损害的权利。""消费者有权要求经营者提供的商品和服务,符合保障人身、财产安全的要求。"第十一条规定:"消费者因购买、使用商品或者接受服务受到人身、财产损害的,享有依法获得赔偿的权利。"第十八条规定:"经营者应当保证其提供的商品或者服务符合保障人身、财产安全的要求。"纵观消费者权益保护法的这些规定,都是指经营者因其提供的商品或服务造成消费者的人身或财产损害时,经营者应当承担责任。在本案中,原告李彬的身体伤害是第三人的不法行为造成的,并非被告陆仙芹、陆选凤、朱海泉提供的饮食或服务造成。

虽然根据消费者权益保护法的规定,经营者对消费者在消费过程中被第三人伤害不负法律责任,但经营者并非不承担任何义务。根据诚实信用原则和现行法律理念,经营者对正在接受其服务的消费者的人身安全,负有谨慎注意和照顾的义务。即在其所能控制的范围内,采取其能力所及的合理措施,防止消费者的人身安全被第三人侵害,或者在这种侵害发生后尽力避免损害结果的扩大。(李彬诉陆仙芹、陆选凤、朱海泉人身损害赔偿纠纷案,2002 年第 4 期第 139 页)

第七章　法律责任

16　**【为对方的利益】**【一方是在为对方的利益或共同的利益进行活动时受到损害的，可以责令无过错的对方或受益人给予一定的经济补偿】

商家为实现营利目的允许顾客自带酒水，使得犯罪分子借机将爆炸物伪装成真酒带进营业场所发生爆炸事件，造成消费者就餐时被爆炸引起的餐厅木板隔墙倒塌撞压致死、致伤的，该犯罪分子应承担责任。商家无违约或者侵权行为，不承担违约或者侵权的民事责任。但是，消费者是在实施有利于商家获利的就餐行为时使自己的生存权益受损的，可以酌情考虑由商家补偿消费者部分经济损失。（李萍等诉五月花公司案，法案例(2002)2-61）

关于被上诉人五月花公司是否侵权的问题。依照消费者权益保护法的规定，经营者应当对自己提供的商品或者服务承担责任，这自然不包括对消费者自带的用品负责。上诉人李萍、龚念一家在五月花餐厅就餐厅时，被倒塌的木板隔墙撞压致死、致伤。木板隔墙倒塌是犯罪分子制造的爆炸所引起，其责任自应由犯罪分子承担。五月花公司既与犯罪分子没有侵权的共同故意，更没有实施共同的侵权行为，不能依消费者权益保护法的规定认定五月花公司侵权。

被上诉人五月花公司在本案中既没有违约也没有侵权，不能以违约或者侵权的法律事由判令五月花公司承担民事责任。五月花公司与上诉人李萍、龚念同在本次爆炸事件中同遭不幸，现在加害人虽已被抓获，但由于其没有经济赔偿能力，双方当事人同时面临无法获得全额赔偿的局面。在此情况下应当看到，五月花公司作为企业法人，是为实现营利目的才允许顾客自带酒水，并由此引出餐厅爆炸事件，餐厅的木板隔墙不能抵御此次爆炸，倒塌后使李萍、龚念一家无辜受害。五月花公司在此爆炸事件中虽无法定应当承担民事责任的过错，但也不是与李萍、龚念一家受侵害事件毫无关系。还应当看到，双方当事人虽然同在此次事件中受害，但李萍、龚念一家是在实施有利于五月花公司获利的就餐行为时使自己的生存权益受损，五月花公司受损的则主要是自己的经营利益。二者相比，李萍、龚念受到的损害比五月花公司更为深重，社会各界（包括五月花公司本身）都对李萍、龚念一家的遭遇深表同情。最高人民法院在《关于贯彻执行〈中华人民共和国民法通则〉若干问题的意见（试行）》第157条中规定："当事人对造成损害均无过错，但一方是在为对方的利益或者共同的利益进行活动的过程中受到损害的，可以责令对方或者受益人给予一定的经济补偿。”根据这一规定和李萍、龚念一家的经济状况，为平衡双方当事人的受损结果，酌情由五月花公司给李萍、龚念补偿一部分经济损失，是适当的。一审认定五月花公司不构成违约和侵权，不能因此承担民事责任，是正确的，但不考虑双方当事人之间的利益失衡，仅以李萍、龚念应向加害人主张赔偿为由，驳回李萍、龚念的诉讼请求，不符合民法通则第四条关于“民事活动应当遵循自愿、公平、等价有偿、诚实信用的原则”的规定，判处欠妥，应当纠正。（李萍、龚念诉五月花公司人身伤害赔偿纠纷案，2002 年第 2 期第 61 页）

经济法编 / 产品质量法

第三章 生产者、销售者的产品质量责任和义务

17 【严格责任】【发生与产品缺陷有关的人身或者其他财产损害的，生产者应当承担责任，除非有法定免责事由】

生产者最清楚产品存在的缺陷并能设法避免缺陷的产生，而消费者则不可能及时发现产品的缺陷并防止其造成危险。因此，法律规定产品责任为无过错责任。即除非出现法定免责事由，只要发生了与产品缺陷有关的人身或者其他财产损害，生产者就应当承担赔偿责任。（陈梅金等诉日本三菱汽车工业株式会社案，法案例(2001)2-59）

产品质量法第二十九条，就是民法通则第一百零六条第三款所指的法律规定的无过错责任，这是一种特殊的民事侵权责任。实践证明，通常情况下，产品缺陷在产品生产过程中就已经存在。而在产品生产过程中，生产者一直处于主动、积极的地位，只有他们才能及时认识到产品存在的缺陷并能设法避免。大多数消费者由于缺乏专业知识和对整个生产过程的了解，不可能及时发现产品的缺陷并以自己的行为防止其造成的危险。正是由于生产者在产品生产过程中所处的这种特殊地位，才使法律将产品责任规定为无过错责任。产品责任的无过错归责表现在：只要发生了与产品缺陷有关的人身或者其他财产损害，生产者就应当承担赔偿责任；生产者只有在能够证明产品具有未投入流通第三种法定情形时，才能够免除这种赔偿责任。（陈梅金、林德鑫诉日本三菱汽车工业株式会社损害赔偿纠纷案，2001年第2期第59页）

18 **【限期使用的产品】**【限期使用的产品，应当在显著位置清晰地标明生产日期和安全使用期或失效日期】

限期使用的产品，应当在显著位置清晰地标明生产日期和安全使用期或者失效日期。在限期使用的产品的外包装上仅标注"限用合格日期"，未同时说明该日期真正含义的，不能使消费者正确了解该产品的安全使用期，对消费者有误导作用。对于限期使用的产品，生产者和经营者有义务以明确无误的方式，向消费者告知安全使用期限，以确保消费者安全使用该产品。（刘雪娟诉乐金公司等案，法案例(2005)6-27）

关于争议焦点一。被上诉人乐金公司的Q330101号《杭州乐金化妆品有限公司企业标准》第64条中明文规定："符合规定的贮存条件，产品在包装完好，未经启封条件下，本产品保质期为四年"。化妆品开瓶后即接触空气，加之温度、环境的变化，以及使用人的使用习惯和卫生条件不同，其活性成分容易发生变化，开瓶后的保质期必将大大缩短。上诉人刘雪娟于2004年1月26日购买的海皙蓝O_2时光嫩肤液上，标注的"限用合格日期"2007年11月21日，应该是指该产品在符合规定的贮存条件、包装完好、未开瓶状况下的保质期，不包括开瓶后的使用期限。一审认定"该期限应视为开瓶前或开瓶后都应达到的安全使用期限"，是错误的。

关于争议焦点二。消费者购买化妆品，其目的不是为了长期收藏，而是要用它来清洁、保护、美化肌肤。化妆品一旦变质，通过消费者肌肤的吸收、渗透，必将对消费者的身体产生伤害。因此，消费者真正关心的，不是化妆品在未启封条件下的保质期，而是启封后的使用期。产品质量法为确保消费者使用产品时的生命和财产安全，才在第二十七条第一款第（四）项规定，限期使用的产品，应当在显著位置清晰地标注生产日期和安全使用期或者失效日期。在海皙蓝O_2时光嫩肤液的外包装上，被上诉人乐金公司仅标注了"限用合格日期"，同时不说明该日期是指产品未启封状态下的保质期。乐金公司还在一审中将"限用合格日期"解释为："在正常保管下正常使用，不要超过瓶底的使用期限，可以保证质量。"作为生产化妆品的专业人员，尚不能对"限用合格日期"的真正含义作出正确解释。消费者不是专业人员，在无特殊说明的情况下，将"限用合格日期"，不同时说明该日期真实含义的做法，不能使消费者正确了解该化妆品的安全使用期，对消费者有误导作用。

关于争议焦点三。GB5296.3-1995号国家标准规定，化妆品通用标签上，必须标注生产日期和保质期，或者生产批号和限期使用日期。产品质量法规定，限期使用的产品，应当在显著位置清晰地标明生产日期和安全使用期或者失效日期。纵观两个规定，产品质量法只是对限期使用产品的标注方法提出了更高要求，二者不存在矛盾。《中华人民共和国消费者权益保护法》第八条规定："消费者享有知悉其购买、使用的商品或者接受的服务的真实情况的权利。"限期使用产品的生产者，应当将该产品的安全使用期标注在显著位置，清晰地告知消费者。被上诉人乐金公司只按国家标准的规定标注了"限用合格日期"，没有按产品质量法的规定标注产品的安全使用期，侵害了上诉人刘雪娟和其他消费者依法享有的知情权。

关于争议焦点四。通过两审审理，上诉人刘雪娟已了解"限用合格日期"仅指海皙蓝 O_2 时光嫩肤液未开瓶状态下的保质期，现仍要求被上诉人乐金公司、苏宁中心在海皙蓝 O_2 时光嫩肤液外包装上标注开瓶后的使用期限。对于海皙蓝 O_2 时光嫩肤液开瓶后的使用期限，乐金公司、苏宁中心均表示难以确定。根据法律规定，作为化妆品的经营者，乐金公司和苏宁中心有义务以明确无误的方式，向消费者告知海皙蓝 O_2 时光嫩肤液开瓶后的安全使用期限，以确保消费者安全地使用该化妆品。难以确定，并非不能确定。企业应当本着为消费者服务的宗旨，使用直接标注启封后使用期限，对"限用合格日期"的真正含义作出说明，或者对不能继续使用的情形加以警示等方式，帮助消费者充分了解并正确使用自己的产品，消除消费者可能产生的误解。乐金公司、苏宁中心以难以确定为由，要求驳回刘雪娟的诉讼请求，理由不能成立。（刘雪娟诉乐金公司、苏宁中心消费者权益纠纷案，2005 年第 6 期第 27 页）

第四章　损害赔偿

19　【**精神损失**】【人身损害赔偿应当按照实际损失确定，实际损失包括精神损失】

侵害公民身体造成伤害的，应当给予人身损害赔偿。人身损害赔偿应当按照实际损失确定。实际损失除物质方面外，还包括精神损失。精神损失赔偿额度要考虑社会普遍生活水准、侵害人主观动机和过错程度及其偿付能力等因素。（贾国宇诉北京国际气雾剂有限公司等案，法案例（1997）2-68）

依照《中华人民共和国民法通则》第一百一十九条“侵害公民身体造成伤害的，应当赔偿医疗费、因误工减少的收入、残废者生活补助费等费用”的规定，人身损害赔偿应当按照实际损失确定。根据民法通则第一百一十九条规定的原则和司法实践掌握的标准，实际损失除物质方面外，也包括精神损失，即实际存在的无形的精神压力与痛苦。

本案原告贾国宇在事故发生时尚未成年，身心发育正常，烧伤造成的片状疤痕对其容貌产生了明显影响，并使之劳动能力部分受限，严重地妨碍了她的学习、生活和健康，除肉体痛苦外，无可置疑地给其精神造成了伴随终身的遗憾与伤育，必须给予抚慰与补偿。赔偿额度要考虑当前社会普遍生活水准、侵害人主观动机和过错程度及其偿付能力等因素。丧失的部分劳动能力应当根据丧失比率，参照当地人均生活费标准，按社会平均寿命年限合理计赔。本着便于治疗和保障生活的原则，赔偿应一次性解决，包括医药费（含今后医药费）、护理费、营养费、因停学购买的学习用品费、残疾生活自助具购置费、生活补助费和精神损害赔偿金等。贾国宇要求赔偿的额度，其中 736293.8 元缺乏事实与法律依据，特别是精神损害赔偿 65 万元的诉讼请求明显过高，其过高部分不予支持。（贾国宇诉北京国际气雾剂有限公司、龙口市厨房配套设备用具厂、北京市海淀区春海餐厅人身损害赔偿案，1997 年第 2 期第 68 页）

经济法编 / 商业银行法

20 **【伪造的印章】**【存款被他人以伪造的印章冒领,银行应当承担赔偿责任】

商业银行应当不断改进、提高防伪鉴别能力,充分保障客户存款的安全。客户的存款被他人以伪造的印章冒领的,即使银行已按照内部规定履行了鉴别义务的,仍应承担赔偿责任。(上海市第七建筑工程公司诉交通银行海南分行案,法案例(2000)5-163)

折角核对是现行《银行结算会计核算手续》规定的鉴别印章真伪方法。该规定属于银行内部规定,只对银行工作人员有约束作用。随着科技的发展,犯罪分子的作案手段越来越多。银行必须针对这种现状,不断改进、提高自己的防伪鉴别能力,以充分保障客户存款的安全。如果银行在不断提高自己的防伪鉴别能力时自愿接受客户的存款,这些存款一旦被他人以伪造的印章冒领,银行必须承担赔偿责任。被告海南交行以其工作人员已经按照规定履行了折角核对的工作制度,没有发现印章是伪造的,对存款被冒领主观上没有过错为由,拒绝承担赔偿责任,理由不能成立。(上海市第七建筑公司与交通银行海南分行存款被冒领损害赔偿纠纷案,2000 年第 5 期第 163 页)

21 **【信用证欺诈例外】**【基础交易存在实质性欺诈的,可导致信用证项下款项止付的后果】

信用证结算独立于基础交易,不得以基础交易中的事由要求止付信用证或宣告信用证无效,但信用证欺诈例外。信用证欺诈例外原则是指在基础交易存在实质性欺诈的情况下,可以构成信用证关系与基础交易相独立的例外。(韩国新湖商社诉四川省欧亚经贸总公司等案,法案例(2001)3-97)

信用证虽然是基础交易中的一个结算方式,但它又独立于基础交易,是遵循严格相符原则的单据交易。通常情况当事人不得以基础交易中的事由要求止付信用证或宣告信用证无效。对上述原则的例外就是信用证欺诈例外原则。所谓“信用证欺诈例外原则”是在基础交易存在实质性欺诈的情况下,可以构成信用证关系与基础交易相独立的例外。由于适用“欺诈例外原则”是以基础交易的欺诈为前提,而导致信用证项下款项止付这样的后果，也必须将基础交易纠纷与信用证法律关系结合起来进行审理。（韩国新湖商社与四川省欧亚经贸总公司等借信用证欺诈纠纷管辖权异议案，2001 年第 3 期第 97 页）

22 **【小额储户管理】**【在法律法规未明确禁止的情况下，不能认定外资银行向小额储户收取服务费违法】

中国人民银行未规定外资金融机构在办理小额存款时能否收取服务费。在法律、法规和规章未明确禁止规定的情况下，是否准许外资银行向小额储户收取服务费，宜由主管部门根据相关规则和商业惯例作出相应规定。在相应规定没有出台前，不能认定外资银行向小额储户收取服务费违法。

在对小额储户收取管理费前，外资银行已经通过新闻媒体予以报道，尽到了必要和可能的公知义务。在订立合同的过程中，外资银行工作人员向客户介绍了小额存款业务的相关信息，客户也对收费情况有了较详细的了解。无证据证明外资银行在订立合同的过程中有故意隐瞒或虚假陈述的行为，也没有证据证明客户在订立合同过程中因此遭受了损失的，在订立合同的过程中未发生缔约过失。客户可在清楚其权利义务后，自主确定是否与外资银行订立储蓄合同。因此，认为外资银行对小额储户收取管理费构成缔约过失的诉讼主张，缺乏事实根据和法律依据。（吴卫明诉上海花旗银行案，法案例(2005)9-42）

对外资金融机构在办理小额存款时能否收取服务费，中国人民银行至今尚无专门规定。上海花旗银行在法律、法规和规章没有明确禁止规定的情况下，决定对小额储户收取服务费，并及时向主管部门备了案。是否准许该行向小额储户收取服务费，宜由主管部门根据形势的发展，特别是我国加入世界贸易组织后的相关规则和商业惯例作出相应规定。在相应规定没有出台前，不能认定上海花旗银行此举违法。

……在缔结外币储蓄合同一事上，上海花旗银行与吴卫明的法律地位平等。该行不存在恶意进行磋商、故意隐瞒与订立合同有关的重要事实或者提供虚假情况等行为，收费行为也不构成对小额储户的歧视。上海花旗银行没有垄断外币储蓄业务，办理外币储蓄业务不是只此一家银行。吴卫明对该行收取服务费的办法不满意，完全可以选择到其他金融机构办理，没必要非与该行缔结外币储蓄合同，也不得将自己的意志强加给该行。吴卫明关于上海花旗银行违背诚实信用原则的诉讼主张，缺乏事实根据；关于上海花旗银行收费行为是对小额储户歧视且给其造成一定心理伤害的诉讼主张，缺乏法律依据。

……缔约过失责任，是指在订立合同过程中，当事人因实施违反诚实信用原则的行为给对方造成损失后应承担的法律责任。上海花旗银行在对小额储户收取管理费前，已经通过众多媒体将该信息在社会上进行了广泛报道，尽到了必要和可能的公知义务。即使吴卫明事前不知道这一信息，订立合同的过程，也只能从吴卫明进入上海花旗银行营业场所并受到该行工作人员接待时开始，而不是从吴卫明因存款有息而动身前来缔结外币储蓄合同时开始。在订立合同的过程中，上海花旗银行工作人员向吴卫明介绍了小额存款业务的相关信息，吴卫明也对收费情况有了较详细的了解。没有证据证明一方当事人在订立合同的过程中有故意隐瞒或虚假陈述的行为，也没有证据证明另一方当事人在订立合同过程中因此遭受了损失，故在订立合同的过程中未发生缔约过失。吴卫明尽可在清楚其权利义务后，自主确定是否与上海花旗银行订立储蓄合同。吴卫明认为上海花旗银行对小额储户收取管理费违反诚实信用原则，侵犯其合法权益，构成缔约过失的诉讼主张，缺乏事实根据和法律依据，不能支持。（吴卫明诉上海花旗银行储蓄合同纠纷案，2005年第9期第42页）

23 【限制取款自由】【不履行讲解或演示义务，坚持让储户到自动取款机上取款，是限制储户的取款自由】

商业银行有义务保证储户实现取款自由的权利。储户持卡在商业银行的柜台前要求取款时，营业员不得以任何理由拒绝服务。在柜台业务繁忙的情况下，从缩短储户等待时间考虑，营业员有权建议储户到自动取款机上取款。营业员明知使用储蓄卡在自动取款机取款存在时间和数额的限制，在向储户行使建议到自动取款机上取款权前，有义务了解储户的取款数额。在储户已经声明不会使用自动取款机的情况下，有义务向其讲解或者演示自动取款机的使用方法。不履行讲解或演示义务，坚持让储户到自动取款机上取款，不是正当行使建议权，而是限制储户的取款自由，不履行保证支付的义务。商业银行没有依照储蓄合同履行保证支付、保障储户取款自由以及保密义务的，构成违约。（周培栋诉江东农行案，法案例（2006）2-44）

对于上诉人未履行保证支付以及保密义务，一审判决已经论述，另外，商业银行法第二十九条第一款规定："商业银行办理个人储蓄存款业务，应当遵循存款自愿、取款自由、存款有息、为存款人保密的原则。"取款自由是储户的一项权利，商业银行有义务保证储户实现这一权利。取款自由，不仅包括取款时间、取款数额上的自由，在有柜台和自动取款机等多种取款方式的情况下，还应当包括选择取款方式的自由。当原告周培栋持卡第一次在被告江东农行下属的火车站分理处柜台前要求取款时，江东农行的营业员不得以任何理由拒绝服务。当然，在柜台业务繁忙的情况下，从缩短储户等待时间考虑，营业员有权建议储户到自动取款机上取款。但是，银行营业员对于使用储蓄卡在自动取款机取款存在时间和数额限制是明知的，因此在向储户行使这一建议权之前,有义务了解该储户的取款数额,特别是在周培栋已经声明不会使用自动取款机的情况下,营业员还有义务向其讲解或者演示自动取款机的使用方法。如果因业务繁忙顾不上履行这些义务,营业员则不能坚持让储户到其不熟悉的自动取款机上取款。营业员既不履行讲解或演示义务,又坚持让储户到自动取款机上取款,则不是正当行使建议权,而是限制储户的取款自由,不履行保证支付的义务。

……商业银行法第六条规定:“商业银行应当保障存款人的合法权益不受任何单位和个人的侵犯。”这是商业银行应尽的法定义务。在这个前提下去理解《金穗借记卡章程》第十一条的规定,应当是指只有在持卡人知道如何正确使用与妥善保存金穗借记卡和密码,并且银行也为持卡人正确使用与妥善保存金穗借记卡和密码提供了应有条件的情况下,完全由于持卡人自己的过失使卡片遗失或密码失密造成的资金损失,由持卡人自行承担。在本案中,被上诉人周培栋向上诉人江东农行的营业员声明其不会使用借记卡在自动取款机上取款,已经失去了正确使用的前提。江东农行提供的自动取款机,周围无防护措施,无法保证使用人在使用中密码不被偷窥,借记卡不被调包。因此,本案的卡片遗失与密码失密,并非完全是持卡人自己的过失造成。周培栋与江东农行之间存在储蓄合同关系,该合同系双方真实意思表示,且内容合法,属有效合同,双方均应当严格按照合同约定履行各自的合同义务。当然,卡片遗失、密码失密后卡内资金被盗取,系犯罪分子所为,但是本案中,银行没有依照储蓄合同履行保证支付、保障储户取款自由以及保密义务,构成违约。周培栋以储户身份提起储蓄合同违约之诉,江东农行应当承担相应违约责任。(周培栋诉江东农行储蓄合同纠纷案,2006 年第 2 期第 44 页)

24 **【保密义务】**【商业银行应当为在自助银行柜员机办理交易的储户提供必要的安全、保密环境】

为存款人保密,保障存款人的合法权益不受任何单位和个人的侵犯,是商业银行的法定义务。商业银行的保密义务不仅是指银行对储户已提供的个人信息保密,也包括为到银行办理交易的储户提供必要的安全、保密的环境。商业银行为在自助银行柜员机办理交易的储户提供必要的安全、保密环境,是履行其安全、保密义务的一项重要内容。商业银行疏于对自助银行柜员机的管理、维护,未能及时检查、清理,没有及时发现、拆除犯罪分子安装的读卡器及摄像装置,致使储户借记卡密码被犯罪分子所窃取的,是未能履行其为储户提供必要的安全、保密环境的义务。

犯罪分子利用商业银行未尽保密义务、对自助柜员机疏于管理的安全漏洞,窃得储户借记卡的密码,使用复制的假卡进行支取和消费,在真借记卡尚由储户持有的情况下，犯罪行为侵犯的是银行的财产所有权。储户与商业银行建立的储蓄合同关系合法有效，双方的债权债务关系仍然存在。储户主张商业银行支付相应存款及相应利息的，法院应予支持。（王永胜诉中国银行股份有限公司南京河西支行案，法案例(2009)2-44）

《中华人民共和国商业银行法》（以下简称商业银行法）第二十九条第一款规定："商业银行办理个人储蓄存款业务，应当遵循存款自愿、取款自由、存款有息、为存款人保密的原则。"为存款人保密，保障存款人的合法权益不受任何单位和个人的侵犯，是商业银行的法定义务。商业银行的保密义务不仅是指银行对储户已经提供的个人信息保密，也包括为到银行办理交易的储户提供必要的安全、保密的环境。商业银行设置自助银行柜员机，是一项既能方便储户取款，又能提高自身工作效率并增加市场竞争力的重要举措，银行亦能从中获取经营收益。对自助银行柜员机进行日常维护、管理，为在自助银行柜员机办理交易的储户提供必要的安全、保密环境，也是银行安全、保密义务的一项重要内容，这项义务应当由设置自助银行柜员机的银行承担。根据本案查明的事实，案外人汤海仁等五人通过在中行热河南路支行自助银行网点门口刷卡处安装读卡器、在柜员机上部安装具有摄像功能的 MP4 的方式，窃取了王永胜借记卡的卡号、信息及密码，复制了假的银行卡，并从原告借记卡账户内支取、消费 428709.50 元。上述事实说明，涉案中行热河南路支行自助银行柜员机存在重大安全漏洞。由于具备专业知识的银行工作人员对自助银行柜员机疏于管理、维护，未能及时检查、清理，没有及时发现、拆除犯罪分子安装的读卡器及摄像装置，致使自助银行柜员机反而成了隐藏犯罪分子作案工具的处所，给储户造成安全隐患，为犯罪留下可乘之机。综上，原告借记卡密码被犯罪分子所窃取，是银行未能履行其为储户提供必要的安全、保密环境的义务所致。

……原、被告双方在借记卡管理协议书及章程中的约定，应当是指在银行为持卡人提供了必要的安全、保密条件的情况下，完全由于持卡人自己的过失使借记卡遗失或密码失密造成的风险及损失，由持卡人本人自行承担。而本案中原告借记卡失密，是银行违反安全保密义务所致。储户大多缺乏专业知识，在使用自助柜员机进行交易时，难以辨别门禁识别装置是否正常，是否安装了其他不明识别器，也难以发现柜员机上方是否安装了非法摄像装置。银行无权单方面增加储户的义务。银行未对自助柜员机进行必要的维护、未能给储户提供安全、保密的环境，导致持卡人借记卡密码泄漏，并且在借记卡还在储户本人手中的情况下，未能准确识别被犯罪分子复制的假卡，最终导致储户借记卡账户内的资金被犯罪分子骗走，又错误解释借记卡管理协议书及章程约定的含义，主张风险一律由持卡人本人承担，没有法律依据，不予支持。

……首先，信用卡诈骗罪是指以非法占有为目的，违反信用卡管理法规，利用信用卡进行诈骗活动，骗取数额较大的财物的行为。根据本案查明的事实，案外人汤海仁等人利用被告未尽保密义务、对自助柜员机疏于管理的安全漏网，窃得原告借记卡的密码，而后使用复制的假卡进行支取和消费。银行未能准确地识别该复制的假卡，从而将原告借记卡账户中的存款错误地交付给假卡持有人。因此，在真借记卡尚由原告持有的情况下，汤海仁等人的行为并非直接侵害了原告的财产所有权，而是侵犯了银行的财产所有权。原告与被告建立的储蓄合同关系合法有效，双方的债权债务关系仍然存在。被告认为原告借记卡内的资金短少属于犯罪行为给原告造成的资金损失，被告不应承担民事责任的主张，没有事实根据和法律依据，不予支持。其次，商业银行法第三十三条规定："商业银行应当保证存款本金和利息的支付，不得拖延、拒绝支付存款本金和利息。"该条规定了商业银行的保证支付义务，被告错误地将原告借记卡账户内的存款交付给假卡持有人，未适当完成自己的支付义务，故原告要求中行河西支行支付相应存款及相应利息的主张合法，应予以支持。

……对此法院认为，首先，前述35140元款项在(2008)鼓刑初字第241号刑事判决书中未被确认为案外人汤海仁的犯罪金额，但并不能证明被告所称的系原告自行支取的主张。其次，根据鼓楼公安分局对案外人汤海仁的询问笔录，汤海仁等人2007年12月2日晚复制原告的借记卡后即离开南京到江西南昌、余干和北京等地，这说明2007年12月3日晚19时58分在中行南京光华路自助柜员机从涉案借记卡账户中支取的5000元并非汤海仁等人利用复制的假银行卡所支取，原告亦认可其于2007年12月3日晚19时58分在光华路自助柜员机取款5000元的事实。这一事实同时证明2007年12月3日晚8时左右原告尚在南京市区。中行北京天缘公寓支行提供的交易明细所显示的前述35140元被支取的时间为2007年12月3日晚22时22分9秒至2007年12月4日凌晨0时33分53秒，这个时间段离原告在光华路自助柜员机取款的时间不足两个半小时。根据常理推断，在如此短的时间内，原告不可能从南京到北京取款。因此，中行河西支行不能证明该35140元系按原告的指示予以支取，仍应就35140元向王永胜承担给付责任。

……综上，原告王永胜借记卡账户内资金短少系因被告中行河西支行未履行其应尽的安全、保密义务所致，原告要求中行河西支行支付存款及相应利息的诉讼请求予以支持，但应扣除中行下关支行已出借的232000元。(王永胜诉中国银行股份有限公司南京河西支行储蓄存款合同纠纷案，2009年第2期第44页)

经济法编 / 税收征收管理法

25 【纳税义务人】【法律法规并未禁止当事人约定由纳税义务人以外的人缴纳税款】

我国税法关于税种、税率、税额的规定是强制性的，但对实际由谁缴纳税款无强制性或禁止性规定。即法律和行政法规未禁止纳税义务人与合同相对人约定由合同相对人或第三人缴纳税款。（山西嘉和泰房地产开发有限公司诉太原重型机械（集团）有限公司案，法公字（2008）第3-27号）

《补充协议》是对《协议书》约定转让土地使用权的税费承担所作的补充约定，明确了转让土地使用权的税费如何承担及由谁承担的问题。虽然我国税收管理方面的法律法规对于各种税收的征收均明确规定了纳税义务人，但是并未禁止纳税义务人与合同相对人约定由合同相对人或第三人缴纳税款。税法对于税种、税率、税额的规定是强制性的，而对于实际由谁缴纳税款没有作出强制性或禁止性规定。故《补充协议》关于税费负担的约定并不违反税收管理方面的法律法规的规定，属合法有效协议。（山西嘉和泰房地产开发有限公司与太原重型机械（集团）有限公司土地使用权转让合同纠纷案，【2007】民一终字第62号，2008年第3期第27页）

经济法编 / 土地管理法

26 【宅基地使用证】【不能以宅基地使用证上的记载内容要求确认房层的所有权】

宅基地使用证是确认农村居民建筑住宅使用土地的合法状况的证件。持有宅基地使用证的人,可以在其合法使用的宅基范围内建房。宅基地使用权人应当与房屋所有权人一致。房屋产权证书是确认房屋产权的合法证据,其他证件不能代替房屋产权证书确权的效力。因此,不能以宅基地使用证上的记载内容要求确认房屋的所有权。(杜海生等诉杜喜生案,法案例(1995)4-139)

宅基地使用证是依照《中华人民共和国土地管理法》第三十八条规定,对农村居民建筑住宅使用土地的合法状况予以确认的证件。只有持有宅基地使用证的人,才能在其合法使用的宅基范围内建房,因此,宅基地使用权人应当与房屋所有权人一致。房屋产权证书是确认房屋产权的合法证据,其他证件不能代替房屋产权证书确权的效力。被上诉人杜海生、杜满生以宅基地使用证上的记载内容要求确认房屋产权的归属,是不妥的。(杜海生、杜满生诉杜喜生房产确权纠纷案,1995年第4期第139页)

27 【土地征用】【将农村集体所有的土地征为国有土地后又返还给村委会的约定无效】

当事人约定改变了国有土地征地用途的,违反了《土地管理法》中有关国有土地用途的强制性规定。同时,在未约定取得对价的情况下,把农村集体所有的土地征为国有土地后又返还给村委会,损害了国家和社会公共利益,这种约定是无效的。(北沙坡村村委会诉西安市高新技术产业开发区东区管委会等案,法公字(2005)第1-22号)

本院认为,碑林科技园经有批准权的人民政府批准,依法取得征用北沙坡村委会农村集体所有土地的资格之后,与北沙坡村委会于1998年4月27日签订的《征地协议》,是双方在平等自愿的基础上,经协商达成的协议,意思表示真实。该《征地协议》第三条约定碑林科技园负责将规划范围内生活区的土地统一征为国有土地后，除去城市绿化和道路用地外，全部返还给北沙坡村委会，把土地证过户到北沙坡村委会所属的双环公司第二分公司名下，改变了陕西省有关人民政府征地批文中的征地用途，违反了我国土地管理法中有关国有土地用途的强制性规定，并且在没有约定取得对价的情况下，把农村集体所有的土地征为国有土地后又返还给北沙坡村委会，损害了国家和社会公共利益，违反了合同法第五十二条的规定，一审法院认定该条款无效、其他条款有效，适用法律是正确的。（北沙坡村村委会诉西安市高新技术产业开发区东区管委会等拖欠征地款纠纷案，【2003】民一终字第40号，2005年第1期第22页）

经济法编 / 城市房地产管理法

28 **【划拨土地上的房产】**【不能以签订协议时尚未取得土地使用权等主张房屋买卖协议无效】

依法经批准开发的商品房,国家允许在办理了土地使用权出让手续后转让。签订房屋买卖协议时尚未取得房屋占用土地的使用权证的,不影响出卖人在补办土地出让手续后出售该房屋。因此,不能以签订协议时尚未取得土地使用权以及房屋占用的土地是划拨取得的为由主张房屋买卖协议无效。(于存库诉董成斌等案,法案例(2001)4-137)

城市房地产管理法第三十一条规定:"房地产转让、抵押时,房屋的所有权和该房屋占用范围内的土地使用权同时转让、抵押。"原告于存库出卖的房屋,是依法经批准开发的商品房,国家允许在办理了土地使用权出让手续后转让该土地上的房产。对此情况,签约双方都非常了解,因此在协议中有由于存库交纳土地使用权出让金,办理该宗土地使用权合法转让手续的约定。签订房屋买卖协议时,于存库虽然尚未取得该房产占用土地的使用权证,但这仅仅是取得迟早,并非不应或者不能取得的问题。况且事实证明,在协议签订后仅 10 天,于存库就取得了划拨土地使用权证。虽然此时于存库对该土地还只有划拨土地使用权,但不影响他在补办土地出让手续后出售私有房产。于存库以签订协议时尚未取得土地使用权以及该宗土地是划拨取得不能转让为由,主张房屋买卖协议无效,其理由也不能成立。(于存库诉董成斌、董成珍房屋买卖纠纷案,2001 年第 4 期第 137 页)

经济法编 / 植物新品种保护条例

29 【发现权与品种权】【经选育而形成的茶树新品种，不可能通过“发现”产生，不存在发现权，未经审批机关依法定程序授予品种权，亦不存在品种权】

发现权和品种权是不同的概念。发现权是发现者享有的一种荣誉权和被奖励权，其客体是已存在的自然事实，发现权人对其发现的客体不享有排他的支配权。发现权不能转让、许可他人使用或者继受取得。发现权人可以享有获得证书、表明身份、受领荣誉等精神上的利益，也可以获得奖金或者其他奖励。

植物品种权的取得，必须向农业部或林业部提出品种权申请，由农业部或林业部依法定程序对该申请进行实质审查，决定授予品种权并向申请人颁发品种权证书、登记和公告。非经农业部或林业部依照法定程序授予并公告，任何个人或单位不能以任何其他方式原始取得品种权。（古洞春公司诉怡清源公司等案，法案例(2006)9-33）

发现权和品种权是两个不同的概念。民法通则第九十七条规定：“公民对自己的发现享有发现权。发现人有权申请领取发现证书、奖金或者其他奖励。”该规定明确了发现权只是发现者享有的一种荣誉权和被奖励权，发现权的客体是已存在的自然事实，发现人对其发现的客体并不享有排他的支配权。同时，发现本身也是一种事实，故发现权不能转让，不能许可他人使用，也不能继受取得。发现权人可以享有精神上的利益，如获得证书、表明身份、受领荣誉等，也可以获得奖金或者其他奖励。根据本案已查明的事实，“桃源大叶”母本野生茶树的发现权应当由发现该株野生茶树的当地群众和原桃源县太平铺茶场职工卢万俊、黄汉元等享有，被上诉人古洞春公司不享有“桃源大叶”母本野生茶树的发现权。

植物新品种保护条例第二条规定：“植物新品种是指经过人工培育的或者对发现的野生植物加以开发，具备新颖性、特异性、一致性和稳定性并有适当命名的植物品种。”该条例第三条规定：“国务院农业、林业行政部门（以下统称审批机关）按照职责分工共同负责植物新品种权申请的受理和审查并对符合本条例规定的植物新品种授予植物新品种权。”该条例第三十一条规定：“对经实质审查符合本条例规定的品种权申请,审批机关应当作出授予品种权的决定,颁发品种权证书,并予以登记和公告。”根据上述规定,植物品种权的取得,必须向农业部或林业部提出品种权申请,由农业部或林业部依法定程序对该申请进行实质审查,对经审查符合相关规定的决定授予品种权并向申请人颁发品种权证书,同时予以登记和公告。非经上述程序,任何个人或单位不能以任何其他方式原始取得品种权。“桃源大叶”茶树新品种是由农学院研究所和桃源茶种站共同对野生大叶茶树进行选育而形成的茶树新品种,“桃源大叶”茶树新品种不可能通过“发现”产生,也不存在所谓茶树新品种的“发现权”。本案中,虽然“桃源大叶”茶树品种客观存在,但未经审批机关依法定程序授予品种权。原审法院认定被上诉人古洞春公司享有“桃源大叶”的品种权错误。(古洞春公司诉怡清源公司等不正当竞争纠纷案,2006 年第 9 期第 33 页)

社会法编 / 劳动法

第一章 总　　则

1 【上厕所伤亡】【劳动者在工作期间非因自己的过错上厕所致残及死亡，应认定为工伤】

上厕所是个人的生理现象，虽与劳动者的工作内容无关，但却与劳动者的正常工作密不可分。没有证据证明劳动者在工作期间上厕所致残及死亡是因自己的过错所致，不属于法律法规规定不应认定为工伤的情形的，应认定劳动者在工作时间上厕所死亡属于因工负伤。（何文良诉成都市武侯区劳动局案，法案例（2004）9-34）

本案中原、被告双方争议的主要焦点是：武侯区劳动局认定何龙章在“上厕所”中因摔伤致死与其本职工作无关有无法律依据。

《中华人民共和国劳动法》（以下简称劳动法）第三条规定，劳动者享有“获得劳动安全卫生保护”的权利，“上厕所”是人的自然生理现象，任何用工单位或个人都应当为劳动者提供必要的劳动卫生条件，维护劳动者的基本权利。“上厕所”虽然是个人的生理现象，与劳动者的工作内容无关，但这是人的必要的、合理的生理需要，与劳动者的正常工作密不可分，被告片面地认为“上厕所”是个人生理需要的私事，与劳动者的本职工作无关，故作出认定何龙章不是工伤的具体行政行为，与劳动法保护劳动者合法权利的基本原则相悖，也有悖于社会常理；根据《企业职工工伤保险试行办法》第九条规定，“职工由于下列情形之一造成负伤、致残、死亡的不应认定为工伤：（一）犯罪或违法；（二）自杀或自残；（三）斗殴；（四）酗酒；（五）蓄意违章；（六）法律、法规规定的其他情形”，其中列举的不应当认定为工伤的情形均是职工因自己的过错致伤、致残、死亡的，由于本案中没有证据证明何龙章受伤是因自己的过错所致，因而不属于不应认定为工伤的情形。根据武侯区劳动局提供的四川省劳动厅《关于划分因工与非因工伤亡界限的暂行规定》第二条“确定比照因工伤亡的原则为职工发生与生产、工作有一定关系的意外伤亡”的规定,即使是“在上下班时间、在上下班必经路线途中,发生属于非本人主要责任的交通事故或其他无法抗拒的意外事故致残,完全丧失劳动能力或死亡的”,都应当确定为比照因工伤亡,而何龙章则是在上班时间在工作区域内发生的非本人过错的伤亡,不认定为工伤与上述法规、规定的本意不符,也没有相应的法律、法规依据。因此,武侯区劳动局根据何文良的申请对何龙章受伤死亡作出不予认定为因工负伤的行政行为没有法律、法规依据。关于原、被告对何龙章是否是因用工单位的厕所存在不安全因素摔伤致死的争议,因对本案不产生实际影响,故对此不作认定。(何文良诉成都市武侯区劳动局工伤认定行政行为案,2004 年第 9 期第 34 页)

2 **【劳动者的名誉权】**【用人单位故意对劳动者作出不实、不良评价,致使劳动者的名誉受损的,侵犯了劳动者的名誉权】

用人单位有权对劳动者实施管理,并应当对劳动者的劳动、工作情况作出客观、公正的评价。用人单位故意对劳动者作出不实、不良的评价,致使劳动者的名誉受损的,侵犯了劳动者的名誉权,应当承担相应的民事责任。(徐恺诉上海宝钢冶金建设公司案,法案例(2006)12-37)

名誉是指根据公民的观点、行为、作用、表现等所形成的关于公民品德、才干及其他素质的总体社会评价,是对公民社会价值的一般认识。公民享有名誉权,法律禁止用侮辱、诽谤等方式损害公民的名誉。劳动用工单位有权对劳动者实施管理并对劳动者的劳动、工作情况作出客观、公正的评价,这种评价也是劳动者总体社会评价的重要组成部分。劳动用工单位对劳动者作出不实、不良的评价是否构成对劳动者名誉权的侵犯,应当根据劳动用工单位的行为是否具有过错、劳动者的名誉有无被损害的事实、劳动用工单位的行为与劳动者的名誉受损之间有无因果关系等因素加以认定。

上诉人宝冶公司在被上诉人徐恺退工通知书中作出的关于徐恺“因违纪而解除劳动合同”的不实记载,是对徐恺劳动、工作情况的负面评价。该不实记载存在于求职市场,为相关用人单位所知悉,事实上降低了对徐恺的社会评价,并对其就业、求职产生了一定的负面影响。一审认定宝冶公司的行为构成对徐恺名誉权的侵犯,并根据侵权的行为方式、手段、场合及所造成的后果判令宝冶公司承担相应的民事责任,并无不当。(徐恺诉上海宝钢冶金建设公司侵犯名誉权纠纷案,2006 年第 12 期第 37 页)

第三章　劳动合同和集体合同

3 【**严重缺陷**】【用人单位不得因劳动者缺一个肾解除劳动合同】

劳动者因外伤被摘除右肾，身体状况未达到严重缺陷的程度。在试用期内身体是健康的，能够胜任用人单位分配的业务工种，符合无严重疾病和缺陷的录用条件，用人单位不得以劳动者缺少右肾的身体状况解除劳动合同。（李林珍诉中国银行桐庐支行案，法案例（1996）3-106）

原告李林珍因外伤被摘除右肾，在生理上确实存在缺少右肾的缺陷。被告桐庐支行在不知原告缺少右肾的情况下与其签订了劳动合同，现以此为由作出解除劳动合同的决定。《合同制规定》第十二条第（一）项规定，"劳动合同制工人在试用期内，经发现不符合录用条件的"，企业才可以解除劳动合同。经法医鉴定，李林珍的身体状况未达到严重缺陷的程度，且李林珍在试用期内，身体是健康的，能够胜任桐庐支行支配的业务工种。以上事实证明，李林珍的身体状况符合"无严重疾病和缺陷"的录用条件，桐庐支行认为李林珍存在严重身体缺陷的理由不能成立。第十四条第（一）项规定："劳动合同期限未满，又不符合第十二条规定的"，企业不得解除劳动合同。李林珍要求撤销被告对其所作的解除劳动合同的决定，并要求继续履行劳动合同的诉讼请求应予以支持。（李林珍诉中国银行桐庐支行解除劳动合同纠纷案，1996 年第 3 期第 106 页）

4 【**事实劳动关系**】【劳动合同期满后，劳动者继续提供劳动，用人单位继续支付报酬，双方形成事实劳动关系，应当续签劳动合同，未续签的，则视为续签了同前一劳动合同期限相同的劳动合同】

劳动合同期满后，用人单位与劳动者双方都未提出终止或续订劳动合同，劳动者继续提供劳动，用人单位继续提供工作条件和报酬，在原劳动合同的基础上形成事实劳动关系。用人单位应当与劳动者续签劳动合同。如果双方不能达成续签劳动合同的协议，则对该事实劳动关系，应视为续签了同前一劳动合同期限相同的劳动合同。劳动者在此期间怀孕的，视为在劳动合同期内怀孕。双方的劳动合同关系必须延续到哺乳期满。（宜昌市无线电厂诉卢玲等案，法案例（2000）6-205）

劳动合同期满后，双方都未提出终止或续订劳动合同，劳动者继续提供劳动，用人单位继续提供工作条件和报酬，这是在原劳动合同的基础上形成的事实劳动关系。很多事实劳动关系,都是由于用人单位企图在用人方面摆脱劳动合同的约束造成的,这是违反劳动法规定的行为。对于事实劳动关系,劳动部办公厅在劳办力字(1992)19号《关于全民合同制工人合同期满后形成事实劳动关系问题的复函》中指出,"企业与职工应尽快补办终止或续订合同的手续"。虽然补办终止劳动合同或者补办续订劳动合同的手续,都是对事实劳动关系的纠正方法,但在劳动者与用人单位事实上无法平等的情况下,如果过多地强调两种方法都是可行的,只能在事实上损害劳动者一方的利益。因此,劳动部在劳部发(1996)354号《关于实行劳动合同制度若干问题的通知》第十四条中规定:"有固定期限的劳动合同期满后,因用人单位方面的原因未办理终止或续订手续而形成事实劳动关系的,视为续订劳动合同。用人单位应及时与劳动者协商合同期限,办理续订手续。因此给劳动者造成损失的,该用人单位应当依法承担赔偿责任。"对"视为续订劳动合同"的期限,该规定没有明确,湖北省劳动厅在鄂劳力(1995)184号《关于全面实行劳动合同制若干问题的处理意见》第二十条规定:"劳动合同期满双方同意续延劳动关系的,应当续签劳动合同,没有及时续签又未办理终止手续形成事实劳动关系的,视为续订劳动合同,期限同前一劳动合同期限。"这个规定体现了保护劳动者合法权益的精神,应当参照执行。按照这个文件的规定,上诉人无线电厂应当与4名被上诉人续签劳动合同。如果双方不能达成续签劳动合同的协议,则对从1997年8月1日起存在的事实劳动关系,视为续订了为期两年的劳动合同,至1999年8月1日期满即行终止。一审判决双方补签2—7年期限的劳动合同,于法无据,应当纠正。

被上诉人卢玲于1998年10月怀孕,视为在劳动合同期内怀孕。依照劳动法第六十二条、第六十三条对女职工特殊保护的规定,参照劳动部办公厅劳办字〔1990〕21号《关于外商投资企业女职工在孕期、产期、哺乳期间终止劳动合同的请示》的复函第四条的规定,卢玲与上诉人无线电厂之间存在的视为续订劳动合同关系,必须延续到哺乳期满。(宜昌市无线电厂诉卢玲等四人终止劳动合同纠纷案,2000年第6期第205页)

5 **【用人单位】**【建设工程的直接承包者是劳动法规定的用人单位】

建设工程承包企业是劳动法规定的用人单位,应当承担宪法和劳动法规定的提供劳动保护、对劳动者进行劳动就业训练等义务。其应对承包的工程转交给自然人具体负责施工后引起的工伤事故承担民事责任。(龙建康诉中洲建筑工程公司等案,法案例(2001)1-30)

被告中洲公司是经国家批准有资格承包建设工程的企业,在用人时应当承担宪法和劳动法规定的提供劳动保护、对劳动者进行劳动就业训练等义务。中洲公司通过签订《建设工程承包合同》，向被告交通局承包了过境线工程。作为该工程的直接承包者和劳动法规定的用人单位，中洲公司在将该工程转交给被告姜建国具体负责施工后，没有履行宪法和劳动法规定的上述义务，也未对姜建国的工作情况进行监督管理，因而引起工伤事故的发生。对此，中洲公司应承担民事赔偿责任。（龙建康诉中洲建筑工程公司、姜建国、永胜县交通局损害赔偿纠纷案，2001 年第 1 期第 30 页）

6 **【劳动法律关系】**【劳动法律关系是指当事人之间发生的符合劳动法律规范、具有权利义务内容的关系】

利用寒、暑假及休息日与在用人单位任职的母亲一起工作，完成的工作量均记录在母亲的工账单上，用人单位按照母亲工账单上记载的工作量发给其报酬，虽然在客观上增加了用人单位的利益，用人单位也默许这一行为，但双方未签订正式的劳动合同，未形成劳动法律关系。（罗倩诉奥士达公司案，法案例（2007）7-38）

关于第一个争议焦点。劳动关系是指在劳动力和生产资料分别归属于不同所有人的情况下，劳动力所有者按生产资料所有者的指示工作，劳动产品归生产资料的所有者所有，由生产资料所有者向劳动力所有者支付报酬，从而形成的社会关系。劳动法律关系是指相关法律规范在调整劳动关系过程中形成的法律上的劳动权利和劳动义务关系，是劳动关系在法律上的表现，是当事人之间发生的符合劳动法律规范、具有权利义务内容的关系。劳动法律关系中的用人单位一方，依法享有接受劳动者参加工作、分配任务和要求劳动者遵照单位内部劳动规则进行劳动的权利，同时，必须承担支付职工劳动报酬、提供劳动条件和实现劳动保护的义务。而劳动法律关系中的劳动者一方，依法享有按劳取酬、享受劳动保护的权利，同时负有必须遵守劳动纪律的义务。

利用寒、暑假及休息日到被告处和母亲吴玉荷一起从事产品包装工作，她们所完成的工作量均记录在吴玉荷的工账单上，被告按照工账单上记载的工作量发给吴玉荷报酬。由以上事实可以看出，原、被告双方没有订立正式的劳动合同。罗倩以及罗素素的工作，在客观上提高了被告正式职工吴玉荷的工作量，在一定程度上增加了被告的利益，因此被告对于罗倩以及罗素素进厂帮助其母工作的行为，没有加以制止，而实际采取了默许的态度。但是，被告并不直接给罗倩及罗素素分配工作任务，也不直接给其发放报酬。罗倩及罗素素是在其母吴玉荷的指示下进行劳动的，其劳动成果的价值，是通过将其完成的工作量计入其母吴玉荷的工账单，算作吴玉荷完成的工作量，最终由被告给吴玉荷发放报酬而实现的。罗倩及罗素素并不受被告单位工作时间的约束，只是利用寒、暑假及休息日等时间临时到被告处工作,能够自由支配自己到被告处工作的时间。综上,虽然原告的工作在客观上增加了被告的利益,被告也默许了原告的行为,但是原、被告双方没有订立正式的劳动合同,同时,双方权利义务的内容也不符合劳动法律关系的特征,故原告与被告之间并未形成劳动法律关系。(罗倩诉奥士达公司人身损害赔偿纠纷案,2007 年第 7 期第 38 页)

第六章　劳动安全

7　【**内部承包关系**】【内部承包关系承包人对劳动安全事故不直接承担民事责任】

自然人与建设工程承包企业签订建设工程施工合同,双方形成内部承包关系。双方在内部承包合同中约定发生工伤事故应由该自然人负全部责任的,因违反宪法和劳动法的规定而无效。该自然人应当代表建设工程承包企业履行宪法和劳动法给用人单位规定的提供劳动保护、对劳动者进行劳动就业训练等义务。因该自然人的违章行为导致劳动者发生工伤事故的,建设工程承包企业应当承担相应民事责任。在承担了责任后,建设工程承包企业可另行追究该自然人应承担的责任。(龙建康诉中洲建筑工程公司等案,法案例(2001)1-30)

被告姜建国通过与被告中洲公司签订《建设工程施工合同》,与中洲公司形成了内部承包关系,代表中洲公司直接对过境线工程的具体施工和用人负责,因此也应当代表中洲公司履行宪法和劳动法给用人企业规定的提供劳动保护、对劳动者进行劳动就业训练等义务。但是姜建国在聘用了劳动者以后,只给劳动者泛泛地讲些劳动时的注意事项,并未认真进行劳动就业训练就让劳动者上岗。在劳动过程中,姜建国也只是提供了搭架用的材料,并不督促和指导工人采取有效的安全防护措施。特别是在看到钢筋架没有安全保护措施的情况下,姜建国还指挥工人返工,这种不顾劳动安全的违章行为是导致此次事故发生的直接原因。因此,姜建国对此次事故应承担相应的民事责任。由于中洲公司是过境线工程的承包人,姜建国与中洲公司是内部承包关系,所以姜建国不能在本案中直接承担民事责任。

被告中洲公司是有资质承包建设工程的企业,这个资格不仅是指其有实力完成一定标准的工程建设,还包括其有实力对在施工过程中发生的事故进行处理、挽救和承担赔偿责任。中洲公司在与被告姜建国签订的内部承包合同中约定:“如发生一切大小工伤事故,应由姜建国负全部责任”,把只有企业才能承担的风险转给实力有限的自然人承担。该约定损害劳动者合法权益,违反了宪法和劳动法的规定,是无效约定,不受法律保护。鉴于此次事故是由姜建国的违章行为导致的,中洲公司在对原告龙建康承担了民事责任后,可另行追究姜建国应当承担的责任。(龙建康诉中洲建筑工程公司、姜建国、永胜县交通局损害赔偿纠纷案,2001 年第 1 期第 30 页)

社会法编 / 劳动合同法

第二章　劳动合同的订立

8 【工作经验】【在未违反竞业禁止义务、侵犯商业秘密的情况下，劳动者离职后有权使用其在原用人单位的工作经验从事竞争性业务】

原用人单位没有限制劳动者离职后从事具有竞争关系的业务的竞业禁止约定的，劳动者离职后有从业的自由。原用人单位的出口贸易机会不是商业秘密，劳动者获取该贸易机会不侵犯商业秘密。劳动者在未违反竞业禁止义务、侵犯商业秘密的情况下，运用在原用人单位学习的知识、技能为新用人单位服务，不违反诚实信用原则、公认的商业道德，不属于不正当竞争行为。（山东省食品进出口公司等诉马达庆等案，法案例(2009)9-36）

被上诉人山东食品、原审原告山孚日水与上诉人马达庆没有关于限制马达庆离职后从事具有竞争关系的业务的竞业禁止约定，马达庆离职后有从业的自由，即使在其离职后使用其在职期间积累的对日出口海带贸易经验从事竞争性业务，山东食品、山孚日水也无权予以制止。山东食品或山孚日水对日出口海带的贸易机会并非商业秘密，马达庆获取该贸易机会也不涉及对商业秘密的侵害。在既没有违反竞业禁止义务，又没有侵犯商业秘密的情况下，马达庆运用自己在原用人单位学习的知识、技能为圣克达诚公司服务，既没有违反诚实信用原则，也没有违反公认的商业道德，不属于反不正当竞争法直接规定的不正当竞争行为。（山东省食品进出口公司、山东山孚集团有限公司、山东山孚日水有限公司诉马达庆、青岛圣克达诚贸易有限公司不正当竞争纠纷案，2009 年第 9 期第 36 页）

9 **【在校学生】**【在校学生具备与用人单位建立劳动关系的行为能力和责任能力，具备劳动关系的主体资格】

在校学生实习是指以学习为目的，到相关单位参加社会实践，无工资，实习生与单位不签订劳动合同，不明确岗位、报酬、福利待遇等情形。在学校规定的实习年、尚未毕业的学生具备与用人单位建立劳动关系的行为能力和责任能力，具备劳动关系的主体资格，用人单位对该学生的情况完全知情，双方就应聘、录用达成一致意见签订的劳动合同合法有效。（郭懿诉江苏益丰大药房连锁有限公司案，法案例(2010)6-46）

原告郭懿签约时虽不具备被告益丰公司要求的录用条件，但郭懿在填写益丰公司求职人员登记表时，明确告知了益丰公司其系2008届毕业生，2007年是学校规定的实习年，自己可以正常上班，但尚未毕业。益丰公司对此情形完全知晓，双方在此基础上就应聘、录用达成一致意见，签订劳动合同。因此，劳动合同的签订是双方真实意思的表示，不存在欺诈、隐瞒事实或胁迫等情形，并没有违反法律、行政法规的规定，且郭懿已于2008年7月取得毕业证书，益丰公司辩称郭懿不符合录用条件的理由亦不能成立。

实习是以学习为目的，到相关单位参加社会实践，没有工资，不存在由实习生与单位签订劳动合同、明确岗位、报酬、福利待遇等情形。本案中，被上诉人郭懿虽于2008年7月毕业，但其在2007年10月26日明确向上诉人益丰公司表达了求职就业愿望，并进行了求职登记，求职人员登记表中登记其为2008届毕业生，2007年是其实习年。2007年10月30日郭懿与益丰公司自愿签订了劳动合同。益丰公司对郭懿的情况完全知情，双方在此基础上就应聘、录用达成一致意见，签订了劳动合同，而且明确了岗位、报酬。该情形不应视为实习。郭懿与益丰公司签订劳动合同时已年满19周岁，符合《中华人民共和国劳动法》规定的就业年龄，具备与用工单位建立劳动关系的行为能力和责任能力。意见第十二条不能推定出在校生不具备劳动关系的主体资格。故上诉人的上述理由不能成立。（郭懿诉江苏益丰大药房连锁有限公司劳动争议案，2010年第6期第46页）

社会法编／工伤保险条例

10 【双重赔偿】【劳动者作为工伤事故的受伤职工和人身侵权行为的受害人，有权获得工伤事故赔偿和民事侵权赔偿】

因用人单位以外的第三人侵权造成劳动者人身损害，构成工伤的，劳动者因工伤事故享有工伤保险赔偿请求权，因第三人侵权享有人身损害赔偿请求权。劳动者有受伤职工和人身侵权的受害人双重主体身份。劳动者基于双重主体身份，有权向用人单位主张工伤保险赔偿，并可向侵权人主张人身损害赔偿，即有权获得双重赔偿。劳动者获得用人单位的工伤保险赔偿的，不减免第三人的侵权损害赔偿责任。（杨文伟诉宝二十冶公司案，法案例(2006)8-38）

因用人单位以外的第三人侵权造成劳动者人身损害，构成工伤的，劳动者因工伤事故享有工伤保险赔偿请求权，因第三人侵权享有人身损害赔偿请求权。二者虽然基于同一损害事实，但存在于两个不同的法律关系之中，互不排斥。首先，基于工伤事故的发生，劳动者与用人单位之间形成工伤保险赔偿关系。国家设置工伤保险制度，目的是为了保障因工作遭受事故伤害或者患职业病的职工获得医疗救治和经济补偿。根据《工伤保险条例》的规定，用人单位应当为本单位全体职工缴纳工伤保险费，因工伤事故受到人身损害的职工有权获得工伤保险赔偿、享受工伤待遇。因此，只要客观上存在工伤事故，就会在受伤职工和用人单位之间产生工伤保险赔偿关系，确认该法律关系成立与否，无需考查工伤事故发生的原因，即使工伤事故系因用人单位以外的第三人侵权所致，或者是由于受伤职工本人的过失所致，都不影响受伤职工向用人单位主张工伤保险赔偿。其次，基于侵权事实的存在，受伤职工作为被侵权人，与侵权人之间形成侵权之债的法律关系，有权向侵权人主张人身损害赔偿。侵权之债成立与否，与被侵权人是否获得工伤保险赔偿无关，即使用人单位已经给予受伤职工工伤保险赔偿，也不能免除侵权人的赔偿责任。综上，因用人单位以外的第三人侵权造成劳动者人身损害，构成工伤的，劳动者具有双重主体身份——工伤事故中的受伤职工和人身侵权的受害人。基于双重主体身份，劳动者有权向用人单位主张工伤保险赔偿，同时还有权向侵权人主张人身损害赔偿，即有权获得双重赔偿。在这种情形下，用人单位和侵权人应当依法承担各自所负的赔偿责任，不因受伤职工（受害人）先行获得一方赔偿、实际损失已得到全部或部分补偿而免除或减轻另一方的责任。

结合本案的实际情况，虽然被上诉人杨文伟获得了其所在单位宝冶公司的工伤保险赔偿，但并不因此而减免上诉人宝二十冶公司的侵权损害赔偿责任。宝二十冶公司作为本案事故的侵权行为人必须依法承担相应的侵权赔偿责任。宝二十冶公司上诉主张杨文伟已获得工伤保险赔偿，无权再向其要求侵权赔偿，没有法律依据，不予支持。杨文伟作为工伤事故中的受伤职工和侵权行为的受害人，有权获得双重赔偿，宝二十冶公司的侵权赔偿责任并未因此而有所加重。（杨文伟诉宝二十冶公司人身损害赔偿纠纷案，2006 年第 8 期第 38 页）

11 【举证责任】【用人单位不认为是工伤的承担不是工伤的举证责任】

劳动者认为是工伤，用人单位不认为是工伤的，用人单位承担举证责任。拒不举证的，劳动保障行政部门可以根据劳动者提供的证据依法作出工伤认定结论。受理工伤认定申请后，劳动保障行政部门只是对申请人提交的材料进行审查，对提供的证据进行调查核实不是每个工伤认定程序中必经的程序。（铃王公司诉无锡市劳动局案，法案例（2007）1-42）

为规范工伤认定程序，依法进行工伤认定，维护当事人的合法权益，2003 年 9 月 23 日，劳动和社会保障部颁布了《工伤认定办法》。该办法系根据《工伤保险条例》的有关规定制定，亦于 2004 年 1 月 1 日起施行。该办法第五条规定，进行工伤认定所需的劳动关系、诊断证明等材料，由申请人提交。第八条规定："劳动保障行政部门受理工伤认定申请后，根据需要可以对提供的证据进行调查核实，有关单位和个人应当予以协助。用人单位、医疗机构、有关部门及工会组织应当负责安排相关人员配合工作，据实提供情况和证明材料。"第十四条规定："职工或者其直系亲属认为是工伤，用人单位不认为是工伤的，由该用人单位承担举证责任。用人单位拒不举证的，劳动保障行政部门可以根据受伤害职工提供的证据依法作出工伤认定结论。"

《工伤保险条例》第十四条第（一）项规定，职工在工作时间和工作场所内，因工作原因受到事故伤害的，应当认定为工伤。2 号终审判决书在阐述维持一审判决的理由时，其中"没有证据证明在单位日常的工作时间和工作的区域内，郭维军因从事与日常生产、工作无关的事务而跌倒致伤"一语，完全符合《工伤保险条例》的规定。

被告无锡市劳动局接到 2 号终审判决书后，依法重新启动了工伤认定程序。由于在以前的工伤认定程序中，对第三人郭维军所受事故伤害的经过，无锡市劳动局通过调查已经取得大量证据，故在重新启动的工伤认定程序中，该局未再进行调查。鉴于原告铃王公司一直不认为郭维军所受事故伤害是工伤,依照《工伤保险条例》第十九条和《工伤认定办法》第十四条的规定,铃王公司应当承担不是工伤的举证责任,于是无锡市劳动局向铃王公司发出《工伤认定举证通知书》,通知其举证,并且明确告知了不承担举证责任的法律后果。铃王公司接到举证通知书后,未在通知书指定的期限内举证,延期10多天后提交的证据,仍没有证明郭维军因从事与日常生产、工作无关的事务而跌倒致伤。无锡市劳动局在对铃王公司延期提交的证据进行审查后,以0491号工伤认定书作出认定工伤的决定。

根据《工伤认定办法》第五条、第八条,劳动保障行政部门受理工伤认定申请后,只是对申请人提交的材料进行审查,然后根据需要对提供的证据进行调查核实,所以调查核实不是每个工伤认定程序中必经的程序。由于对第三人郭维军所受事故伤害的经过已经掌握了大量证据,被告无锡市劳动局在重新启动的工伤认定程序中,根据需要未再进行调查,而是径行通知原告铃王公司举证的做法,不违背法律规定。0491号工伤认定书将2号终审判决书根据《工伤保险条例》规定阐述的裁判理由写入其中,只是要交代其重新认定的理由,并非以法院判决为依据。铃王公司关于无锡市劳动局不进行调查,将法院判决作为依据,是适用法律错误的起诉理由,不能成立。(铃王公司诉无锡市劳动局工伤认定决定行政纠纷案,2007年第1期第42页)

12 **【伤害结果发生之日】**【伤害结果发生之日与事故发生之日不一致的,"事故伤害发生之日"应当理解为伤害结果发生之日】

工伤职工等在事故伤害发生之日起一年内,可以直接向劳动保障行政部门提出工伤认定申请。其中,"事故伤害发生之日"并不等同于"事故发生之日"。工伤事故发生后,伤害结果并非马上发生,可能潜伏一段时间后才实际发生,如果以工伤事故发生之日作为工伤认定申请时效的起算时间,将不利于保护工伤职工的合法权益。因此,在伤害结果发生之日与事故发生之日不一致的情况下,"事故伤害发生之日"应当理解为伤害结果发生之日,并以其作为工伤认定申请时效的起算时间。(杨庆峰诉无锡市劳动和社会保障局案,法案例(2008)1-40)

《工伤保险条例》第十七条规定:"工伤职工或者其直系亲属、工会组织在事故伤害发生之日或者被诊断、鉴定为职业病之日起1年内,可以直接向用人单位所在地统筹地区劳动保障行政部门提出工伤认定申请。"《江苏省实施〈工伤保险条例〉办法》第十二条规定:"申请人不具备申请资格的或者提出的工伤认定申请超过规定时效的,劳动保障行政部门不予受理。"根据本案事实,原告杨庆峰于2004年6月在工作中发生事故,至2006年10月事故伤害结果实际发生,经医生诊治认为杨庆峰所受伤害确系涉案工伤事故导致。被告无锡市劳动局认为《工伤保险条例》第十七条规定的“事故伤害发生之日”就是指“事故发生之日”，据此将2004年6月发生涉案工伤事故的时间作为杨庆峰工伤认定申请时效的起算时间，没有考虑涉案工伤事故的特殊性，是错误的。根据医生的诊断证明，杨庆峰所受伤害在临床上称之为铁锈沉着综合症，该症具有一定的特殊性，即受伤后可能暂时不发生伤害后果，伤害后果的发生可以存在较长的潜伏期。本案中，涉案工伤事故发生两年多以后，伤害结果才实际发生，在此之前杨庆峰并不知道自己在涉案工伤事故中受到了伤害，当然也就不可能在涉案工伤事故发生后及时提出工伤认定申请。因此，被告以2004年6月涉案工伤事故发生的时间作为工伤认定申请时效的起算时间是错误的，不利于保护工伤职工的合法权益。本案应以伤害结果实际发生的时间作为工伤认定申请时效的起算时间，杨庆峰提出的工伤认定申请并未超过规定的申请时效，被告作出的涉案《不予受理通知书》适用法律、法规错误，原告的诉讼请求应予以支持。

工伤认定是工伤职工享受工伤保险待遇的基础，而提出工伤认定申请是启动工伤认定程序的前提。《工伤保险条例》第十七条第二款规定：“工伤职工或者其直系亲属、工会组织在事故伤害发生之日或者被诊断、鉴定为职业病之日起1年内，可以直接向用人单位所在地统筹地区劳动保障行政部门提出工伤认定申请。”该规定明确了提出工伤认定申请的主体、申请时效及其起算时间，以及受理申请的行政部门。其中的“事故伤害发生之日”，即是关于工伤认定申请时效起算时间的规定。在通常情况下，工伤事故发生后，伤害结果也随即发生，伤害结果发生之日也就是事故发生之日，故对于“事故伤害发生之日”的理解不会产生歧义。但在工伤事故发生后，伤害结果并未马上发生，而是潜伏一段时间后才实际发生，即伤害结果发生之日与事故发生之日不一致的特殊情况下，“事故伤害发生之日”应当理解为伤害结果发生之日，并以之作为工伤认定申请时效的起算时间。（杨庆峰诉无锡市劳动和社会保障局工伤认定行政纠纷案，2008年第1期第40页）

13 **【上下班途中】**【上下班途中应理解为职工在合理时间内为上下班而往返于住处和工作单位之间的合理路径】

职工在上下班途中受到机动车事故伤害的，应当认定为工伤。其中，“上下班途中”应当理解为职工在合理时间内，为上下班而往返于住处和工作单位之间的合理路径。根据日常社会生活的实际情况，职工为上下班而往返于住处和工作单位之间的合理路径可能有多种选择。只要为了上班或者下班，在合理时间内往返于住处和工作单位间的合理路径中，都属于“上下班途中”。职工选择什么样的路线，路线是否为最近的路线，不影响对“上下班途中”的认定。职工在上班途中因机动车事故伤害死亡，虽然不在单位自制的从其住处到单位的交通路线图上，但位于职工上班的合理路线内的，应当依法认定为工伤。（北京国玉大酒店有限公司诉北京市朝阳区劳动和社会保障局案，法案例(2008)9-42）

根据《工伤保险条例》第十四条第(六)项的规定，职工在上下班途中受到机动车事故伤害的，应当认定为工伤。对该规定所指的“上下班途中”应作全面、正确的理解。“上下班途中”应当理解为职工在合理时间内，为上下班而往返于住处和工作单位之间的合理路径之中。该路径可能有多种选择，不一定是固定的、一成不变的、唯一的路径。该路径既不能机械地理解为从工作单位到职工住处之间的最近路径，也不能理解为职工平时经常选择的路径，更不能以用人单位提供的路径作为职工上下班必须选择的唯一路径。根据日常社会生活的实际情况，职工为上下班而往返于住处和工作单位之间的合理路径可能有多种选择。只要在职工为了上班或者下班，在合理时间内往返于住处和工作单位之间的合理路径之中，都属于“上下班途中”。至于职工选择什么样的路线，该路线是否为最近的路线，均不影响对“上下班途中”的认定。本案中，根据行政机关的调查以及现有证据，2006年9月20日早晨，陈卫东从自己的住处出发，前往上诉人国玉酒店公司上班。陈卫东的住处位于北京市朝阳区大屯路南沙滩小区，国玉酒店公司位于北京市朝阳区安外慧忠里。从北京的实际地形看，陈卫东的住处在国玉酒店公司的西北方向，涉案事故发生于朝阳区北辰西路安翔北路东口，在国玉酒店公司的西方，该地点虽然不在国玉酒店公司自制的从陈卫东住处到国玉酒店公司的交通路线图上，但亦位于陈卫东上班的合理路线之内。因此，可以认定陈卫东系在上班途中因机动车事故伤害死亡，被上诉人朝阳区劳动局作出的工伤认定合法，应予维持。（北京国玉大酒店有限公司诉北京市朝阳区劳动和社会保障局工伤认定行政纠纷案，2008年第9期第42页）

社会法编 / 环境保护法

14 【光污染】【遭受光污染的人有权控告污染制造者】

经营者在其经营场所设置路灯，为经营场所外部环境提供照明。设置的路灯的外溢光、杂散光由于能射入周边居民的居室内，数量足以改变居室内人们夜间休息时通常习惯的暗光环境，且超出了一般公众普遍可忍受的范围，达到了《城市环境装饰照明规范》规定的障害光程度，构成由强光引起的光污染的，遭受污染的居民有权控告，经营者应承担相应的法律责任。（陆耀东诉永达公司案，法案例(2005)5-40）

被告永达公司辩称，涉案路灯用于其经营场所的正常环境照明，是经营所需的必要装置。经查，涉案路灯不属于车站、机场、公路等公共场所为公众提供服务而必须设置的照明、装饰用灯，只是永达公司为自己公司的经营便利而设置的路灯。永达公司完全有条件以其他形式为自己经营场所的外部环境提供照明，或者通过采取遮挡等必要的措施来避免自己设置的路灯侵害他人合法权益。永达公司的此项辩解理由，不能成为其侵权行为的合理免责事由，故不予采纳。

《中华人民共和国环境保护法》（以下简称环保法）第二条规定："本法所称环境，是指影响人类生存和发展的各种天然的和经过人工改造的自然因素的总体，包括大气、水、海洋、土地、矿藏、森林、草原、野生生物、自然遗迹、人文遗迹、自然保护区、风景名胜区、城市和乡村等。"第六条规定："一切单位和个人都有保护环境的义务，并有权对污染和破坏环境的单位和个人进行检举和控告。"环境既然是影响人类生存和发展的各种天然的和经过人工改造的自然因素的总体，路灯灯光当然被涵盖在其中。被告永达公司在自己的经营场所设置路灯，为自己的经营场所外部环境提供照明，本无过错。但由于永达公司的经营场所与周边居民小区距离甚近，中间无任何物件遮挡，永达公司路灯的外溢光、杂散光能射入周边居民的居室内，数量足以改变居室内人们夜间休息时通常习惯的暗光环境，且超出了一般公众普遍可忍受的范围。因此永达公司设置的路灯，其外溢光、杂散光确实达到了《城市环境装饰照明规范》所指的障害光程度，已构成由强光引起的光污染，遭受污染的居民有权进行控告。（陆耀东诉永达公司环境污染损害赔偿纠纷案，2005

年第 5 期第 40 页）

15 【**推定属实**】【灯光使人难以安睡等的实际损害符合日常生活经验法则，无须举证证明】

环境污染对人体健康造成的实际损害结果，包括症状明显并可用计量方法反映的损害结果，和症状不明显且暂时无法用计量方法反映的损害结果。光污染对人体健康可能造成的损害，已为公众普遍认识。经营者设置的路灯射入周边居民居室内的外溢光、杂散光，数量足以改变人们夜间休息时通常习惯的暗光环境，超出一般公众普遍可忍受的范围的，视为光污染程度较为明显。受害人认为灯光使其难以安睡，出现了失眠、烦躁不安等症状等的实际损害，符合日常生活经验法则，无须举证证明，应推定属实。经营者否认光污染对受害人造成了实际损害的，应当举证反驳。不能证明光污染具有合理的免责事由的，应当承担排除危害的法律责任。（陆耀东诉永达公司案，法案例(2005)5-40）

被告永达公司辩称，涉案灯光没有对原告陆耀东造成实际的损害结果。环境污染对人体健康造成的实际损害结果，不仅包括那些症状明显并可用计量方法反映的损害结果，还包括那些症状不明显且暂时无法用计量方法反映的损害结果。光污染对人体健康可能造成的损害，目前已为公众普遍认识。夜间，人们通常习惯于在暗光环境下休息。永达公司设置的路灯，其射入周边居民居室内的外溢光、杂散光，数量足以改变人们夜间休息时通常习惯的暗光环境，且超出一般公众普遍可忍受的范围，光污染程度较为明显。在此情况下，陆耀东诉称涉案灯光使其难以安睡，为此出现了失眠、烦躁不安等症状，这就是涉案灯光对陆耀东的实际损害。陆耀东诉称的这些实际损害，符合日常生活经验法则，根据最高人民法院《关于民事诉讼证据的若干规定》第九条的规定，陆耀东无需举证证明，应推定属实。永达公司否认光污染对陆耀东造成了实际损害，应当举证反驳。永达公司不能举出涉案灯光对陆耀东身体健康没有产生危害的证据，该辩解理由亦不予采纳。

《中华人民共和国民法通则》第一百二十四条规定："违反国家保护环境防止污染的规定，污染环境造成他人损害的，应当依法承担民事责任。"环保法第四十一条规定："造成环境污染危害的，有责任排除危害，并对直接受到损害的单位或者个人赔偿损失。"被告永达公司开启的涉案路灯灯光，已对原告陆耀东的正常居住环境和健康生活造成了损害，构成环境污染。永达公司不能举证证明该侵害行为具有合理的免责事由，故应承担排除危害的法律责任。永达公司已于诉讼期间实际停止了开启涉案路灯，并承诺今后不再使用，于法无悖，应予支持。

因永达公司的侵权行为没有给陆耀东造成不良的社会影响，故对陆耀东关于永达公司公开赔礼道歉的诉讼请求，不予支持。尽管陆耀东只主张永达公司赔偿其损失1元，但因陆耀东不能举证证明光污染对其造成的实际损失数额，故对该项诉讼请求亦不予支持。（陆耀东诉永达公司环境污染损害赔偿纠纷案，2005年第5期第40页）

谢　　启

在这个电子化、信息化的时代，收集《最高人民法院公报》1985 年至 2010 年间发布的全部案例并非难事，但要把其间的几百个案例汇集成据以参照的内容，尤其是统一繁杂、众多的格式，显然离不开团队协作。

首先感谢上海交通大学法学院 2008 级宪法学与行政法学专业硕士生汤晨以及四川大学法学院 2008 级宪法学与行政法学专业硕士生肖伟、2010 级法律硕士姚奥，他们分别收集了 1985 年—2008 年 8 月、2008 年 9 月—2009 年以及 2010 年的案例。还要感谢四川大学法学院 2011 级宪法学与行政法学专业硕士生汤博伟同学，他初步整理了 1985 年—2009 年全部案例的裁判文书，简化了我阅读案例原文并进行法律概括的前期基础。

其次感谢四川大学法学院 2010 级宪法学与行政法学专业硕士生张雪竹对凡例、曹荣阔对分类目录进行的认真、细心的订正；感谢阿苏热布编写了分类目录。

再次要感谢四川大学法学院杨志敏、高跃先教授，他们在阅读了本书后提出了有益的见解，弥补了可能存在的某些不足。

最后感谢四川省高级人民法院立案庭陈媛媛法官，她认真核对了最高人民法院公布的案例的公布文号，为读者援引参照这些案例提供了极大的便利。

本书责任编辑朱梅全对本书的顺利出版所给予的帮助和支持，也是我要特别提到和感谢的。

周　伟

2012 年 1 月 8 日